Fritzsches Illustriertes Servietten-Album

Prämiiert Kochkunst-
Ausstellung

Frankfurt a/Main
1894.

L. Fritzsche[s]

Illustriertes Servietten-Album.

Schwanen-Familie

Tischdecken – Servieren – Servietten-Brechen
Tranchieren
138 Figuren – über 500 Abbildungen

Verlag A. Detloff – Frankfurt a/M.

Reprint nach dem Original der 9. Auflage 1905

im Verlag A. Detloff, Frankfurt am Main

Mit einem Vorwort zum Nachdruck

von Hugo Thielen

Genehmigte Lizenzausgabe für

Weltbild Verlag GmbH, Augsburg 1993

Druck: INTERDRUCK Leipzig GmbH

Printed in Germany

ISBN 3-89350-399-4

Vorwort zum Nachdruck

Das Auge ißt mit, lautet eine gastronomische Grundregel, und seitdem Menschen essen und trinken, haben sich gewisse, je nach Zeit und Ort unterschiedliche Rituale und Regeln, Gepflogenheiten und Gewohnheiten des Essens herausgebildet.

Im europäischen Raum ist es seit vielen Jahrhunderten vor allem der festlich dekorierte oder zumindest geschmackvoll hergerichtete Tisch, der zum Mahl – im kleinen wie im großen Kreis, offiziell oder privat – dazugehört. Gerade heute rücken die vielfältigen Möglichkeiten und festen Regeln der Eß- und Trinkkultur wieder stärker ins allgemeine Bewußtsein.

Aus einer Zeit, in der diese Formen zu den Selbstverständlichkeiten des Lebens gehörten und hoch in Blüte standen, stammt das vorliegende „Illustrierte Servietten-Album“ von L. Fritzsche. Dem Titel des Buches entsprechend steht die Kunstfertigkeit des Servietten-Brechens im Mittelpunkt, aber auch die übrigen Regeln des Tischdeckens und Servierens bis hin zum Tranchieren werden eingehend beschrieben. Fritzsches Servietten-Album kann mit Fug und Recht als eine Art „Knigge der Tischkultur“ angesehen werden.

Die erste Ausgabe des Werkes erschien als kleines Büchlein 1887 unter dem Titel „Der gewandte Kellner“. Die zweite und dritte Auflage – jeweils verbessert und erweitert – des erfolgreichen kleinen Werks folgten bald nach, es erhielt nunmehr den Titel „Tischdecken, Servieren, Servietten-Brechen“. Bald nach der Jahrhundertwende wurde daraus dann das „Illustrierte Servietten-Album“ in der Form, die hier als Reprint wieder vorgelegt wird.

Der Verfasser Heinrich Louis Fritzsche führte ein zwar kurzes, aber um so abwechslungsreicheres Leben. Er wurde am 21. Juni 1853 in Greiz bei Gera als Sohn eines armen Webermeisters geboren; er starb im frühen Alter von fünfundvierzig am 27. Februar 1898 in Plauen. Fritzsche erlernte den Kellnerberuf und arbeitete nach den Lehrjahren u. a. in Köln und für einige Zeit auch in England. Er verstand sein Metier, aber es fehlte ihm – wie es scheint – ein wenig an Fortune. Auch sein Buch brachte ihm zwar Beachtung und Anerkennung, aber keine Reichtümer ein.

Servietten hatten es ihm angetan. Schon sehr früh in seiner Berufslaufbahn und später während des Militärdienstes verwandte er seine ganze Kreativität auf die Herstellung von Figuren und Formen aus Servietten. Er entwickelte das Servietten-Brechen förmlich zu einer Kunst. Die Idee, die Ergebnisse seines Einfallsreichtums und seiner Kunstfertigkeit zu veröffentlichen, lag nahe. Auch heute – rund 100 Jahre nach dem ersten Erscheinen des Werks – vermag Fritzsche durch seine gründliche Darstellung, durch die vielen Beispiele und Vorlagen vielfältige Anregungen zur Nachahmung zu geben.

Hugo Thielen

Vorwort.

Das vorliegende »Illustrierte Servietten-Album« tritt an Stelle der längst ausverkauften ursprünglichen Bücher desselben Verfassers, die in erster Auflage den Titel »Der gewandte Kellner« und später »Tischdecken, Servieren, Servietten-Brechen und Tranchieren« führten. Die verschiedenen Auflagen dieser Bücher, welche aber immerhin gehaltreicher waren, als andere Werke und Werkchen mit teilweise ähnlichem Zweck, waren bald abgesetzt und fanden Eingang in besseren Familien- wie in gastgewerblichen Kreisen, ein Zeichen, dass dafür ein Bedürfnis herrscht. Die darin liegende allseitige Anerkennung, wie auch das Erscheinen minderwertiger Konkurrenz-Machwerke, gab dem Verfasser Anlass, sein Werk immer mehr zu vervollkommnen, zu verbessern und zu dem zu gestalten, wie es hier vorliegt, sodass kaum jemand Vollständigeres wird schaffen können.

Charlotte Wagners an sich ganz gutes Werk über Servietten-Brechen, das merkwürdigerweise den zu weit gehenden Titel führt »Der festlich gedeckte Tisch«, enthält nur 30 Servietten-Figuren mit Anleitung zum Brechen derselben, aber sonst nichts, was zu einer festlich gedeckten Tafel gehört, und kostet broschiert 3,50 Mk. Andere Lehrbücher über Servietten-Brechen enthalten noch viel weniger. Da ist z. B. im Verlag der Stahl'schen Buchhandlung zu Regensburg ein Büchelchen aufgetaucht, angeblich von Fritz Bauer verfasst, das zum Teil falsches enthält, zum Teil den ersten Auflagen dieses Werkes entnommen wurde. In beifolgenden Abbildungen aus dem Bauer'schen Machwerk und auf Seite 34 ist der Beweis erbracht, dass es dem Urheber gar nicht darum zu thun war, etwas Richtiges zu lehren; sonst könnte z. B. der Kaffee- und Eier-Löffel nicht bald rechts, bald links, bald hinter, bald vor der Kaffee-Tasse liegen. Figur *A* ist ein Ausschnitt von einem gedeckten Tisch zu einem Kaffee-Kränzchen, Figur *B* zu einer Kaffee-Visite, Figur *C* zu einem Morgen-Kaffee an einem ovalen Tisch; die krumme Linie stellt den Tischrand vor — in welcher Richtung dazu liegen die Bestecke? Doch ganz schief, während sie gerade liegen sollen! Das »Werkchen« ent-

Fig. *A*.

Fig. *B*.

Fig. *C*.

hält nur zwölf Servietten-Figuren. Von solchen »Neuheiten« berichten die Fachzeitungen häufig, aber manche leider noch reklamehaft lobend. Künftig werden wir uns aber gegen unerlaubte Nachbildungen mit Hilfe des Gesetzes schützen.

Dagegen enthielt schon die erste Auflage dieses Werkes (»Der gewandte Kellner«) bei einem Preise von nur 1,50 Mk. 40 Servietten-Figuren mit Anleitung zu deren Herstellung, sowie fachmännische Beschreibung über Tischdecken und Servieren. Die folgenden Auflagen (»Servieren, Servietten-Brechen« usw.) brachten bei 2 Mk. Preis 49 Figuren, ungerechnet den übrigen lehrreichen Text über Tischdecken, Servieren und Tranchieren. In der jetzigen Auflage aber ist die Zahl der Formen auf 138 gestiegen, hat sich also mehr als verdreifacht; auch wurden sämtliche Holzschnitte in vergrössertem Masstabe und vielfach verbesserter Ausführung neu angefertigt. Das »Album« bringt eine Menge neuer Erfindungen, zum grössten Teil vom Verfasser, zum Teil auch von eifrigen Fachgenossen und Liebhabern geliefert, wie die beigedruckten Namen angeben, deren Trägern hiermit der gebührende Dank gezollt sei. Besonders sei auf die Neuheit Figur 79 (Gratulations-Serviette) und auf das »Servietten-Prägen« hingewiesen: »Geprägte« Servietten dürften bald die feinsten Tafeln zieren. Auch auf die Ausstattung und den textlichen Teil wurde die grösste Sorgfalt verwendet. Man vergleiche nur z. B. die sorgfältige Raumausnutzung im Album, mit der Raumverschwendung anderer Werke. Dennoch ist der Preis nur um 50 Pfg. erhöht. Dieses Werk ist also in Wirklichkeit bedeutend, im Verhältnis oft um das Vielfache billiger, als andere mit auf Täuschung berechnetem, vollklingendem Titel, abgesehen von deren zum Teil geradezu konfusem und schädlichem Inhalt.

Wir haben, dies können wir ohne Überhebung sagen, nicht nötig, nach Art anderer »Autoren« an die Nachsicht der Käufer zu appellieren und können es getrost aussprechen: Das Buch empfiehlt sich selbst. Gleichwohl werden wir für Weiterempfehlung dankbar sein und wünschen, dass mit seiner Hilfe noch manche Tafel festlich geschmückt werde, dass es manchem Standes-Genossen nützlich sei zu seinem besseren Fortkommen und festliche Stimmung in Familien-Kreisen erzeugen möge.

Leipzig und Frankfurt a/M.

Verfasser und Verleger.

Inhalts-Verzeichnis.

Servietten-Brechen.

Figuren-Verzeichnis.

Das Reinigen der Service-Gegenstände.

Um die Service-Gegenstände rasch und doch auch gründlich zu reinigen, dazu ist die Kenntnis einer Menge kleiner Vorteile nötig, wie in nachfolgendem näher ausgeführt werden soll. Da jedoch das Bedürfnis, diese kennen zu lernen, im Hotel, Restaurant wie in Privat-Häusern ein gleich grosses ist, so sind die nachfolgenden Abhandlungen sowohl für die Angestellten des Gastwirts-Gewerbes als auch für Privat-Personen, welche sich mit dem Tafelwesen befassen, berechnet.

Das Reinigen der Service-Gegenstände in unserem Sinne, d. h. soweit nicht das eigentliche Geschirr-Spülen in der Aufwasch-Küche in Betracht kommt, zerfällt in vier verschiedene Arten, demgemäss teilen wir auch die zu reinigenden Gegenstände in vier Hauptgattungen, deren jede einer besonderen Behandlung bedarf.

1. Porzellan und Steingutwaren.
2. Glaswaren.
3. Silber und versilberte Waren.
4. Stahlbestecke.

Porzellan und Steingutwaren

sind meistens von den mit dem Tischdecken und Servieren betrauten Personen nur nachzuwischen, da das Reinigen, das sogenannte Geschirr-Spülen, vorher in der Küche durch Küchen- oder Spülmädchen stattfindet. Aber auch das Nachreinigen muss mit Geschick und Gewandtheit auf folgende Weise geschehen:

Man legt die Ecke eines Wischtuches in die linke Hand und umfasst damit den Teller usw., nimmt dann den grösseren Teil des Tuches in die rechte Hand und reibt das Geschirr so lange, bis das Tuch glatt über dasselbe hinweggleitet. Dunkle, rauhe Stellen, an welchen die Glasur verloren gegangen ist, müssen öfters mit Seifen-Wasser und einer Bürste gewaschen werden, wodurch sie ihre weisse Farbe wieder erhalten. Der Boden des Geschirres ist gerade so zu reinigen, wie die obere Fläche, da beim Aufeinanderstellen der Teller usw. ein schmutziger Boden auch den darunter befindlichen Teller oder das Tischtuch, was häufig vorkommt, weil die angerichteten Platten in der Küche oft aus Vergesslichkeit am Boden nicht nachgewischt werden, wieder beschmutzen würde. Sobald ein Wischtuch nass ist, muss es gewechselt werden, weil sonst nie ein wirklich sauberer Teller zu stande kommt. Obgleich nun die Geschirre, sobald das Wischtuch glatt über den Gegenstand hinweggleitet, was man im Gefühl haben muss, meistens rein sind, so prüfe man doch noch mit dem Auge nach, da es sonst manchen Verdruss hervorruft, wenn die Geschirre dem Gaste nicht äusserst sauber vorgesetzt werden.

Glaswaren

sind von dem servierenden Personal fast ohne Ausnahme selbst zu reinigen, also auch zu waschen; Ausnahmen bilden Glasschüsseln, in welchen Crème, Salat oder Kompott serviert wurde, sowie Eistellerchen und dergleichen mehr. In der Regel sind es Gläser aller Art, aus welchen getrunken wird.

Man nimmt hierzu lauwarmes Wasser, in welchem ein Glas nach dem anderen gründlich ausgewaschen wird. Gläser, bei welchen man mit den Fingerspitzen den Boden erreichen kann, werden nur mit den Händen gewaschen, indem man mit der linken Hand das Innere, und mit der rechten Hand das Äussere des Glases reibt. Man muss das Glas hierbei in der ganzen Hand drehen, damit schon beim Waschen der Schmutz überall entfernt wird und nicht erst mit dem Wischtuch, da man sonst deren zu viele gebrauchen würde.

Sind Gläser, wie z. B. Eis- oder Milchgläser, sehr schmutzig, so bedient man sich hierzu eines Schwammes oder Lappens, keinesfalls aber nimmt man heisseres Wasser. Nachdem das Glas ausgewaschen ist, wird es auf ein mehrmals zusammengelegtes Tuch gestürzt, damit das Wasser abläuft, und man die Wischtücher wegen zu grosser Nässe nicht so oft zu wechseln braucht. Sodann wird mit den Wischtüchern wie bei den Tellern verfahren. Auch hierbei ist das Glas meistens rein, wenn das Tuch glatt über dasselbe hinweggleitet und nicht mehr hängen bleibt. Es empfiehlt sich aber mit einem ganz trockenen Tuche nochmals nachzuwischen, und, ehe man das Glas aus der Hand stellt, nachzusehen, ob es auch ganz sauber ist. Soll dies der Fall sein, so muss es glänzen wie ein Spiegel. Beim Reinigen der Gläser mit dünnem Stengel ist sehr vorsichtig zu verfahren, indem oft durch einen auch nur leichten Druck der Stengel resp. Fuss abbricht.

Da Champagner-Gläser unten einen sehr engen Hals haben, so bedient man sich zum Reinigen derselben eines dünnen Pinsels, mit welchem man den Boden des Glases erreichen kann, dreht denselben einigemal im Glase herum und verfährt dann weiter wie mit anderen Gläsern.

Bei Kaffee-Gläsern ist hauptsächlich darauf zu achten, dass nach dem Reinigen kein Zucker mehr auf dem Boden sitzt; manchmal ist auch hier der Pinsel anzuwenden.

Zum Reinigen von Biergläsern usw., bei welchen man den Boden mit den Fingerspitzen nicht erreichen kann, bedient man sich einer Gläser-Bürste. Diese Bürste muss ebenfalls öfters gereinigt werden, da sich in dieser Bierschleim und sonstiger Unrat ansetzt. Das Reinigen mit der Bürste geschieht, indem man das Glas mit der linken Hand im Wasser hält und mit der rechten die Bürste rasch einigemal im Glase herumdreht. Hierauf wird das Glas auch aussen gebürstet und namentlich muss den Stellen, wo der Henkel, oder bei Kelchgläsern der Fuss befestigt ist, besondere Aufmerksamkeit zugewendet werden. Bei Deckel-Gläsern ist der Deckel, wenn nicht täglich, so doch mindestens einigemale in der Woche mit Putzpulver oder Kreide zu putzen; hierauf sind die Gläser noch einmal auszuschwenken. Beim Reinigen aller dieser Gläser ist es nötig, das Wasser recht oft zu erneuern.

Zum Reinigen der Wasser-Flaschen gibt es ein sehr einfaches Mittel. Man schneidet in die Flasche kleine Schnitzel von rohen Kartoffel-Schalen oder zwei bis drei rohe Kartoffeln in Würfel, nimmt fast ebensoviel Sand darunter und giesst nur wenig Wasser darüber, zuviel Wasser vereitelt den Zweck. Diese so entstandene breiartige Masse schüttelt man einigemal in der Flasche herum, reibt besonders den inneren Hals der Flasche mit dem Finger, hierauf das Äussere und füllt die Masse dann in eine weitere Flasche um usw., bis alle auf diese Weise gereinigt sind. Die ausgeleerten Flaschen sind sofort unter Wasser zu legen, damit sie nicht trocknen, und dann gründlich auszuspülen, damit kein Sand mehr daran haftet, worauf sie einen hohen Glanz erhalten.

Dieses Mittel ist allen anderen als: Ausschwefeln, Ausschwenken mit Vitriol usw. vorzuziehen. Ebenso reinigt man damit Essig- und Ölgläser, sowie die sogenannten Wasser-Ringe, welche sich oft durch langes Stehen von Flüssigkeiten, hauptsächlich durch Wasser und Staub, in

Wasser-Gläsern und Wasser-Flaschen, wenn das Wasser zu lange darin stehen bleibt, an den Glaswänden ansetzen.

Silber oder versilberte Waren.

Das Silber wird jeden Morgen, soweit es am vorhergehenden Tage benützt war, in heissem Soda- und Seifen-Wasser gewaschen; sofern es gerippt oder sonst nicht glatt gearbeitet ist, bedient man sich dazu einer weichen Bürste. Zum Reinigen des Silbers müssen die Wischtücher häufig gewechselt werden, da man nur mit trockenen Tüchern einen schönen Glanz erzielt. Wenn das Silber gewaschen ist, legt man es auf ein ausgebreitetes Tisch- oder anderes Tuch zum Abtropfen, damit man nicht zu viele Tücher zum Abwischen nötig hat. Ist das Wasser sehr heiss, so darf man das Silber, einmal aus dem Wasser genommen, vor dem Abtrocknen nicht erst liegen lassen, weil es sonst keinen Glanz, wohl aber Flecken erhält. Zum Abreiben des Silbers nimmt man ebenfalls die Ecke eines Wischtuches über die linke Hand, legt darein sechs bis acht Löffel, Gabeln usw. und reibt ein Stück um das andere mit dem anderen Teile des Wischtuches mittels der rechten Hand trocken. Hierbei hält man das zu trocknende Stück mit dem Daumen und Zeige-Finger der linken Hand, während die übrigen Stücke in der hohlen Hand liegen bleiben. Theekannen, Kaffee-Kannen usw. werden mittels eines Lappens aus- und abgewaschen und mit Tüchern trocken und blank gerieben. Wenn sich schwarze Stellen zeigen, werden dieselben zuerst durch Reiben mit Putzpulver oder Kreide entfernt und dann gewaschen, wie vorher angegeben. Hierbei sei gleich bemerkt, dass das Liegenlassen des Silbers in gesäuerten Speisen oder Salz, da es sonst sehr bald schwarz wird, vermieden werden muss, weil beim Entfernen eines Fleckens durch scharfe Mittel das Silber sehr angegriffen wird. Einen höheren Glanz erhält das Silber, wenn man es noch mit einem weichen Leder nachreibt.

Stahlbestecke.

Messer und Gabeln aus Stahl sind meistens nur nachzuwischen, indem die Hauptreinigung fast immer durch den Hausburschen mittels Messer-Putzmaschinen geschieht. Will man damit wenig Mühe haben, so entferne man sofort nach dem Gebrauche durch abwaschen in warmem Wasser den Schmutz. Es ist hierbei darauf zu achten, dass das Messer oder die Gabel nicht bis an das Heft in das Wasser gesteckt wird, weil sich sonst der Kitt, meist Schellack, mit welchem die Angel in dem Griffe befestigt ist, löst, und hierdurch das Besteck unbrauchbar wird. Gerade hierin wird aus Unkenntnis sehr oft gefehlt und dabei viel verdorben, hauptsächlich in Privat-Häusern. Durch das heisse Wasser wird der Schellack weich, fast flüssig; und da Wärme nach dem Natur-Gesetz die Gegenstände ausdehnt, quillt der Kitt aus dem Griffe heraus, und der Stahl ist locker. So trifft man oft Häuser, in welchen kein einziges Stahlbesteck mehr ganz in Ordnung ist, weil irgend jemand eines Tages die Bestecke aus Unkenntnis in heisses Wasser geworfen hatte und wohl, um sich die Finger nicht zu verbrennen, dieselben darin liegen liess, bis das Wasser abgekühlt war, was natürlich das Auslaufen der Kittmasse bewirkte.

Das Abwischen wird wieder wie das Abtrocknen der Silber-Bestecke gehandhabt. Bei dem dann folgenden Putzen mit der Maschine ist darauf zu achten, dass die Messer bis an das Heft in die Maschine gesteckt werden, weil sonst eine blinde Stelle dicht vor dem Griff stehen bleibt. Die Gabeln werden mittels eines Korkstopfens, mit Spiritus und Putzstein befeuchtet, abgerieben. Nachdem beide Teile auf diese Weise geputzt sind, müssen sie noch mit einem reinen Tuche gründlich abgewischt werden, so gründlich, dass, wenn ein Gast mit der Serviette nachwischt, kein Schmutz mehr an derselben zu sehen ist. Auch hierbei verfährt man wie beim Reinigen des Silber-Bestteckes, nur ist dabei hauptsächlich darauf zu achten, dass die Ecken an den Griffeinfassungen mit dem Daumen gut ausgewischt werden; ausserdem bei den Gabeln, dass eine Tuchecke durch die Zinken-Spalten gezogen wird.

Nachdem hier die zweckmässigsten Reinigungs-Arten der verschiedenen Geschirr-Gattungen angegeben sind, wird sich jeder leicht auch das Mittel wählen können, um die vielen kleinen hier nicht aufgeführten Gegenstände am vorteilhaftesten zu reinigen.

Das Tragen der Service

erfordert sehr viel Übung und Gewandtheit. Es können hierüber nur einige Regeln gegeben werden, das eigentliche Gewandte und Flotte muss man sich durch lange Übung selbst aneignen.

Beim Tragen mehrerer Biergläser mit Henkeln stellt man z. B. bei fünf dieselben so zusammen, dass die Henkel stets ineinander gesteckt sind, und zwar in den Henkel des mittleren Glases die Henkel der beiden nebenstehenden, in diese rechts und links die Henkel der beiden äussersten.

Sind die fünf Henkel fest ineinander geschoben, so kann es nie vorkommen, dass ein Glas sich löst und zu Boden fällt, wenn es nicht schon vorher zerbrochen war. Will man diese fünf Gläser mit der linken Hand tragen, was am zweckmässigsten ist, so umfasst man die zusammengeschobenen Henkel mit dem Mittel-Finger und dem Daumen und legt den Zeige-Finger auf die Henkel; letzterer hat also nichts dabei zu tragen. Es bleiben so noch der Ringfinger und der kleine Finger unthätig. Mit dem Ringfinger kann man dann noch ein weiteres Glas in gleicher Linie der fünf anderen fassen, doch ist das Tragen dann nicht so sicher. Dieselbe Vorschrift gilt für die rechte Hand, oder auch, wenn man mit beiden Händen so viele tragen will. Sieben Gläser und mehr zu tragen, kann nur durch sehr geübte mit langen Fingern versehene Spezialitäten geschehen, und wir wollen diese Kunst ausschliesslich denselben überlassen; dagegen werden zwei, drei und vier Gläser nach der Beschreibung von fünf zusammengestellt und getragen. Sind Biergläser nicht mit Henkeln versehen, so bedient man sich zum Tragen eines Servier-Brettes, Gläser-Korbes, Bierbleches usw. Wenn man fein servieren will, so gilt die Regel: Nie ein Glas in der Hand, sondern auf einem Teller zu servieren. Beim Abservieren soll man nie mit den Fingern oben in die Gläser fassen, sondern immer von aussen und möglichst weit unten. Letztere Bemerkung gilt auch beim Servieren.

Weingläser werden nie anders als auf Tellern und Servier-Brettern gereicht. Am besten nimmt man hierzu einen silbernen oder versilberten Teller und stellt die Gläser im Kreise und, wenn Wein in Karaffen (geschliffene Flaschen) serviert wird, die Karaffe mit darauf; Flaschenwein setzt man erst am Tische auf die Servier-Teller, falls letztere dem Gaste mit vorgesetzt werden und nicht etwa die Gläser direkt auf den Tisch gestellt werden.

Das Tragen von Tellern und Schüsseln muss ein freies und flottes sein. Das Geschirr darf nicht an den Körper angeschmiegt werden, sondern frei und ungezwungen muss die Haltung und der Gang des Körpers, sowie die Bewegung der Arme sein.

Um einen Teller zu tragen, nimmt man denselben in die linke Hand, fasst ihn mit dem Daumen über, mit dem Zeige-Finger aber unter dem unteren Rande, jedoch ohne dass von ersterem etwaige auf dem Teller liegende Speisen usw. berührt werden. Die anderen drei Finger liegen lose an den Zeige-Finger an, denselben unterstützend.

Um zwei Teller in einer Hand zu tragen, schiebt man den zweiten mit seinem äussersten Rande unter den unteren Rand des ersteren, wobei der darunter befindliche Zeige-Finger etwas mehr gestreckt und nach rückwärts gebogen wird. Der linke Ringfinger legt sich hierbei unter den zweiten Teller und hat hier dieselbe Funktion, wie der Zeige-Finger bei dem ersteren.

Um drei Teller gleichzeitig in einer Hand zu tragen, drückt man das linke Handgelenk etwas nach aussen, indem man die Hand mit dem Teller nach innen zu krümmt, wodurch der zweite Teller mit seinem Rande etwas höher kommt. Auf diesen Rand und gleichzeitig auf den Arm stellt man den dritten Teller, sodass derselbe dann gleich hoch mit dem ersteren steht. Auf die Ränder dieser beiden kann man den vierten Teller stellen. Nach hinten auf den Rand des dritten und den Arm wieder den fünften, und auf diesen und den Rand des vierten den sechsten, worauf man noch einen siebenten Teller unter den ersten und zweiten schiebt, welcher durch den vorher frei gelassenen Mittel-Finger an die oberen beiden Teller angedrückt und dadurch gehalten wird. Es soll hier keinesfalls diesem Aufeinandertürmen das Wort geredet werden, doch ist man manchmal auf diese Tragmethode angewiesen. Die Benutzung eines Servier-Brettes ist immer feiner. Das Servierbrett trägt man, wenn es nicht zu schwer ist, elegant auf der linken Hand, mit dieser die Servier-Serviette darunter haltend. Hat man jedoch eine schwere Last darauf, so ist es leichter zu transportieren, wenn man es ebenfalls mit der linken Hand, jedoch über der Schulter trägt.

Man übe dieses zuerst mit einem leeren, aber schweren Servier-Brette. Auch dieses Tragen ist nicht das anständigste, jedoch ist es kaum zu vermeiden, wenn man mit einer schweren Last eine lange Strecke zurücklegen soll, wie z. B. in Garten-Wirtschaften, welche von der Küche weit entfernt sind. Wird das Brett zu schwer, so trage man es zu zweien.

Das Tischdecken und Servieren

wird in nachfolgenden Abschnitten gemeinsam in der Weise behandelt, dass nach der Anleitung des Tischdeckens zu einer bestimmten Tageszeit oder einem bestimmten Zwecke, auch sogleich die nötigen Erklärungen über das Servieren dieser Mahlzeit folgen.

Vor allem achte man auf die grösste Sauberkeit aller Gegenstände, welche beim Tischdecken und Servieren

Verwendung finden. Dies gilt in erster Linie für die Tischwäsche; also Tischtücher und Servietten (Mundtücher). Die Tischwäsche muss in Gast- wie in Privat-Häusern in ihrer Ausstattung und ihrem Werte nach den jedesmaligen Verhältnissen angepasst sein. Demnach wird in besseren Häusern Damast, in anderen feinere und schliesslich auch geringere Leinwand-Wäsche zur Verwendung kommen. Die Papier-Servietten finden nur im Restaurations-Verkehr Verwendung und haben für diesen ihre besonderen Vorteile.

Im Allgemeinen

beachte man bei jedem Tischdecken, dass vorher, und nicht erst, wenn das Tischtuch aufliegt, das ganze Zimmer fix und fertig gereinigt wird. Nachdem die Tafel gedeckt ist, kann ein leichtes Nachwischen mit einem feuchten um einen Besen oder Schrupper gewundenen Putzlappen nur bei grösseren Gelegenheiten empfohlen werden.

Man stelle zunächst alle Stühle bei Seite, sodass man frei um den Tisch herum gehen kann. Erst wenn der Tisch fertig gedeckt ist, stelle man auch die Stühle an ihre Plätze. Steht der zu deckende Tisch nicht fest, wackelt er, so bringe man ihn zum Feststehen. Bei runden Tischen entweder durch Drehen, oder durch Unterlegen von Korkscheiben von unbrauchbar gewordenen Korkpfropfen. Die Ursache davon ist nicht etwa, dass die Tischbeine unegal lang sind, sondern der Fehler liegt am Fussboden, welcher sich oft verzieht (wirft), und zwar werden die Dielen dem Auge unscheinbar an den Kanten höher und in der Mitte niedriger. Selbst getäfelte Fussböden sind nicht immer wagerecht, egal und gleichmässig.

Vor dem Auflegen des Tischtuches wische man noch einmal mit einem trockenen Wischtuche über den Tisch. Sind Tischtuch-Unterlagen vorgeschrieben, was sehr zu empfehlen ist, so lege man solche auf. Sie schützen polierte Tische beim Aufsetzen von heissen Platten vor zu grosser Wärme und verhindern auf der Tischplatte Abdrücke der Schüssel-Ränder, vermischt mit haften gebliebenen Tischtuch-Fasern, welche ohne Erneuerung der Politur nicht mehr zu entfernen sind. Noch schlimmer ist dies bei lackierten Tischen. Die Unterlagen, welche oft aus Tuch oder Filz sind, dämpfen den Schall, schützen also vor dem Geklapper und Geklirre der Gegenstände, mit welchen auf dem Tisch herum hantiert wird. Oft sind auch, hauptsächlich bei langen Tischen und bei zusammengesetzten Tafeln die Tischplatten verzogen, und es können selbst mit Korkscheiben nicht immer die aneinanderstossenden Kanten genau genug ausgeglichen werden, sodass Gläser und Flaschen, wenn sie zufällig auf diese Kanten zu stehen kommen, schief stehen, oder gar umfallen, dann wirkt die Unterlage ausgleichend.

Auf einen runden Tisch gehört ein quadratförmiges Tischtuch, der Grösse des Tisches entsprechend, aber nicht zu klein. Der mittlere Längsbruch eines Tisch- oder Tafel-Tuches muss sowohl bei runden wie bei quadratischen oder langen Tischen ganz genau in der Mitte liegen, und zwar der mittlere Bruch deshalb nach oben, weil die Hausfrauen Tischtücher und Servietten mit der rechten Seite nach aussen zusammenlegen lassen, damit die Wappen, Monogramme, Namenszüge, Zeichen und wie man die Bezeichnungen alle nennt, obenauf zu liegen kommen. Sollten einzelne Hausfrauen, und dies wäre wirklich zu empfehlen, die Tischtücher (nicht auch die Servietten) mit der rechten Seite nach innen zusammenlegen lassen, dann müssten allerdings die mittleren Längsbrüche nach unten zu liegen kommen. Regel sei aber stets in einem Hause, dass alle Tischtücher gleichmässig behandelt und recht gleichmässig gefaltet werden. Nichts sieht schlechter an einer Tafel aus, als krumme Linien der Tischtuch-Brüche, oder wenn dieselben wegen ungleichmässiger Grösse oder ungleichmässiger Behandlung nicht zum Aneinanderpassen zu bringen sind. Alle Ecken und Seiten müssen ganz gleichmässig lang an den Tischen herab hängen. Beim Decken grösserer Tische müssen zwei Personen das Auflegen der Tischtücher besorgen. Die Arbeit geht dadurch viel rascher von statten und kann bedeutend exakter ausgeführt werden. Der eine schliesse das eine Ende, wie vorbeschrieben, an die eine Seite des Tisches, oder an ein bereits aufliegendes Tischtuch genau an, die anschliessenden Säume reichlich weit übereinander legend, und drücke beide Handballen fest an beiden Seiten auf die Tischplatte; der andere fasse die entgegengesetzte Seite in der Nähe der Ecken, ziehe und blähe das Tuch kräftig und lasse es langsam, die Längsbrüche den Tischkanten parallel lenkend, auf die Tischplatte hernieder senken. Ist am Ende einer Tafel ein Tischtuch zu lang und kein kleineres, passendes vorhanden, so müssen die vorhergehenden weiter übereinander geschlagen werden, oder auch nur das zuletzt aufgelegte, oder letzteres wird um so viel eingeschlagen, als es zu lang ist. Das Einschlagen empfiehlt sich dann, wenn die Möglichkeit vorhanden ist, dass noch nachgedeckt und der Tisch verlängert werden müsste, dann braucht man das Eingeschlagene nur vorzuziehen.

Man rechne für die Person durchschnittlich 70 cm Raum-Breite, sonst stossen die Ellenbogen der nebeneinander Sitzenden beim Speisen aneinander. Bei Hofe rechnet man circa 1 m. Wenn es der Raum nicht gestattet, muss es allerdings etwas unter 70 cm bleiben. Hat man kein Metermass bei der Hand, dann rechne man wie folgt: Ein gewöhnlicher flacher Teller, wie man ihn beim Tischdecken aufstellt, hat durchschnittlich 22 bis 25 cm im Durchmesser. Zwischen jedem Couvert (so nennt man den für eine Person aufgestellten Teller nebst Serviette, Brötchen, Besteck, Gläser usw.) müssen zwei solche Teller nebeneinander gestellt Spielraum haben; ist reichlich Platz vorhanden, etwas reichlich, muss der Raum eingeschränkt werden, etwas weniger. 3 Teller-Durchmesser à 22 cm ergeben 66, und 3 Teller à 25 cm 75 cm, mit dem etwas reichlich bemessenen Spielraum zusammen 72 bis 80 cm.

Im Verlaufe der weiteren Arbeit beim Tischdecken sei man recht akurat und genau und sehe die nun einzeln folgenden Erläuterungen nicht als Kleinigkeits-Krämerei an, denn was im Einzelnen ordnungsgemäss auf den Tisch gestellt oder gelegt wird, erhöht den Gesamteindruck eines gedeckten Tisches.

Ehe man mit dem Tischdecken beginnt, sei es im kleinen oder grssen, muss alles dazu vorgerichtet sein, sodass man die Service-Gegenstände nur aufzustellen und zu arrangieren braucht. Bei grossen Essen und Festlichkeiten richtet man sich schon einige Tage durch Zurechtstellen und Nachwischen des Silbers, der Teller, Gläser usw. darauf ein. In grossen Lokalen, wo fast immer alles bei der Hand ist, werden die Vorarbeiten zu einer Festlichkeit meist am Tage vorher gemacht.

Beginnen wir nun mit Tages-Anfang und decken den Frühstückstisch für eine Familie von 6 Personen; sei dies nun in einem Hotel oder in einem Privathaus, woselbst man an eine reichere Kost als in gewöhnlichen Bürger-Familien gewöhnt ist.

Frühstück.

Darunter ist in diesem Falle nur der kleine Familien-Morgenkaffee, wobei Thee, Kaffee, Schokolade, Cacao, Milch usw. nicht ausgeschlossen ist, zu verstehen.

Wählt man einen runden Tisch, so verteilt man gleichmässig ringsum sechs kleine sogenannte Dessert-Teller, von welchen der äussere Rand etwa zwei Finger breit vom Tischrand einwärts, wie überhaupt bei jedem Tischdecken, entfernt sein muss, damit die Gäste beim Niederlassen an den Tisch durch Streifen der Teller, Bestecke usw. dieselben nicht in Unordnung bringen. Die Bezeichnung ›Dessert-Teller‹ ist nicht ganz richtig, denn darunter versteht man genau genommen hübsche, verzierte, bemalte Tellerchen, welche man nur beim Dessert nach den Hauptmahlzeiten den Gästen vorsetzt. Die Bezeichnung ›Dessert-Teller‹ hat sich aber für Teller mittlerer Grösse nun einmal eingebürgert und soll der kurzen Bezeichnung halber auch beibehalten werden; dasselbe sei auch gleich für die Bezeichnung Dessert-Messer und Dessert-Gabel bemerkt. Links des Tellers und mit dem linken Rande abschneidend eine Dessert-Gabel, rechts desgleichen ein Dessert-Messer. Vor die Spitze der kleinen Messer stellen wir je eine Kaffee-Tasse mit einem Kaffee-Löffel. Der Henkel der Tasse und der Kaffee-Löffel zeigen nach rechts rückwärts. Links vor die Gabel-Spitze stellen wir ein kleines Tellerchen mit einem Eier-Löffelchen, welches ebenfalls nach rechts rückwärts zeigen muss.

In die Mitte des Dessert-Tellers stellen wir einen Eier-Becher und in diesen eine sogenannte kleine Theeserviette nach einer der angegebenen Formen im Servietten-Brechen, entweder jede Form anders, oder alle sechs in gleicher Figur. Auch kann man den Eier-Becher auf das Tellerchen stellen und Formen (Figuren) wählen, welche nicht in den Eierbecher, sondern gleich auf den Dessert-Teller gestellt werden. Es ist sodann das speziell für jedes einzelne Couvert Nötige aufgelegt.

Auf die Mitte des Tisches kommt zuerst eine Schale mit verschiedenen Früchten und eine Schale vielleicht mit Erdbeeren zu stehen. Neben den Erdbeeren eine Schale mit gestossenem Zucker. Neben die letztgenannten beiden Schalen wird zu jeder ein Dessert-Löffel gelegt.

Wir stellen diese drei Schalen deshalb in die Mitte des Tisches weil das Obst zuletzt serviert wird; um diese herum gruppieren wir je einen Teller mit frisch gebackenem Weissbrot, Schwarzbrot, Butter und Kuchen, resp. landesüblichem Kaffee-Gebäck, ein Schälchen mit Honig, ein Schälchen mit Gelee, eine Flasche mit Wasser, daneben einige Wasser-Gläser und eine Zucker-Dose mit Zange. Auf zwei Seiten stellen wir je ein Salzfässchen. Nachdem wir den Butter- und Brotteller mit Messer, die anderen Schälchen nötigenfalls mit Löffelchen versehen haben, ist das Tischdecken beendigt. Kurz vor Eintreffen der Herrschaft werden Kaffee, Milch, Schokolade, Eier und gebackene Fische in zweiter Linie des Kreises aufgestellt. Die Dessert-Teller werden sogleich gegen warme Teller umgetauscht. Von Frankreich, und hauptsächlich von England aus, hat es sich auch in Deutschland eingebürgert, dass man zum Frühstück ein leichtes warmes Gericht, wie Fische gebacken, Eier in Speck usw. vorsetzt. Nachdem alles Platz genommen, wird zuerst Fisch serviert und man reicht frische Brötchen dazu. Nachdem herumgegeben ist, wird die Platte mit Fisch auf die Tafel gestellt. Sofern es nicht von der Familie selbst geschieht, wird hierauf von dem Bedienenden der Kaffee eingeschenkt und Milch und Zucker nachserviert. Nachdem der Fisch gegessen ist, nimmt man Teller nebst Gabeln ab und setzt die vorher weggenommenen Dessert-Teller wieder ein. Sind die Tassen wiederholt gefüllt worden, auch etwaige Teilnehmer mit Schokolade usw. befriedigt, so werden Eier serviert. Man kann jedoch auch Eier, Brot und Butter vor dem Fische servieren. Nunmehr folgt Honig, Gelee und Kaffee-Gebäck. Kaffee und Schokolade werden so oft angeboten, bis nichts mehr davon angenommen wird. Es werden hierauf, bis auf die mit Obst und Zucker, alle Platten, Teller, Tassen usw. abserviert und neue Dessert-Teller mit kleinen Messern und Löffelchen aufgestellt.

Zunächst werden nun Erdbeeren mit Zucker herumgereicht. Man kann hierzu ein Kännchen mit Rahm servieren, oder ein Fläschchen mit Wein aufstellen. Das andere Obst wird erst nach den Erdbeeren serviert. Vorher sind nochmals die Teller zu wechseln.

Absichtlich sind hier geistige Getränke und Fleischspeisen weggelassen; wir bringen diese im Gabel-Frühstück.

Nachdem dann auch das Obst serviert ist, wird, wenn Herren teilgenommen haben, ein Tellerchen oder Kistchen mit Zigarren nebst Feuerzeug oder Lichtern aufgestellt. Die Bedienung verlässt hierauf das Frühstücks-Zimmer. Nach einer halben Stunde wird abserviert.

Zu den weiteren Arten des Tischdeckens sind verschiedene Gläser nötig, deren Grundformen in Abbildungen folgen. Jede einzelne derselben wird durch die heutige Glasindustrie wieder in vielen Variationen hergestellt. Es haben sich etwa folgende Grundformen herausgebildet. Weisswein-Gläser sind am unteren Kelchrande meist etwas abgerundet und auch etwas grösser als Rotwein-Gläser, dagegen sind letztere an derselben Stelle etwas eckig gehalten.

1, Sherry-Gläser werden benutzt für schwere Südweine, wie Sherry, Portwein, Malaga, Madeira usw., auch ›Portwein-Gläser‹ benannt. 2, Weisswein-Gläser für leichtere Weissweine aller Art. 3, Rotwein-Gläser für leichtere Rotweine aller Art; für schwerere Rotweine, z. B. Bordeaux, nimmt man gewöhnlich etwas kleinere Gläser, letztere wohl auch ›Bordeaux-Gläser‹ genannt. 4, Römer-Gläser, zu schwereren

1 2 3 4 5 6 7 8 9

Rheinweinen, oft, wenn auch ohne Berechtigung, zu feinen Mosel-, Nahe- und anderen besseren Weinen. 5, ist die Form älterer Champagner- oder Schaumwein-Gläser, welche durch das hohe, spitze, moderne Schaumweinglas (6) verdrängt wurde; letzteres ist am beliebtesten. Das neuere Schaumweinglas (7) findet nicht so leicht Eingang, was auch ganz natürlich ist; denn aus einem schlanken Kelchglase trinkt es sich eben besser, als aus einer breiten Schüssel. 8, ohne Fuss, ist die Form der Wasser-Gläser und 9 die der Likör-Gläser.

Ein Gabel-Frühstück.

Bei irgend einer passenden Gelegenheit, z. B. bei einem Geburtstage, ladet jemand seine Bekannten zu einem Gabel-Frühstück ein. Zwölf Personen lassen wir daran teilnehmen.

Der Gastgeber lässt servieren:

Füllsel von Huhn, in Muscheln gebacken.

Kraftbrühe in Tassen.

Lammrippchen, auf dem Rost gebraten,
mit grünen Bohnen.

Lachsforellen-Pastete.

Gespickte Kalbsnuss mit Kompott und Salat.

Halbgefrorenes.

Käse und Butter.

Obst und Backwerk.

Getränke: Zeltinger (Weisswein) und Oberingelheimer (Rotwein), Erdbeer-Bowle.

Vorerst hat sich die Tafel-Bedienung mit obiger Zusammenstellung vertraut zu machen, um daraus zu ersehen, welche Teller, Bestecke, Gläser usw. zum Tischdecken nötig sind. Ferner ist aus der Speise-Karte zu ersehen, dass sie drei warme Gänge enthält, zu welchen man warme Teller einsetzen muss; denn man gibt in der Regel zu warmen Speisen warme und andernfalls kalte Teller, zu Gefrorenem und Halbgefrorenem sogar sehr kalte Teller. Aber auch keine Regel ohne Ausnahme: Zu dem Füllsel in Muscheln und der Kraftbrühe, welche beide auch warm gegeben werden, braucht man vorher keine warmen Teller einzustellen. Man stelle also $3 \times 12 = 36$ bis 40 Teller warm. Etwa zwei Stunden vor Beginn des Frühstücks setze man die Erdbeer-Bowle nach folgendem Rezept an:

Man nehme eine grosse Suppen-Schüssel (Terrine mit Deckel), gebe 1 bis $1^1/_2$ Liter frische Walderdbeeren hinein, bestreue diese mit $^1/_2$ bis $^3/_4$ kg gestossenem Zucker, schwenke sie einigemal um und decke nun die Schüssel zu. Kurz darauf öffne man sie wieder, giesse eine Flasche Moselwein darüber, schliesse den Deckel und lasse die Erdbeeren bis kurz vor Beginn des Frühstücks ziehen. Dann fülle man die Erdbeeren mit 6 Flaschen Wein auf, am besten mit Moselwein. Die Bowle stelle man in ein grösseres Gefäss, etwa in eine Holzwanne, fülle den Raum um die Bowle mit Eisstücken aus und streue Kochsalz auf das Eis. Das Kochsalz schützt das Eis vor zu raschem Schmelzen und erhöht den Kältegrad. Liebhaber geben in die Bowle einige schwarze Johannisbeer-Blätter, doch Vorsicht damit; denn diese sind sehr stark im Geruch und Geschmack. Kurz ehe die Bowle serviert werden soll, was bei oder gleich nach dem Auftragen der Kalbsnuss geschieht, fülle man mittels Suppen-Löffels das vorher kalt ausgeschwenkte Bowlen-Service, wobei man eine Flasche Champagner oder deutschen Schaumwein zugeben kann, und bringe die nun fertige Bowle in das Speise-Zimmer. Den Schaumwein kann man auch erst im Zimmer zugiessen, während in der Suppen-Schüssel, welche im Eise verbleibt, Bowle nachgebraut wird, falls, was häufig der Fall ist, das zuerst angesetzte Quantum nicht ausreicht.

Das Tischdecken.

Nachdem das Tischtuch, wie vorher beschrieben, aufgelegt ist, stellen wir an den Seiten je fünf, an den Kopfenden des Tisches je einen Teller gleichmässig entfernt einander gegenüber. Auf diese formieren wir Servietten nach einer ausgewählten leichten Figur, alle nach einem Muster. Hinter, vor, neben oder auf die Serviette, je nachdem es die Form erlaubt, legt man je ein Brötchen, links vom Teller, genau mit dem Teller-Rande abschneidend, die Gabel, rechts desgleichen das Messer und neben dieses den Löffel (?). Halt! Nein, so viel muss man aus der Speise-Karte ersehen haben, es gibt keine Suppe, und zur Kraftbrühe (Bouillon) gibt man in der Regel einen sogenannten Dessert-Löffel. Das ist in der Grösse ein Mittelding zwischen dem gewöhnlichen Esslöffel und dem Kaffee-Löffel. Man lege also einen Dessert-Löffel neben das Messer, und nur im Notfalle benutze man dazu Esslöffel. Vor den Teller querüber lege man ein Dessert-Messer, welches für Käse und Butter, eventuell auch für das Obst bestimmt ist, und längs neben dasselbe einen Kaffee-Löffel, welcher zum Speisen des Kompotts dienen soll.

Halblinks der Gabel-Spitze stelle man ein Schüsselchen oder kleines Tellerchen (Assiette). Oft werden diese für das Kompott bestimmten Tellerchen von den Gästen zum Ablegen von Knöchelchen, Fischgräten usw. benutzt; wo dieses geschieht, muss man beim Teller-Wechseln wieder einen frischen einstellen, oft mehrmals bei einunddderselben Person. Rechts vor die Messer- und Dessert-Löffel-Spitze stelle man je ein Weisswein- und ein Rotweinglas, das grössere vor die Messer-, das kleinere vor die Löffel-Spitze.

Nachstehend folgen zwei fertige Kouverte im Bild

Fig. 1.

Fig. 2.

für den Gabelfrühstücks- und Abendtisch, Fig. 2 auch zuweilen für den einfachen Mittagstisch. Jenachdem Suppe in Tellern oder Tassen serviert wird, legt man gewöhnliche grosse Esslöffel oder Dessert-Löffel auf, wird Butter und Käse oder grösseres Obst gegeben, auch Dessert-Messer.

Es darf durchaus nicht vorkommen, dass Dessert-Messer oder -Löffel aufgelegt werden und es folgt dann keine Speise, für welche diese benutzt werden könnten. Deshalb in der Abbildung die Abwechselung Die verschiedenen Gläser-Aufstellungen richten sich meist nach den vorhandenen Gläser-Servicen und den Weinen, welche gewöhnlich gegeben und getrunken werden. Um die Zeichnungen der fertigen Kouverte den Lernenden deutlich vor Augen zu führen, sind in demselben Serviette und Brötchen nicht mit gezeichnet. Unter ›fertigen Kouverten‹ versteht man das, was sich in den Abbildungen dem Auge darbietet, aber mit Serviette und Brötchen.

Die Mitte des Tisches wird gleichmässig besetzt mit zwei Einsätzen, zwei Pfeffer-, Salz- und Senfbüchsen, zwei Gläsern mit Zahnstochern, zwei Wasser-Flaschen mit je vier Gläsern, zwei gefüllten Kompottieren, zwei Tellern mit kleinem Backwerk und zwei Schalen mit Obst. In die Mitte stellen wir eine Vase mit frischen, getrockneten oder künstlichen Blumen, oder auch einen schönen Blumenstock, unter welchen das Speise-Kärtchen gelegt wird. Auf diese Weise ist unser Tisch zwar dem Zwecke entsprechend einfach, aber auch zur Genüge besetzt und arrangiert. Es soll ja kein eigentliches Festessen, sondern nur ein Gabel-Frühstück serviert werden. Auf einen Nebentisch stelle man sich alles Nötige, Teller und Bestecke zum Wechseln und für die herumzureichenden Platten in Reserve.

Haben die Gäste nun Platz genommen und ist inzwischen das Auffüllen der 6 Flaschen Wein in die Bowle besorgt und auch nachgesehen worden, ob die Teller richtig warm gestellt oder ob dieselben etwa in dem Wärmofen einmal umgedreht worden sind, so beginne man mit Servieren.

Das Servieren.

Man hole auf einem grossen Servier-Brette, auf welches man vorher eine Serviette ausgebreitet hat, die Muscheln. Oft sind dieselben in der Küche schon auf eine grosse Platte oder flache Schüssel angerichtet; dann braucht man kein Servierbrett. Sind die Muscheln aber so heiss, dass sich der Gast die Finger daran verbrennen würde, wenn er die Muschel von der Platte nimmt, so setze man wohl oder übel die ganze Platte auf einen Nebentisch, stelle jede Muschel auf ein Tellerchen und setze beide ohne weiteres dem Gaste vor. Zweimal wird dieses Vorgericht in der Regel nicht serviert, ebensowenig die darauf folgende Kraftbrühe. Nun nehme man Weiss- und Rotwein und schenke ein, die Gäste einzeln fragend, ob sie Weiss- oder Rotwein wünschen. Auch kann man den Wein vorher auf den Tisch, je eine Weisswein- und eine Rotwein-Flasche nebeneinander, eingesetzt haben, im ganzen 12 Flaschen.

Man serviere die leeren Muscheln ab, welche in diesem Falle die Stelle des Tellers versehen haben, und serviere die Kraftbrühe in gleicher Weise.

Beim Abservieren der Tassen nehme man entweder sofort die Teller auch mit weg, oder auch einzeln gleich hinterher, und setze warme ein. Man wolle sich aber dabei merken, dass man Suppe, Muscheln, Fleischbrühe, Tassen, in diesem Falle also die Kraftbrühe, und überhaupt alles, was dem Gaste einzeln auf seinem Platze vorgesetzt wird, von der rechten Seite einsetzt. Auch das Wechseln der Teller, sowohl das Wegnehmen der gebrauchten, als auch das Einsetzen neuer bez. gereinigter, geschieht stets von der rechten Seite. Das Servieren gemeinsamer Platten usw., von welchen sich der Gast selbst seinen Teil abnimmt, geschieht dagegen immer von der linken Seite.

Es werden nun die Lammrippchen serviert, hinterher die Sose, wenn es solche besonders gibt, und schliesslich die grünen Bohnen. Würde dagegen die Speise-Karte lauten »Grüne Bohnen mit Lammrippchen«, oder mit Häring, oder mit Schinken, so müssten regelrecht auch die Bohnen zuerst serviert werden. Je nach den Gewohnheiten des Hauses werden die Platten und Schüsseln, nachdem der betreffende Gang serviert ist, auf dem Tische eingesetzt, oder auf den Serviertisch gestellt. Der Inhalt der Platte wird neu geordnet, oder man holt zum Nachservieren aus der Küche nach, wenn nicht mehr genügend auf den Platten oder in den Schüsseln vorhanden ist. Unter einem »Gang« versteht man die Gerichte, welche als zusammengehörende hintereinander serviert werden, also hier Lammrippchen, und, wenn es auch nicht auf der vorstehenden Speise-Karte steht, aber von der Küche mit hereingegeben wird, Sose, Kartoffeln und Bohnen.

Es wird von jetzt ab alles zweimal angeboten, also nachserviert; der Gast, welcher indessen von einem Gericht das erste Mal nichts angenommen hat, wird auch das zweite Mal übergangen. Man wechsele die Teller, setze wieder warme ein und verfahre wie folgt:

Man nehme den ersten Teller mit der rechten Hand vom Gaste weg, fange aber stets an der rechten Seite seines Reviers an. Unter »Revier« versteht man hier den jedem einzelnen Bedienenden zum Servieren zugewiesenen oder zugeteilten Tisch oder seine Tischreihe. Man fange beim Teller-Wechseln deshalb stets auf der rechten Seite an, damit man im weiteren Verlaufe des Abservierens immer nach vorwärts gehen kann; würde man links anfangen, so müsste man rückwärts gehen, was aus vielen Gründen nicht zu empfehlen ist. Das Gleiche gilt beim Einsetzen neuer Teller. Die rechte Hand gibt den Teller in die linke weiter. Diese hält ihn mit Daumen und Zeigefinger fest, während die anderen drei Finger unten lose anliegen. Sobald die rechte Hand den zweiten Teller zur linken bringt, krümmt sich die ganze linke Hand mit dem Teller bis zum Handgelenke, aber nicht der ganze Arm, nach dem Körper zu. Die unteren Finger-Spitzen schieben sich dabei nach oben. Auf diese, sowie auf den Vorderarm und den Handballen am Daumen stellt man den zweiten Teller, ohne mit den Tellern überhaupt den Körper zu streifen oder dieselben daran anzulehnen. So fährt man fort und setzt die übrigen Teller auf den zweiten Teller, während auf den zuerst abgenommenen, welcher sich zwischen Daumen und Zeige-Finger befindet, etwa liegen gelassene Knochen, Fischgräten usw. geschoben werden, welche das Aufeinanderstellen der anderen Teller hindern würden. Ebenso werden auch etwa vom Gaste auf dem Teller liegengelassene Bestecke, welche man nicht eigenhändig von dem Teller zurück auf den Tisch legen darf, auf diesen Teller gelegt und beim Einsetzen reiner Teller durch neue ergänzt. So fahre man fort bis an das linke Ende seines Reviers, seiner Reihe oder seines Tisches. Man beginne nun mit dem Servieren des nächsten Ganges.

Während der vorhergehende Gang vielleicht in zwei Service geteilt war, ist die Lachsforellen-Pastete gewöhnlich in einer einzigen Form gebacken. Unter »Service« versteht man hier die Einteilung oder Verteilung der Speisen auf Platten, welche Einteilung sich nach der Anzahl der Gäste, nach der Anzahl der servierenden Bedienung, oder auch teilweise nach dem vorhandenen Geschirr richtet. Gibt es z. B. Fleisch mit Sose, in zwei Service verteilt, so müssen auch nicht nur zwei Fischplatten, sondern regelrecht zwei Sosen-Schalen und zwei Gemüse-Schüsseln angerichtet werden. Warme Pasteten werden in derselben Schüssel, demselben Blech oder Napf, in dem sie gebacken wurden, am Tische serviert. Da man aber bessere Service-Geschirre nicht in den Backofen schiebt, weil sie sonst beschädigt werden oder entzwei gehen, ein gewöhnlicher Napf aber an der Tafel nicht schön aussehen würde, bindet man in der Küche um diesen eine reine Serviette. Zum Herausnehmen gibt man Gabel und Löffel und legt sie neben die Pastete auf den Teller, auf welchen die Pastete in der Küche gestellt wurde. Servieren kann man von links nach rechts oder von rechts nach links, aber, wie bereits erwähnt, den Gästen selbst stets von der linken Seite aus. Mit dem Angeben (›Angeben‹ heisst mit dem Servieren einer Platte an einer bestimmten Stelle beginnen) wechsle man möglichst oft, damit nicht immer einunddieselbe Person zuerst und dadurch eine andere immer zuletzt an die Reihe komme. Es gibt aber Ausnahmen von dieser Regel. Der Gastgeber wünscht z. B. oft, dass er immer zuletzt an die Reihe komme. Wird ein Gastmahl einer Person zu Ehren gegeben, muss man zuerst bei dieser mit dem Servieren anfangen; bei einer Hochzeit wird mit dem Brautpaar, bei älteren Verwandten, bei hochgestellten und hervorragenden Personen immer zuerst angefangen. Nach dem englischen Service wird zuerst den Damen, sodann erst den Herren serviert. Man achte auf leer werdende Gläser und schenke ein.

Nach dem zweiten Herumservieren werden die Teller gewechselt und warme eingestellt. Man hole nun die Erdbeer-Bowle und stelle sie vor den Gastgeber. Dieser füllt dann die Gläser mit dem Bowle-Service-Löffel oder mit einem besonders hierzu mit Schnabel versehenen Suppen-Löffel, worauf die gefüllten Gläser auf einem Teller an die Tischgesellschaft übermittelt werden.

Es ist nun Sache des Bedienenden, die leer gewordenen Gläser sofort wieder füllen zu lassen und zurückzureichen. Inzwischen achte man auch darauf, ob überall noch Brot vorhanden ist; andernfalls ist solches nachzureichen.

Hierauf wird die gespickte Kalbsnuss mit Kompott und Salat serviert. Man reicht zuerst den Braten, dann die Sose, dann Kompott und zuletzt Salat, Kompotte in der Regel mehrere Sorten, Salat meist nur eine. Nach dem Nachservieren werden die Teller samt Messer, Gabeln und Kompott-Tellern weggenommen, Kompott-Teller jedoch erst in zweiter Linie, weil man nicht alles mit einem Male tragen kann. Es werden nun kalte Dessert-Teller nebst Dessert-Löffeln, und wo solche vorhanden, auch Dessert-Gabeln eingestellt. Das Einstellen geschieht auf dieselbe Weise, wie vorher das Abnehmen der Teller beschrieben ist: Einen Stoss Teller auf dem linken Handballen und einen Teller mit den Dessert-Bestecken zwischen dem linken Daumen und dem Zeigefinger. Die linke Hand und der Vorderarm trägt, die rechte Hand legt einzeln die Bestecke auf die Teller und setzt diese von rechts ein.

Man vergesse das Einschenkenlassen nicht und hole dann das Halbgefrorene. Auf den Teller lege man zum Abnehmen Gabel und Löffel, bei Gefrorenem dagegen nimmt man Messer und Löffel. Es wird nachserviert.

Die Teller werden gewechselt und es werden wieder Dessert-Teller, oder in Ermangelung deren, weil man auch zum Dessert wieder Dessert-Teller nötig hat, grosse Teller eingesetzt. Die nötigen Messer liegen schon auf dem Tische. Hat man aber nicht so viele kleine Messer, dass man sie zum Obst noch einmal umwechseln kann, so gebe man zu Käse und Butter auch grosse Messer. Dadurch zwingt man sozusagen den Gast, die kleinen Messer noch liegen zu lassen. Versäumt das in diesem Falle die Bedienung, dann muss sie nachher sehen, wie sie die kleinen Messer rasch wieder sauber bekommt. Da heisst es also aufpassen und die Gedanken überall haben. Bei Käse und Butter suche man stets Grau- und Schwarzbrot-Schnitten, oder auch beide zusammen, hinterher zu reichen. Es wird zweimal serviert.

Teller und Messer werden wieder abgenommen, desgleichen Öl und Essig, Senf, Pfeffer und Salz. Gibt es zu dem Obst Wallnüsse, so kann man das Salz stehen lassen. Sind Engländer am Tische, so muss man es sogar stehen lassen; denn diese essen Nüsse stets mit Salz in der Weise wie Radieschen. Inzwischen dürfte die Bowle leer geworden sein. Diese wird dann wieder gefüllt; denn es ist vorher schon darauf hingewiesen, dass inzwischen neue angesetzt oder nachgegossen wurde. Man verrechnet sich mit nichts öfter, als mit dem Ansetzen der Bowle. Meist wird doppelt und dreifach soviel gebraucht, als man vorher dachte, hauptsächlich, wenn sie gut gebraut war. Nun setze man Zigarren auf, zünde einige Kerzen an, sodass sie von jedem Platze aus erreichbar sind, und stelle Fidibusse daneben.

Kaffee wird nicht serviert, aber zuweilen zum Schluss noch ein Glas Bier.

Die Gabel-Frühstücke können sowohl in Bezug auf Essen, als auch auf Trinken sehr verschieden gegeben werden. In allen unseren Beschreibungen genügt aber, um das Tischdecken und Servieren zu erlernen, die Auf- oder Vorführung mittlerer Mahlzeiten.

Die Hauptmahlzeit.

Mittagessen, Diner, Table d'hôte im Hotel.

Es ist nicht leicht, eine Tafel-Karte (Menü) richtig auf- oder zusammenzustellen, die allen Regeln der Gastronomie entspricht, da sehr viele Faktoren hierbei in Betracht zu ziehen sind. Man frage sich in erster Linie, was bietet die Jahreszeit. Dann beginne man mit der Auswahl, indem man dabei berücksichtigt, in welcher Jahreszeit die verschiedenen Gerichte von Gemüsen, Fischen, Geflügel, Wild usw. am schmackhaftesten sind.

Die Tafel-Karte muss bei Vermeidung jeder Wiederholung recht mannigfaltig sein. So darf man z. B. nicht auf derselben Karte Kalbfleisch in weisser Sose, dann Kalbsnuss als Braten bringen, und nicht als Zwischengericht, oder gar von derselben Fleischgattung (z. B. Hasen-Pfeffer und Hasen-Braten), nicht etwa Hühner-Suppe, dann Füllsel von Huhn und Huhn als Braten. Diese Wiederholung geschieht zwar in bürgerlichen und in sparsamen Haushaltungen, aber nicht an öffentlicher Tafel und bei Festlichkeiten. Ebensowenig darf eine Tafel-Karte nicht nur Gerichte bieten, deren Bestandteile hauptsächlich aus dem Fleische der Schlachttiere bestehen; unter Mannigfaltigkeit versteht man, dass bei einer grösseren Mahlzeit alles tributpflichtig wird, die Gewässer mit ihren Fischen und Schaltieren, der Wald mit seinen Borsten-Tieren, Haar- und Federwild, der Geflügelhof mit zahmem Geflügel, der Gärtner mit seinen Gemüsen, Obst, der Landwirt mit seinen Erzeugnissen aus Flur und Feld und mit seinen Lieferungen an Schlachtvieh, und noch einmal der Wald mit seinen herrlichen Beeren, Pilzen usw. Was kann man nicht alles bereiten von so vielen herrlichen Gottes-Gaben! Führt doch das »Meisterwerk der Speisen und Getränke« von Blüher und Petermann ca. 60000 Gerichte auf. Da ist es gewiss nicht nötig, dass sich auf einundderselben Tafel-Karte Gerichte wiederholen, die einander ähnlich sind, sei es auch nur in ihren Hauptbestandteilen.

Etwas ganz Anderes ist es aber, dass sich die Gerichte in ihren Eigenarten ergänzen, dass z. B. die Speisen zu einem Gange so zusammengestellt sind, dass sie sich auch mit einander vertragen, zusammenpassen, sich im Munde noch geschmacklich harmonisch verschmelzen. Fachleute und Feinschmecker haben ihre Ansichten über Zusammenstellung von Tafel-Karten seit Jahrhunderten ausgetauscht und veröffentlicht, und heute nimmt man allgemein, in allen zivilisierten Ländern, folgende Ordnung der Gänge an (doch ist noch vorauszuschicken, dass kalte Vorgerichte vor der Suppe, warme dagegen erst nach der Suppe kommen):

Speise-Folge.

1. *Potage.*	1. Suppe.
2. *Hors-d'oeuvre chaud.*	2. Warmes Vorgericht.
3. *Poisson.*	3. Fisch.
4. *Relevé de boucherie, de gibier ou de volaille.*	4. Zwischengericht von Schlachttieren, Wild oder von Geflügel.
5. *Entrée chaude et froide.*	5. Mittelgericht warm u. kalt.
6. *Rôt, salade, compote.*	6. Braten, Salat, Kompott.
7. *Légume.*	7. Gemüse.
8. *Entremets, doux ou sucrés.*	8. Mehlspeise, Süsspeise.
9. *Glace.*	9. Gefrorenes.
10. *Fromage.*	10. Käse.
11. *Fruits.*	11. Obst.
12. *Dessert.*	12. Nachtisch.

Durch einige Beispiele soll zuerst erläutert werden, welche Gerichte etwa unter die einzeln aufgeführten Bezeichnungen zu rechnen sind:

Hors-d'oeuvre froids — Kalte Vorgerichte.

Austern, Kaviar, Sardellen, Sardinen, geräucherter Aal, ger. Lachs, ger. Zunge, ger. Wurst, kleine belegte Brötchen aller Art, Gänseleber-Pasteten, Radieschen, Rettiche, Senf-, Salz-, Pfeffer- und Essig-Gurken, eingemachte Zwiebeln usw.

Potages — Suppen.

Suppen aller Art, auch Kraftbrühe (Bouillon) auf Tellern oder in Tassen und Kaltschalen, letztere hauptsächlich im Sommer oft bei Abend-Mahlzeiten anstatt Suppe verwendet.

Hors-d'oeuvre chauds — Warme Vorgerichte.

Austern, gebacken, gebraten, geröstet, Pastetchen, warme Pastetchen aller Art, aber keine grossen Pasteten (diese gehören unter 5, *Entrées*), Füllsel aller Art, auch in Muscheln, Eier, Pilze (wenn nicht als Beigericht zu anderem Hauptgericht gegeben), Törtchen aller Art, aber keine süssen, Becher-Pastetchen und vielerlei aus allerhand Rohprodukten und Stoffen, aus Gekrösen und Bröschen, Gehirn, Hummer, Krebsen usw. hergestellte Leckerbissen.

Poissons — Fische.

Das Wort ergibt es. Fische aller Art sind hier gemeint, auch Schleien, Forellen usw., aber nur die eigentlichen grösseren Fische als solche, mit den dazu gehörenden Sosen und Kartoffeln, nicht etwa auch Fischgerichte, welche mit Hinzunahme von anderen Fischen hergestellt sind oder die zu den unter *Hors-d'oeuvre* angeführten Fischen gehören.

Relevés — Zwischengerichte.

Hierzu gehören allerhand aus Fischen bereitete Gerichte. Hat man aber in der Tafel-Karte bereits irgend einen Fisch als solchen im vorhergehenden Gang aufgeführt, dann wähle man ein anderes Zwischengericht. Unter Zwischengerichten versteht man nicht etwa wörtlich, dass dies ein kleiner Gang so zwischenhinein sein soll. Es gehören darunter sogar kompakte Speisen, als Ochsenfleisch, Roastbeef mit Frühjahrs-Gemüsen, Lenden-Braten in seinen vielen Arten der Zubereitung, und selbstredend, wenn Lende und die nachfolgenden Gerichte als Braten nicht verwendet werden sollen, Rehkeule oder -Rücken, Damwild-Rücken, Hammel-, Schweins- und Kalbskeule, Kalbskeulenstück (zerlegte gespickte Kalbskeule), gespickte oder anders zubereitete Kalbsleber und dergleichen mehr. Hierzu kommen auch die sogenannten Beigerichte, welche meist vorher auf die Tafel gestellt werden, als sauer eingemachte Pflaumen und Kirschen, Himbeeren, Brombeeren, Preisselbeeren, Sellerie-Salat, auch kleine eingemachte Zwiebeln, Pfeffer-, Senf-, Salz- und Essig-Gurken.

Entrées — Mittelgerichte.

Alle Arten Pasteten, gleichviel welches Fleisch oder welche Teile der Tiere man dazu verwendet; auch Fisch-Pastete ist nicht ausgeschlossen. Ferner Ragouts (Mischgerichte, Würzfleisch mit dunkler Sose), oder Frikassees (Fleisch mit pikanter weisser Sose), Gulasch, Pfefferfleisch, Hasen-Pfeffer; ferner Koteletten aller Art, auch mit Gemüse-Beigaben, doch gilt dies nicht als »Gemüse« (Gang 7); dieses folgt noch besonders. Auch kalte *Entrées* allein oder kalte und warme kann man geben. Zu kalten *Entrées* gehören auch sauere Sülzen, Fische in Gelee (Gallert), Kalbskopf in Gelee, letzterer auch warm (en tortue), Fische, Schaltiere usw. in Mayonnaise (kalter Öltunke) usw.

Rôts — Braten.

Als Beigabe Salate und Kompotte. Man achte darauf, dass man nicht einen Braten wähle, dessen Ursprungstoff in *Relevé* oder *Entrée* enthalten ist. Man gebe also nicht Hühner-Frikassee als *Entrée* und dann Kapaun als Braten, nicht Roastbeef in *Relevé* und Lende als Braten, nicht Schweins-Koteletten (Rippen) und Schweins-Braten, nicht Hirschragout (Würzfleisch, Gemengsel) und Hirschrücken;

wohl aber Hasen-Pfeffer als *Entrée*, und Damwild als Braten, ebenso Taube und Kapaun, Kalbsrippe und Schwein usw. Demnach ist also gestattet in einundderselben Tafel-Karte zweierlei von Schlachtvieh, zweierlei Wild, zweierlei Geflügel, aber nicht zweierlei von einundderselben Tiergattung. Zu Braten verwendet man Fleisch von vielen Tiergattungen, von zahmem und wildem Geflügel, von Borstenvieh und Haarwild, auch von Schlachtvieh, als Hammel-, Rinds-, Kalbs- und Schweinsbraten, die letzteren Braten als solche jedoch niemals bei feineren Diners; auch Roastbeef, Lenden-Braten, Spanferkel usw., doch niemals Fische und Schaltiere, also auch letztere nicht, wenn sie gebraten sind.

Unter Kompott sind süss eingemachte Früchte zu verstehen, auch Rhabarber (ein Blattstengel), dagegen nicht sauere, wie man sie als Beilage zu den *Relevés* gibt.

Unter Salat versteht man hier grünen, Kopf-, Endivien-, Feldsalat usw., nicht auch Ochsenmaul-, Hummer-, Rote-Rüben-, Sellerie- oder Kartoffel-Salat. Diese gehören wieder zum Teil als Beilagen zu den *Relevés* oder zu den kalten *Entrées*. Dagegen ist Kartoffel-Salat, mit anderem grünen Salat gemischt, nicht gerade verboten.

Légumes — Gemüse.

Auch wenn man irgendein *Relevé*, z. B. Roastbeef, Lende à la jardinière (mit jungen oder Frühjahrs-Gemüsen) oder Koteletten, Fleischklösschen mit Spinat oder Leipziger Allerlei gegeben hätte, so schliesst dies durchaus nicht aus, auch Gemüse als ein einzelnes Gericht zu geben, z. B. Spargel, grüne Erbsen, Bohnen, Schoten, Artischocken usw.

Entremets, doux ou sucrés — Mehl- oder Süsspeisen.

Hierzu gehören alle Puddinge, süsse Omeletten, Aufläufe, süsse Sulzen, süsse Gelees, Beignets (Schnitte, Krapfen, Schmalzgebackenes), Crèmes (Rahm, Sahne, auch mit geschlagenem Schnee), Obstkuchen, Obsttörtchen, auch Torten und Törtchen anderer Art, sowie alle dazu gehörenden süssen Sosen, allerhand Pâtisserien (Backwerk) und anderes mehr

Glace — Gefrorenes.

Gewöhnlich ›Eis‹ genannt, doch ist ›Gefrorenes‹ richtiger. Es gibt Gefrorenes und Halbgefrorenes, z. B. Vanille-, Zitronen-, Erdbeer-, Orangen-, Himbeer-, Schokoladen-Gefrorenes, solches von Kaffee, Rahm, Marasquino usw., wie Halbgefrorenes nach Fürst Pückler, Nesselrode usw. Zum Gefrorenen gibt man meist Waffeln.

Fromages — Käse.

Eigentlich müsste es heissen Käse, Butter und Schwarzbrot. Auch ist erlaubt, bei diesem Gange Radieschen zu geben, doch nicht, wenn sie schon als Vorgericht gegeben sind. Bei feineren Diners gibt man feinere Käse, z. B.: *Fromage de Brie* (Brier Käse), *Neufchâtel* (Neuschateler), *Stilton, Roquefort* usw., bei einfacheren Diners auch geringere Sorten, z. B. Schweizer, Holländer, Rahm-, Ziegen-Käse. Verschiedenes Grau- und Schwarzbrot, Grahambrot, gehört zu jedem Käse, ebenso ausgewählte frische Tafel-Butter.

Fruits — Obst.

Darin gibt es reiche Auswahl, doch ist darunter nur frisches zu verstehen. Obst gehört ja eigentlich schon mit zum Dessert (Nachtisch), doch serviert man es häufig einzeln, stellt es aber schon vor Beginn der Tafel in besonderen Aufsätzen, in Fruchtschalen, auf die Tafel, weil es eine der schönsten Tafel-Zierden bildet und somit einen prächtigen Anblick gewährt. Trockene Früchte, als Datteln, Feigen, Nüsse, Mandeln, Rosinen in Trauben usw. gehören zum eigentlichen Dessert.

Dessert — Nachtisch.

Hierzu gehören die vom Konditor hergestellten grossen Aufsätze von Makronenteig, Baumkuchen, Biskuit usw., allerhand grosse Torten, getrocknetes Obst, wie unter Obst schon genannt, sowie allerhand kleines Backwerk, gezuckerte Früchte, Marzipan usw. Bei englischen Hochzeiten fehlt niemals als Glanzstück der berühmte »wedding cake« (Hochzeits-Kuchen, ein Aufsatz).

Bei feineren, reicheren Mahlzeiten, bei Festlichkeiten, bei hohen Besuchen usw. genügt jedoch eine nach den vorher angegebenen Regeln aufgestellte Speise-Karte (Menü) mit einfachen Gängen noch nicht; man gibt dann alles reicher, fast alle Gänge doppelt, einzelne davon dreifach, ja es gibt in den Sammlungen Menüs, welche in einunddemselben Gang sieben- bis achterlei Gerichte zur Auswahl für die Gäste aufweisen. In dem Falle ist folgendes zu beachten: Gibt es zwei Suppen, so wähle man eine klare und eine durchgestrichene. *Hors-d'oeuvre* wird reichhaltiger angeboten. Bei Fischen wähle man fast nach Belieben, nur nicht, wie bereits früher erwähnt, die kleineren Arten, oder Fischgerichte, welche in einen anderen Teil der Speise-Folge gehören. Bei den *Relevés* etwa ein Fleischgericht von Schlachtvieh und ein solches von Wild. Bei *Entrées* etwa Geflügel in Pastete, als Ragout, als Frikassee, oder kleines

Geflügel aller Art. Auch Fleischgerichte usw. sind nicht ausgeschlossen; oder man gebe ein kaltes und ein warmes *Entrée,* als Braten etwa grösseres Geflügel und Wildrücken oder -Keule. Von Gemüse gebe man ebenfalls zweierlei, aber nicht etwa Blumenkohl und Artischocken, beides mit weisser Sose. Von Mehlspeisen kann man eine warme geben und serviert dann etwa vorher aufgestellte Torten dazu. Gefrorenes ist sehr beliebt; man wähle zwei-, auch dreierlei, oder zwei- bis dreierlei in einer Form, der Farbe nach verschiedene; Käse in verschiedenen feineren Sorten, desgleichen Brot und frische Tafel-Butter, den Nachtisch in Obst und Backwerk recht reichhaltig.

Schliesslich sei noch erwähnt, dass in neuerer Zeit auch noch Beigerichte gegeben werden, welche nicht so recht in die Benennung der angeführten Speise-Folge passen wollen. Man macht dies in der Speise-Karte dadurch erkenntlich, dass man sie in die Speise-Folge einreiht, aber für sie eine andere Schriftart wählt, wie z. B. bei der Gala-Tafel des Grossherzogs von Darmstadt gelegentlich seines Einzuges mit Prinzessin Melita von Sachsen-Koburg-Gotha als Neuvermählte unter:

Entrées: Suprême de poulets aux truffes.
Pâtés froids de faisans.
Ponche à la romaine.

Wie nun sich die Gerichte in unserer Reihenfolge nach oben verfeinerten und vervielfältigten, kann man dieselbe auch verringern, und zwar mehr oder weniger. Das Wegfallen einzelner Gerichte kann dann, wenn man zu einer Mahlzeit weniger und immer weniger Gänge geben wollte, auf folgende Weise erfolgen: Es bedeutet 1, dass man dies zuerst streichen würde, 2, diesen Gang noch dazu usw., bis die gewünschte Anzahl Gänge, jedoch immer noch der richtigen Reihenfolge nach, übrig bliebe, ja bis man nur noch das Skelett mit Suppe, Gemüse und Fleisch übrig behielte, was ausser dem Rahmen dieser Erläuterungen liegt:

1 Hors-d'oeuvre. — 2 Glace. — 3 Entrée. — 4 Légume. — 5 Fromage. — 6 Dessert. — 7 Poisson. — 8 Entremets de douceur ou sucrés. — 9 Obst.

Zu bemerken ist hierbei, dass bei der vierten Streichung das Gemüse mit dem *Relevé* zu vereinigen ist, z. B. ein Fleisch à la jardinière oder mit *Entrée,* wie Lammkotelett mit grünen Bohnen usw. Streicht man schliesslich von den übrigbleibenden drei Gerichten *Potage, Relevé* und *Rôt* noch eines der letzteren und vereinigt mit dem noch übrigbleibenden Fleischgericht Gemüse, Salat oder Kompott, so hat man einen einfachen bürgerlichen Mittagstisch, welcher vielleicht bei Besuch oder Sonntags wieder um eine Süsspeise, etwas *Dessert,* oder auch vielleicht mit zweierlei Fleisch reichhaltiger gestaltet wird.

Nachfolgendes Bild zeigt genau, wie Teller, Bestecke und Gläser zu einer Mittags-Mahlzeit (Table d'hôte) für jede einzelne Person geordnet aufgestellt sein müssen.

Couvert

(Kouvert, Gedeck)

zu einer Mittags-Mahlzeit, wozu noch Serviette und Brötchen gehören.

Jede andere Lage der Bestecke ist nicht richtig und hält der Kritik des Fachmannes nicht Stand, es sei denn dass Messer-Bänkchen benutzt werden, wobei dieses dann rechts zu stehen kommt und nebst Messer auch die Gabel darauf gelegt würde. Verkehrt ist es, wie andere ›Fachbücher‹ (die aber oft gar nicht von Fachleuten geschrieben sind) lehren können, dass der Löffel links oder quer vor dem Teller zu liegen hat. Grundfalsch ist es, wenn die Gabel- und Löffel-Spitze nach unten gekehrt liegen soll. So machen es die Bauern, wenn sie gegessen haben und damit sagen wollen, dass sie satt sind und nichts mehr essen wollen. Unsinn ist es aber geradezu, um keinen stärkeren Ausdruck zu brauchen, wenn nach dem Fachbüchelchen eines Mannes namens F. Bauer, welcher andere das Tischdecken lehren will, alles durcheinander stehen und liegen soll, nach seiner Abbildung sogar Löffel und Messer links, Gabel rechts, wie beifolgende getreue Nachbildung beweist. Nicht einmal konsequent bleibt sich dieser Mann. Und hat einer der Leser schon jemals von einem besonders zu einem Dessert gedeckten Tisch gehört, bei welchem man nochmals gebrochene Servietten-Figuren aufstellt und quer vor den Teller ein Esslöffel gelegt wird? Auch Salzfässchen sind dazu nur aufzustellen, wenn Engländer am Tische teilnehmen und Nüsse im Dessert enthalten sind. B. scheint anzunehmen, dass ›Dessert‹ eine besondere Mahlzeit ist, welche vielleicht in der fünfundzwanzigsten Tages-Stunde genossen wird. Es ist nur zu verwundern, dass sich für solches Machwerk noch eine Verlags-Buchhandlung, wie die Stahl'sche in Regensburg, zur Herausgabe gefunden hat. Wer aber Spass an solchen Sachen hat, möge es sich immerhin anschaffen; es enthält auch 16 Servietten-Figuren, sämtliche aus Charlotte Wagners »Festlich gedeckter Tisch« entnommen. Seite 17 letzte Absätze sind wörtlich von der vorhergehenden Auflage dieses Buches nachgedruckt. Das Abschreiben ist freilich sehr bequem, auch billig! Wäre auch nur eine einzige neue Figur oder ein neuer guter Lehrsatz darin, dann wäre es doch etwas. Freilich! Was will man für eine Mark auch verlangen. Und doch ist es selbst im Verhältnis zum Umfang, abgesehen vom Inhalt, bedeutend teuerer, als dieses Werk.

Falsch!

Ausgeschnittenes Gedeck aus einem »Gedeckten Tisch« zu einem »Gabel-Frühstück«. Verschiedenartig gebrochene Servietten, Gabel rechts, Messer und Löffel links. Wein wird wohl gleich aus der Flasche getrunken? Wenigstens fehlen die Gläser.

Falsch!

Ausgeschnittenes Gedeck aus einem »Gedeckten Tisch« zu einer Hochzeits-Tafel. So krumm und schief dürfen doch die Bestecke nicht aufgelegt werden. Was geschähe mit einem Lehrling, der das machte?

Falsch!

Zwei ausgeschnittene, sich gegenüberstehende Gedecke aus einem »Gedeckten Tisch zu einem Dessert«. Also gebrochene Servietten, Gabel und grosse Messer, Esslöffel, ja sogar zwei Salzfässchen an einem Gedeck, im ganzen drei zu zwei Gedecken.

Diese abschreckenden Beispiele aus einem Lehrbuche über »Servieren, Tischdecken« usw. dürften genügen. Man wolle die unliebsame Abschweifung damit entschuldigen, dass diese Stelle im Buche vielleicht die geeignetste war, um den Irrlehren falscher Propheten zu begegnen.

Aus nachfolgender Speise-Karte hätte die Bedienung zunächst wieder zu ersehen, was zu einem einzelnen Gedeck an Bestecken usw. nötig ist, und wieviele Teller hergerichtet und warm gestellt werden müssen. Das vorstehende Bild erleichtert die Sache.

Speise-Karte (Menü).

Grünkern-Suppe.

Salm mit Butter-Sose und neuen Kartoffeln.

Roastbeef mit Frühjahrs-Gemüsen.

Junge Hühner in weisser Sose.

Renntier-Rücken mit Kompott und Salat.

Reispudding mit Fruchtsose.

Nachtisch (Dessert).

Gemüse als besonderer Gang ist absichtlich hier weggelassen, da reichlich in Relevé enthalten.

Anschliessend an das Tischdecken im »Gabel-Frühstück« sei hier nur noch erwähnt, dass der Mittagstisch reichlicher ausgestattet wird, als der Frühstückstisch. Es wird mehr Dessert eingesetzt. Die Beigerichte zum Relevé werden mit eingesetzt, oft auch die Kompotte.

Es gibt verschiedene Service-Methoden, aber eigentlich keine sogen. »deutsche«. Der jetzt geltende Brauch, so wie derselbe in unsere modernen Gast- und Privathäuser eingeführt ist, ist das sogen. »russische« Service. Die Suppe wird hierbei einzeln in Tellern vorgesetzt. Die Hauptspeisen werden schon in der Küche tranchiert, meist wieder in ihre ursprüngliche Form zusammengelegt und reich garniert. Sodann werden die Speisen von der Bedienung auf Platten herumgereicht und nicht eingesetzt, wohl aber (wie schon erwähnt) geschieht dies mit Beilagen und Dessert.

Im ehemaligen »französischen« Service wurden die Fleische usw. in grossen Stücken und auf Sockeln eingesetzt, ebenso Fische, Geflügel usw. in ganzen Exemplaren, wobei die warmen Platten auf grosse, reich verzierte Wärmehalter zu stehen kamen. Das letztere findet man heute noch im sogen. »englischen« Service. Die einzelnen Gedecke werden im englischen Service reicher ausgestattet, wie später im Bild gezeigt werden soll. Die Suppen-Schüssel wird vor dem Hausherrn, der Hausfrau, der ältesten Tochter, dem Hausfreund usw. placiert. Dieser schöpft die Suppe in Teller, welche von der Bedienung dem einzelnen Gaste vorgesetzt werden. Das Tranchieren geschieht an der Tafel durch die vorgenannten Personen, und die Bedienung reicht dem einzelnen Gaste wieder die für jeden derselben bestimmten Fleischstücke, worauf Gemüse usw. nachserviert wird. Häufig aber wird dem Gaste auch alles gleich auf seinem Teller vorgesetzt, wobei die verteilende Person den Betreffenden fragt, ob er gern mager oder fett isst, ob er dem einen oder anderen Teile einer Speise den Vorzug gibt, Sose, Kartoffeln oder Beilagen usw. dazu wünscht, sodass die Fragerei fast kein Ende nimmt.

Am glattesten und ohne grosse Zeremonien geht immer das jetzt in Deutschland eingeführte Herumservieren mit Nachservieren bei den einzelnen Gängen.

Das Servieren und Abservieren muss recht flott und möglichst geräuschlos geschehen. Alle Personen, welche an der Bedienung teilnehmen, müssen sich sozusagen in die Hand arbeiten, sich die Service gegenseitig ergänzen helfen und so dafür sorgen, dass es den Gästen an nichts mangelt.

In Gasthäusern bedienen sich die Gäste im Einschenken der Weine meist selbst. Bei Festlichkeiten, welche in Gasthäusern gegeben werden, und wenn der Gast die Getränke nicht selbst bezahlt, sondern der Gastgeber, wird auch oft angeordnet, dass das Einschenken von der Bedienung besorgt wird, welche dann aber die Speisen in der Regel nicht mit serviert, sondern eben nur für die Getränke da ist. In Privathäusern aber überlässt man das Einschenken, falls es der Gastgeber nicht selbst besorgt, ausschliesslich der Bedienung. In England hat die Getränke ein besonders dafür angestellter ›Butler‹ über sich.

Sind die Gänge nun der Reihe nach serviert bis auf das Dessert, dann wird bis auf letzteres alles Überflüssige hinweggenommen; nur etwaiger Tafelschmuck bleibt stehen. Die Brotkrumen und etwaige Speise-Reste werden mit einer Tafel-Bürste und dazu gehörenden kleinen Schaufel abgenommen, sodass die Tafel mit dem eingesetzten Dessert wieder wie frisch gedeckt (reinlich) aussieht.

Malorti führt in seinem Werk ›das Menü‹ drei Unannehmlichkeiten auf, nämlich: das Speise-Zimmer noch als Toiletten-Zimmer zu benützen, die Zahnstocher, und die Rince-bouche (Mundschalen).

Speziell nach dem Genuss von Krebsen, aber auch häufig nach beendigter Tafel, werden Finger-Bassins und sogen. Mundschalen, wie dies nebenstehende Abbildung zeigt, zum leichten Abspülen der Finger und Mundspülen aufgestellt. Diese Sitte hat sich in England am meisten eingebürgert.

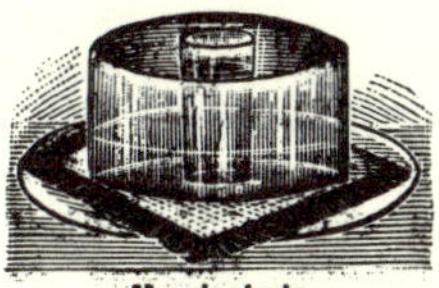

Mundschale.

Man geht dort sogar weiter, und Schreiber dieses hat Damen beobachtet, die sich, ohne Anstoss zu erregen, an der Tafel nicht nur leicht den Mund spülten, sondern regelrecht gurgelten. Das Finger-Bassin, welchem man eine Theeserviette unterlegt, stellt man auf einen Dessert-Teller. In das Bassin, welches etwa bis zu ein Drittel mit lauem Wasser gefüllt wird, stellt man einen dazu gehörenden Glasbecher, ebenfalls mit lauwarmen Wasser. In den letzteren legt man eine Zitronen-Scheibe oder giesst einige Tropfen Orangeblüten- oder anderes wohlriechendes Wasser hinzu.

Beim Dessert bedienen sich die Gäste gegenseitig meist selbst, und in England ist es Sitte, dass die Bedienung während dieser Zeit auf etwa $^1/_2$ Stunde das Speise-Zimmer verlässt, worauf sodann in demselben, meist aber in einem anderen Raum (Salon, Garten usw.), der Kaffee mit feinen Likören serviert wird. In England ist es ferner Sitte, dass sich die Herren und Damen hierbei auf einige Zeit sondern, hauptsächlich wohl deshalb, damit sich die Herren ungestört zum Kaffee den Genuss einer Zigarre gönnen können, welche der Gastgeber zu kredenzen nicht versäumen darf.

Um es bei dem knapp zur Verfügung stehenden Raum nicht wiederholen zu müssen, seien hier einige Notizen über

die Stellung der Weine bei Tafel

eingeschaltet. Das Gebiet der Weinkunde ist indes ein so grosses und reiches, dass wir ihm nur einige Winke entnehmen können.

In erster Linie würde man sich zu fragen haben, was der Vorrat des Gastgebers bietet. In Gasthäusern ist es schon leichter; man wählt dort nach seinem Geschmack und unter Zuhilfenahme der Weinkarte. Es muss zwischen den Speisen und den Getränken eine gewisse Geschmacks-Harmonie hergestellt werden, und folgendes dürfte zur Erreichung dieses Zweckes zu beobachten sein:

Zu Hors-d'oeuvre und Suppen passen schwerere süsse Sorten, wie Sherry, Marsala, Portwein, Madeira, zu Fisch leichtere Rhein-, Mosel-, Nahe-, Elsässer usw. Weissweine, auch weisse italienische und weisse Bordeaux-Weine. Zum

Relevé zögere man noch mit Beginn schwerer Sorten und gebe erst einen leichten Rotwein. Erst bei den meist gewürzigen und fetten Entrées beginne man mit schwereren weissen oder roten Weinen, Rhein- oder Mosel-, Bordeaux- oder Burgunder-Weinen, und bei dem Braten beginne man mit Schaumwein. Will man noch einen schweren Ungar- oder Kapwein kredenzen, so kann dies beim Dessert als Übergang zum Kaffee und Likör geschehen.

Auch andere Regeln haben sich eingebürgert; so beginnt man z. B. schon bei der Suppe oder dem Relevé mit Schaumwein und lässt andere Weine bis zu den schwereren nachfolgen. Auch dann muss aber die Regel beibehalten werden, dass man zu leichteren Speisen auch leichtere Weine und umgekehrt zu schwereren Speisen wieder schwerere Weine gibt.

Das Souper (Abendessen)

unterscheidet sich vom Gabel-Frühstück nur sehr wenig. Auch das Tischdecken dazu hat kaum merkliche Unterschiede. Hier wie da ist die Speise-Karte einfacher gehalten. Auch die Gerichte selbst sind nicht so komplizierter Natur, wie zur Hauptmahlzeit. Die Speisen werden leichter gewählt, und bei der Auswahl ist zu berücksichtigen, dass man wegen der bevorstehenden Nachtruhe nicht zu vielerlei unter- und durcheinander gibt, dass man überhaupt dem Souper das Gepräge einer grossen Tafel gar nicht verleihen darf.

Mit Kraftbrühe (Consommé) in Tassen oder Kaltschale beginnend, lässt man Hors-d'oeuvre und Fische meist ganz weg. Als Relevé dagegen kann man schon eine Platte mit kaltem Braten, Koteletten, Lende und dergleichen vorteilhaft verwerten, als Entrée irgend eine Pastete. Als Braten gibt man gern irgend ein Geflügel mit den nötigen Zugaben an Kompott und Salat, und nur bei den Entremets und bei dem Dessert kann man im Vorsetzen von Crème, Pâtisserien, Gefrorenem und reichlich zusammengesetztem Dessert (als frische und getrocknete Früchte usw.) etwas splendider sein. Auch Käse und Butter kann gegeben werden.

An Getränken genügen zwei bis drei Sorten Wein reichlich, doch gibt man gerade bei Soupers gern Schaumwein, ja häufig, und wenn das Souper gelegentlich eines Balles gegeben wird, nur Schaumwein. Noch sei erwähnt, dass die Speise-Karte zu Soupers bei Bällen noch kürzer gehalten sein muss, als sonst, auch das Servieren muss in einem rascheren Tempo bewerkstelligt werden.

Ein Festessen.

Es wird kaum nötig sein, darauf hinzuweisen, dass schon einige Tage vorher, ehe ein Festessen stattfinden soll, die Vorarbeiten beginnen müssen. Zu Festlichkeiten werden die Servietten stets gebrochen, weil dies das Ansehen eines festlich gedeckten Tisches bedeutend erhöht.

Zu dem Tische, welchen wir nachfolgend beschreiben wollen, brechen wir schon am Abend vorher Servietten-Figuren. Macht man sich einen kleinen Plan, so kann man schon vorher wissen, welche Servietten-Figuren zur Anwendung kommen sollen.

Das Stellen der Tische wird meistens hufeisenartig geschehen müssen. Es ist hierfür jedoch nichts Bestimmtes vorgeschrieben. Massgebende Gesichts-Punkte sind nur, dass das Ganze möglichst zu einer Tafel vereinigt wird; man richtet sich auch hier ganz besonders nach dem vorhandenen Raume und nach der Art der Tische, welche dabei Verwendung finden sollen. Wir wählen zu unserer Beschreibung eine einfache lange Tafel, für 34 Personen berechnet. Es kommen davon je 16 Personen in einer Reihe an die Seite und je eine Person an die beiden Enden.

Das Aufstellen und Richten der Tische, das Auflegen der Tischtücher, sowie das Aufstellen der Teller, das Auflegen der grossen und kleinen Bestecke geschieht genau, wie früher wiederholt eingehend beschrieben ist und nebenstehende Abbildung zeigt.

Diese Aufstellung ist die praktischste, indem hierbei die Gläser-Gruppe so zusammengestellt wird, dass man das gewöhnliche Weinglas ohne Hindernis und ohne es verrücken zu müssen mit der Flaschen-Öffnung beim Einschenken erreichen kann. Derselbe Grund ist für die Stellung aller anderen Gläser massgebend. Die Gläser stehen so, dass diejenigen, welche zuerst benützt werden sollen, auch näher zur rechten Hand stehen müssen. Schliesslich kommen hierdurch auch noch die niedrigsten vorn und die höheren hinten zu stehen. Schaumwein-Gläser sind wohl bald länger, bald kürzer, als die Römer-Gläser, doch ist dies kein Grund, deren Platz zu wechseln, da das Schaumweinglas auf seinem angewiesenen Plätze ebenso leicht erreicht werden kann, als ob es auf dem Platze des Römer-Glases gestanden hätte. Mehr als vier Gläser werden nie gleichzeitig aufgestellt, doch ist damit nicht gesagt, dass weiter keine gebraucht werden.

Bei dem Aufstellen der vielen Gegenstände, welche die Mitte der Tafel einnehmen sollen, kommen zuerst die Aufsätze in Betracht. Da dieselben am meisten in das Auge fallen, so müssen sie auch ihren besonders abgemessenen Platz erhalten.

Aufsätze stellt man in Servietten-Untersetzer, ebenso Torten, sofern diese auf Torten-Tellern mit Fuss liegen, desgleichen Blumen-Vasen und Blumen-Stöcke.

Um alles genau beschreiben zu können, wollen wir die 34 Plätze numerieren, und zwar auf folgende Weise:

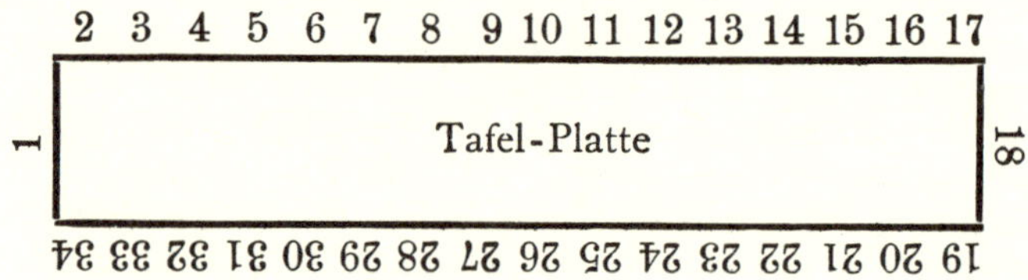

Wir fangen am Kopfe mit No. 1 an und numerieren von dort der Reihe nach herum.

Angenommen, dass zwei Personen Ehren-Plätze erhalten sollen, so setzen wir den Aufsatz genau zwischen das Gedeck 9 und 10 einerseits und 26 und 27 anderseits in die Mitte der Tafel.

Zwei Torten, welche wir einstellen sollen, erhalten ihre Plätze zwischen 15, 16, 20 und 21, und 3, 4, 32 und 33.

Auch zwei Obstkuchen sollen wir einstellen.

Wir wählen für den einen die Mitte zwischen 6, 7, 29 und 30, für den anderen zwischen 12, 13, 23 und 24. Auch zwei schöne, blühende Blumen-Stöcke sollen ihren Platz auf dem Tische finden; wir setzen diese zwischen 5 und 31 sowie 14 und 22, also nicht zwischen je vier, sondern je zwei Gedecke, und zwar auf Servietten-Untersetzer. Auch zwei hohe Obstschalen mit herabhängenden Weintrauben sollen Unterkommen finden. Wo sind die geeignetsten Plätze hierzu? Wir finden sie zwischen 8 und 28 für die eine und zwischen 11 und 25 für die andere Schale.

Die Tafel hat jetzt schon ein ganz schönes festliches Aussehen, zumal wir alles bisher Erhaltene symmetrisch richtig verteilt haben.

Wir erhalten aber noch sehr viele Schüsseln, Vasen, Platten usw., was alles auf dem Tische untergebracht sein muss. Nehmen wir zuerst Pfeffer- und Salz-, eventuell auch Senfbüchsen zur Hand und stellen sie, von jeder eine, zusammen zwischen die Gedecke 3 und 33, 6 und 30, 9 und 27, 11 und 25, 14 und 22, 17 und 19. Wir verteilen nunmehr noch eine ganze Anzahl Obst- und Dessert-Schalen gleichmässig in die Zwischen-Räume, aber alles in die Mitte. Auch verschiedene »Compotièren« erhalten dort ihren Platz. Nachdem wir noch einige Untersetzer für später aufzustellendes Wasser eingesetzt haben, ist unser Raum in der Mitte des Tisches besetzt.

Aber immer neue Schüsseln werden herbeigeschafft! Wir erhalten für ein Service nicht weniger als zwanzig Beilagen, und zwar für jedes Service zwei süsse und drei sauere — auch diese sollen wir noch auf der Tafel unterbringen. Doch wohin damit?

Da die Mitte besetzt ist, so wählen wir hierzu andere Plätze: Wir stellen je 10 Beilagen längs der einen und je 10 längs der anderen Seite gleichmässig verteilt und immer mit der entgegengesetzten Seite unter sich abwechselnd. — Doch immer neue Anforderungen werden an uns gestellt, welche berücksichtigt werden müssen.

Wir sollen Untersetzer für Weinflaschen einsetzen, und zwar so, dass man von jedem Gedeck aus bequem den Rot- wie Weisswein erreichen kann. Wir haben jedoch sehr bald ausfindig gemacht, wie das am besten geschieht, und setzen je zwei Untersetzer für eine Weisswein- und eine Rotwein-Flasche nebeneinander, und zwar bei 3 anfangend, zwischen je zwei Gedecke zwei Untersetzer, zwischen 17 und 18, und zwischen 1 und 34 jedoch keine.

Nachdem wir so weit mit dem Tischdecken vorgeschritten sind, können wir auch daran denken, unsere Servietten aufzustellen, unter Beachtung der symmetrischen Zusammenstellung.

Sehen wir nun nochmals unsere Tafel an, so empfinden wir eine gewisse Genugthuung; denn wir selbst und anerkennende Worte anderer sagen es uns, dass wir unsere Schuldigkeit zum Gelingen des Festmahles zum Teil schon gethan haben. Finden wir nun, dass vorläufig nichts mehr an der Tafel fehlt, so richten wir unseren Serviertisch her. Wir decken darüber ein sauberes, nach allen Seiten lang herabhängendes Tischtuch. Auf dasselbe stellen wir Dessert- und Kompott-Tellerchen, auch einige grosse Teller zur etwaigen Aushilfe. Allerhand Gläser, Messer, Gabeln, Löffel, letztere zierlich in Form von Blättern usw. geordnet, ferner einen Einsatz mit Essig, Öl und Senf, Salat und

Tranchier-Bestecke, Vorlege-Löffel, sowie alles Übrige, was auf der Tafel nicht Platz finden konnte.

Ist nun auch diese Arbeit zur Zufriedenheit ausgeführt, so wird die letzte Hand an das Werk gelegt, ehe das Servieren beginnt. Dies ist das Auflegen der Brötchen auf die Gedecke. Ist auf der Mitte des Tisches kein Platz mehr, so sind einige Teller mit Brötchen und Graubrot auf dem Servier-Tische bereit zu stellen. Ferner werden die Wasser-Flaschen aufgestellt, und zum Schluss kleine Glasschalen mit geschnittenem Eis, letztere indes nur an heissen Tagen.

Während dieser Zeit wird nun auch der Kellermeister seine Arbeit zur Zufriedenheit beendigt haben. Er wird den Rotwein warm, den Weisswein kalt, und vorzüglich den Schaumwein in Eis gestellt haben. Die nötigen Eiskübel, Champagner-Brecher und Korkzieher werden ebenfalls bereit liegen.

Ist nun alles geordnet, sind auch noch kleine Sträusschen auf die Gedecke und die Speise-Kärtchen links neben dieselben gelegt, sind die Plätze verteilt und mittels kleiner Beleg-Kärtchen, auf welchen die Namen der Gäste geschrieben stehen, belegt, so wird auch der Wein aufgestellt, wenn solcher überhaupt eingestellt werden soll.

Sobald die Gäste sich im Speisesaal versammeln sollen, muss auch die Bedienung zugegen sein. Diese hält sich zunächst ausserhalb des Speisesaales auf und bildet dort Spalier. Nachdem sämtliche Festteilnehmer den Speisesaal betreten haben, folgt die Bedienung nach.

Es wird vier Service geben. Nachdem alles an der Tafel Platz genommen hat, eventuell das Tischgebet gesprochen ist, beginnt ohne weiteres das Servieren, wobei man sich genau nach den früher gegebenen Regeln richtet.

Ein Festessen zu servieren ist weiter nichts, als ein grösseres oder feineres Mittagessen zu servieren, nur dass es gewöhnlich mehr Gänge gibt als sonst, dass feinere Speisen und Getränke gegeben werden, dass die Speisen reicher ausgestattet werden an Beilagen, reicher garniert usw. Was für den einen Gast oft als Festessen erscheinen mag, ist für den anderen schliesslich im Genuss der Speisen und Getränke seine tägliche Mahlzeit. Um aber ein Fest als solches besonders hervorzuheben, lasse man es an hübschen, besonders Blumen-Dekorationen nicht fehlen. Diese kann schon in der Hausflur beginnen und sich bis in das Speise- und andere Zimmer fortpflanzen. Dort ist es unsere Sache, die Tafel damit zu schmücken.

Es ist ein herrlicher Anblick, so ein festlich gedeckter

Tisch mit seinen verschiedenen massiven und essbaren Aufsätzen, dem Blumenschmuck mit den dazwischenstehenden Obstschalen. Aber den grossartigsten und die Harmonie vervollkommenden Eindruck machen doch weisse, hübsch geformte »Servietten-Figuren«. Deshalb suche ein jeder, Meister darin zu werden — und dieses Buch soll der Lehrmeister sein!

Das Servieren im Restaurant

und das Servieren einzelner Personen zu verschiedenen Tages-Zeiten in Privathäusern bei vorübergehenden Besuchen usw.

Nehmen wir zu dieser Beschreibung als Muster ein Café-Restaurant, welches zu jeder Tageszeit besucht wird, und betrachten das Servieren von morgens an bis abends.

Oft schon am Abend vorher werden die Tassen zum Servieren des Kaffees hergerichtet. Man stellt Unter- und Obertassen auf das Büffett oder verteilt dieselben auf Tische und gibt dazu Kaffee-Löffel sowie Zucker-Schalen. Die Anzahl der Stückchen Zucker zu jeder Tasse muss gleich sein und richtet sich nach Angabe des Wirtes, welcher ja auch den Preis bestimmt. Ebenso gleichmässig wird Kaffeebrot auf die Tische verteilt, damit sich ein jeder Gast nach Belieben wählen kann. Zum Servieren nimmt man die Kaffee-Kanne in die rechte Hand, die Milchkanne in die linke, fragt während des Eingiessens, ob Milch gewünscht wird, ob viel oder wenig; dabei darf nicht daneben gegossen oder die Tasse so voll gemacht werden, dass sie überläuft; wünscht jemand letzteres, so ist immer noch Zeit dazu.

Ganz anders ist es natürlich, wenn der Kaffee nicht mit Kanne, sondern gleich in der Tasse serviert werden soll, indem dann auch kein vorheriges Aufstellen der Tassen auf die Tische nötig ist; dagegen stellt man sich diese meistens in der Küche oder schon am Büffett zurecht, damit ein flottes Servieren möglich wird.

Es sollte nicht vorkommen, dass ein Gast lange warten muss, ehe er serviert bekommt. Der Servierende muss bestrebt sein, die Gäste einen nach dem anderen zu bedienen, wie sie das Lokal betreten, weil es die Gäste sehr leicht als eine Zurücksetzung betrachten, wenn ein anderer, der das Lokal nach ihnen betrat, vor ihnen serviert bekommt. Wünscht jemand Likör oder sonstige Spirituosen, so wird das leere Gläschen stets auf einen Teller gestellt und das Gewünschte möglichst vor dem Gaste eingeschenkt, weil leicht unterwegs viel verschüttet wird, was ausser für den

Gast auch für die Bedienung von grosser Unannehmlichkeit ist. Doch gibt es hier auch Ausnahmen, da diese Art des Servierens hauptsächlich für grössere Geschäfte sehr unprofitabel ist. Ungehörig ist auch die vielfach anzutreffende Manier, das Tellerchen auf das Glas zu stürzen, sei es mit der oberen oder unteren Seite. Unter allen Umständen aber muss das Gläschen oder Glas auf einen Teller gestellt werden. Auch das Geringste, was dem Gaste serviert wird, lege man auf einen Teller, sei es ein Stück Brot, ein Glas Wein, eine Serviette, ein Brief oder auch nur ein Stückchen Papier oder sonst etwas. Nur wenn Bier in Henkel-Gläsern gegeben wird, bringt man dieselben oft in der Hand, doch auch auf Servier-Brettern, Tellern usw. Beim Bierservice hat man verschiedene Arten von Untersetzern, welche sehr rein zu halten sind, da sich daran gern Bierschleim ansetzt.

Zigarren werden in Kistchen oder ebenfalls auf Tellern gereicht; man legt ein kleines Messer zum Abschneiden der Zigarren-Spitze dazu. Auch ist sogleich Feuerzeug dazu zu stellen, oder wenn Zeit vorhanden, ein brennendes Streichholz, Fidibus, Licht oder Spiritus-Flämmchen zu überreichen. Überhaupt kann die Bedienung hierbei sehr viel Zuvorkommenheit an den Tag legen und sich dadurch bei den Gästen beliebt machen.

Zu Absinth hat man meistens besondere, unten ganz enge Gläser. In vielen Lokalen wird die Absinth-Flasche den Gästen zum Selbsteinschenken hingestellt. Wünscht jemand gemischten Absinth mit Anisette, Curaçao oder sog. Gomme (Sirup) oder sonst einen Likör, so wird auch diese Flasche vorgesetzt. Zum Absinth stellt man eine, auf vorher beschriebene Weise sehr rein geputzte Flasche mit kaltem Wasser. Das Wasser sieht viel frischer aus, wenn man die Flasche beim Füllen etwas überlaufen lässt, sodass die äussere Seite nass wird. Das Eingiessen des Wassers in das Absinthglas besorgt der Gast selbst, da die Ansichten über die Art des Mischens verschieden sind. Oft sieht man auf den Absinth-Gläsern noch besondere, mit einem kleinen Loche versehene Wasser-Schalen, welche bewirken, dass sich das Wasser nur ganz langsam mit dem Absinth vermengt, jedoch den schweren Likör am Boden sitzen lässt; man gibt deshalb auch zum Umrühren Kaffee-Löffel.

Werden Kleinigkeiten, als Brot, Käse-Brötchen, Schnittchen (belegtes Brötchen) usw. serviert, so legt man dazu ein Messer, und je nachdem auch eine Gabel. Dazu stellt man ebenfalls auf einen Teller Pfeffer, Salz und Senf, wenn nötig auch Essig und Öl. Beim Portions-Service gibt man ausser dem Teller oder der kleinen Platte, auf welchen sich das Bestellte befindet, ein Kouvert (Gedeck), bestehend aus einem Teller, Serviette, Messer und Gabel kreuzweis oder gerade über die Serviette, die Gabel links, das Messer rechts gelegt (siehe Abbildungen) und Brot in die Mitte. Nur in

England legt man Messer und Gabel nebeneinander. Dort bedeutet das kreuzweise Legen von Messer und Gabel, dass der Gast noch mehr essen will, nicht satt ist. Auf die Portions-Platten legt man je nach Bedarf einen Löffel oder eine Gabel. Ob vorher eine Serviette oder ein Tischtuch aufgedeckt wird, richtet sich nach örtlichen Verhältnissen. Zum Mittag-Essen deckt man immer. Bestellen mehrere zusammengehörende Gäste von einer Speise zugleich, so ist beim Bestellen am Büffett oder in der Küche zu sagen, dass für alle zusammen auf einer Platte angerichtet wird. Nicht zusammengehörenden Gästen wird, auch wenn sie an einem Tische mit einander sitzen, stets einzeln serviert. Bestellen zusammengehörende Gäste verschiedene Speisen, die vielleicht nicht gleichzeitig fertig werden, so sind sie dennoch möglichst gleichzeitig zu bedienen oder mindestens darauf aufmerksam zu machen, dass nicht alles gleichzeitig fertig wird.

Es gilt hierbei, den vielen Wünschen der Gäste Rechnung zu tragen und möglichst schnell jeden Einzelnen zufrieden zu stellen. Hierzu gehört grosse Gewandtheit, ein heller Kopf und ein gutes Gedächtnis, weil auch der eigene Geldbeutel in Betracht kommt.

Der Nachmittags-Kaffee wird in den westlichen Provinzen von Deutschland und in Österreich meistens aus Gläsern getrunken, dann aber ohne Milch. Gewöhnlich wird hierzu ein Cognac, Arrac, Rum oder Kirschwasser verlangt, welche wie beschrieben serviert werden.

Während des Nachmittags macht sich der **Kellner** sein Service für den Abend wieder zurecht und richtet Kouverte für die Abend-Restauration vor. Des Abends wird oft vielerlei verlangt, bald Bier, bald Wein, Zigarren,

Spirituosen, Kaffee, Speisen usw. Hier ist dem Kellner die richtige Gelegenheit geboten, sich gewandt zu zeigen. In allen Ecken muss er zugleich sein, bei den Gästen, am Büffett, in der Küche und wo sonst noch seine Anwesenheit verlangt wird. Er muss sich dieser Aufgabe mit grosser Umsicht entledigen, und so, dass jedermann, sei es sein eigener Herr oder sei er Gast, zufrieden gestellt wird. Dabei darf er sich aber ja nicht durch spitzige Reden, als: ›Ich kann nicht überall sein‹, oder: ›Der Herr hat vor Ihnen bestellt‹, oder: ›Der war eher da‹ und ähnliche Redensarten unbeliebt machen, auch dann nicht, wenn er glaubt, im grössten Rechte zu sein. Wenn dem Kellner auch sozusagen die Galle überlaufen möchte, er thut dennoch am besten, wenn er schweigt und selbst zuweilen Unrecht erträgt. Das Sprichwort: ›Reden ist Silber und Schweigen ist Gold‹ ist nirgends besser, als hier angewendet.

Einige Worte über das Tragen der Servietten passen hierher. Als Regel gilt, eine saubere Serviette über dem linken Arm zu tragen oder in einer Hand; sie unter den Arm zu klemmen ist erlaubt, wenn er beide Hände frei haben muss; verwerflich ist schon das Schleudern über die Schulter, und eine grobe Unsitte, geradezu ungehörig, schon weil unappetitlich, ist das leider immer mehr überhandnehmende Stecken in eine Beinkleid-Tasche.

Obgleich es streng genommen nicht hieher gehört, so sei doch noch einiges über die moralische Seite des Kellners gesagt, und namentlich die jüngeren sollten es nicht übersehen.

Es ist ein notwendiges Übel, dass der Kellner arbeiten muss, wenn andere Leute frei haben und sich Vergnügen machen. Dies führt aber meist zu ganz falschen Ansichten. Viele meinen, sie müssten das Versäumte nachholen und revanchieren sich deshalb des Nachts dafür, dass sie schwelgerische Zusammenkünfte halten und sehr oft das des Tags über mühsam Verdiente wieder vergeuden. Es ist dies ein vielseitiges Übel, der Gesundheit schädlich, der Börse von grossem Nachteil, mithin dem weiteren Fortkommen des Kellners hinderlich, oft so sehr, dass es einer nie zu etwas bringen kann, weil er seinen Verdienst nicht zusammenhält und nicht spart. Ein weiterer grosser Nachteil liegt darin, dass oft die Bürgerschaft von diesem nächtlichen Treiben hört und unter sich weiter erzählt. — Selbstredend ist eine notwendige Zusammenkunft behufs Besprechung privater oder Standes- und Vereins-Angelegenheiten hierbei nicht gemeint. — Es entsteht also durch die Schuld vieler ein

Nachteil für alle, und jeder ordentliche Kellner sollte bestrebt sein, dieses den Kellnerstand untergrabende Übel gänzlich ausrotten zu helfen. Es ist jeder Mensch des Nachts der Ruhe bedürftig, und der Kellner wahrlich nicht am wenigsten.

Ein Büffett zu einem Stuhlkonzert.

Man versteht darunter irgendeine musikalische Unterhaltung, zu welcher so viele Einladungen ergehen, dass die vorhandenen Räume nicht erlauben, die Teilnehmer an Tischen zu placieren. Man errichtet deshalb in einem Nebenraum ein Büffett, um den Gästen in den Pausen Erfrischungen anbieten zu können.

Wir wählen zur Beschreibung ein Büffett, welches in verschiedene Gruppen geteilt und hufeisenartig aufgestellt ist, und teilen es in vier Hauptgruppen ein.

Das Büffett ist an den Seiten nur halb so lang, als in der Front.

Den äussersten rechten Flügel besetzen wir mit kalten Getränken, die anschliessende halbe Front mit kalten Speisen, die andere Hälfte mit Konditor-Waren, den linken Flügel mit warmen Getränken. Auf den rechten Flügel stellen wir Original-Flaschen von Spirituosen und Likören, von letzteren die feinsten Sorten. Anstatt Original-Flaschen kann man auch kleine abgefüllte Likör-Flaschen nehmen. In die Nähe stellt man einen Stoss kleine Tellerchen, einige Dutzend Likör-Gläschen und neben diese, in versilberten Eiskühlern, wovon wieder jeder auf einem Untersetzer steht, Champagner verschiedener Marken. Vor jeden dieser Eiskühler werden auf Tellern Champagner-Gläser aufgestellt. Neben dem Champagner erhalten die verschiedenen anderen Weine ihren Platz. Die besseren neben dem Champagner, die geringeren nach der Ecke und den kalten Speisen zu. Zwischen diese Gruppen werden wieder die zu den verschiedenen Weinen nötigen verschiedenartigen Gläser gestellt. Weiter nach links erhalten Tafel-Wässer, Limonaden, Mandelmich und sonstige süsse Getränke ihren Platz. Letztere beiden werden in Bowle-Gefässen oder Suppen-Terrinen aufgestellt, daneben ebenfalls wieder kleine Tellerchen, Kaffee-Löffelchen und geeignete Gläser.

An dieses anschliessend beginnen wir mit dem Aufstellen der kalten Fleischspeisen. Wir nehmen zuerst einige Teller mit belegten Brötchen und stellen diese in eine Reihe. Daneben nach links kommen Teller mit tranchiertem gebratenen Geflügel, Wildbret, Fischen in Gelee,

Fleisch-Salaten, Hummer-Salat, einem Teller mit zierlich geformten kleinen Stückchen Butter, einigen kleinen Schälchen mit Kompotten, eingemachten Früchten usw.

In die Nähe dieser Speisen werden Einsätze (Essig- und Ölbehälter, Pfeffer, Salz und Senf, sogen. ›huiliers‹ oder Menagen), Teller, Messer, Gabeln und Löffelchen gesetzt. Weiter nach links schliessen sich die Obstschalen, neben diesen die Konditor-Waren an. Wir stellen einige Torten und Kuchen, darunter Obsttorten und Obstkuchen, kleines Backwerk zu Thee und Kaffee, nächstdem kleines Konfekt auf; ferner eine von Tassen umgebene Theemaschine, sowie eine grössere Spülschale zum Schwenken und Wärmen der Tassen; ferner zur Seite der Tassen Milch und Rahm, sowie verschiedene Schalen mit Zucker und darauf liegenden Zucker-Zangen. Noch weiter nach links schliesst sich eine Kaffee-Maschine, ebenfalls von Tassen umgeben, nebst einem Kännchen warmer Milch an. Den Schluss an der Ecke bildet dann eine weitere Maschine mit heissem Wasser. An dieser Stelle werden die verschiedenen anderen warmen Getränke, als Punsch, Grog usw. hergerichtet.

Dieses ganze Büffett, sinnig arrangiert, macht grossen Effekt. Besonders gut wird es sich ausnehmen, wenn über das ganze Büffett eine Art orientalisches Zelt gespannt ist.

Ausser den bereits genannten Speisen und Getränken wird das Büffett durch Blumen in Sträussen oder Blumen-Stöcken, sowie durch Aufsätze noch besonders schön ausgeschmückt werden können. Eine geschmackvolle Fantasie ist beim Arrangieren eines Büffetts von grossem Werte

Den Hintergrund eines Büffets kann man durch Tische mit den zum Gebrauche nötigen Tellern, Gläsern, Bestecken usw. ausfüllen.

Auch hinter dem Büffett muss für vieles Andere bestens gesorgt werden. Es müssen verschiedene Eimer zum Schwenken der Gläser, Tücher zum Abtrocknen derselben, Brote, Korkzieher, Champagner-Brecher und was sonst noch nötig ist, vorhanden sein.

Zur Bedienung eines solchen Büffetts, wie es eben einigermassen erläutert wurde, gehören etwa sechs Personen. Oft genügen jedoch auch doppelt so viele noch nicht, wenn ein solches Konzert grosse Ausdehnung hat oder wenn nur eine kurze Pause eintritt, in welcher alles rasch hintereinander serviert werden muss.

Ähnlich besetzt man auch die Büffette bei Theater-Vorstellungen, Einweihungen, sogenannten parlamentarischen Frühschoppen, Versammlungen mit Pausen usw.

Kaffee-Visiten.

Die Kaffee-Visiten werden auf vielerlei Weise veranstaltet, von denen wir einige aufführen wollen.

Eine Kaffee-Gesellschaft für Damen

arrangieren wir an eine Tafel für 20 Personen.

Wir decken dieselbe mit feinem weissen Tischzeug und stellen sodann für jede Person ein Dessert-Tellerchen auf, jedoch so weit auseinander, dass die Damen genug Raum behalten, um Handarbeiten verrichten zu können, etwa einen Meter. Auf die Teller legen wir zunächst keine Servietten, dagegen ein Dessert-Messer, dessen Griff nach rechts rückwärts zeigt und später mit dem Kaffee-Löffelchen parallel laufen muss. Zur rechten Seite der Teller stellen wir die Kaffee-Tassen, mit Kaffee-Löffel versehen. Auf die Mitte der Tafel kommen vier Schalen mit Würfel-Zucker und auf jede eine Zucker-Zange. Neben jede Zucker-Schale kommt ein Kännchen mit Rahm (Sahne) zu stehen. Gleichweit entfernt zwischen die vier Zucker-Schalen kommen drei Blumen-Sträusse in Vasen oder blühende Blumen-Stöcke.

Sehen wir nun, was die Gastgeberin ihren Gästen vorzusetzen beabsichtigt. Es ist in erster Linie:

Zwei Kaffee-Service mit Topf- oder Napfkuchen, in einigen Gegenden Aschkuchen, Scherbel-Kuchen, in anderen wieder Gugelhopf, Bund usw. genannt, ferner zwei Sandtorten und zwei Teller mit verschiedenem anderen kleinen Gebäck. Als Getränk gibt es Kaffee.

In zweiter Linie:

Eine gemischte kalte Platte, Butter, Brot, zweierlei Kompotte, zwei Obstkuchen und Maiwein.

In dritter Linie:

Himbeer- und Vanille-Gefrorenes mit Waffeln.

Zum Ansetzen des Maiweines nehmen wir zwei Suppen-Schüsseln oder Bowlen; in jeder lösen wir ein reichliches Pfund Zucker mit etwas Wasser auf, legen darauf ein Bündel frisch gepflückten Waldmeister und füllen mit einer Flasche gutem Weisswein auf. Das feinste Aroma erhält die Bowle, wenn man die äusserste gelbe Schale einer Apfelsine so fein als möglich mit einem scharfen Messer abschält, diese einige Zeit mit ziehen lässt und später mit dem Waldmeister wieder entfernt. Nach einer halben Stunde giessen wir noch fünf weitere Flaschen desselben Weines dazu und schneiden in jede Bowle eine geschälte Apfelsine der Länge nach in dünne Scheiben. Apfelsinen-Kerne dürfen nicht in die Bowle kommen, da sie dieselbe bitter machen würden. Sobald der Waldmeister genügend gezogen hat, wird er aus der Schüssel entfernt. Kurz vor dem Servieren kann man eine Flasche Schaumwein dazu geben, ihn auch mit einem halben Glase Rotwein rötlich färben. Diese Bowle wird in Eis gekühlt, ehe sie aufgestellt wird. Auch kann man ein Stück Eis in dieselbe legen.

Am Tische sind die Kuchen, Torten und das kleine Gebäck einzustellen. Dies geschieht so, dass von jedem ein Teller auf die rechte und einer auf die linke Hälfte des Tisches zu stehen kommt. Neben Kuchen und Torten legt man ein scharfes Messer. Einige Wasser-Flaschen mit daneben stehenden Gläsern stellen wir auch auf.

Während die Gäste an dem Tische Platz nehmen, holen wir auf einem Servier-Brette zwei Kannen mit Kaffee, zwei kleinere mit warmer Milch und stellen sie auf ein daneben stehendes Tischchen. Sofern der Topfkuchen noch nicht geschnitten ist, nehmen wir diesen rasch beiseite und teilen ihn in fingerdicke Schnitten. Hierauf stellen wir ihn wieder auf seinen früheren Platz.

Wir beginnen nun, bei älteren Damen anfangend, den Kaffee einzuschenken, während wir die Milchkannen neben die Zucker-Schalen absetzen. Diese, sowie Milch und Rahm rücken wir etwas näher an die bereits eingeschenkten Tassen. Wir fahren nun mit Einschenken fort und lassen Zucker wie Milch von den Damen selbst weiter geben. Ist alles mit Kaffee versehen, wird der Topfkuchen herumgereicht. Es werden die Gäste jedoch meistens auf Aufforderung der Gastgeberin schon von selbst zugelangt haben. Die Bedienung hat dann abwechselnd Topfkuchen und kleines Gebäck nachzuservieren, sowie die Kaffee-Tassen so oft zu füllen, bis Annahme verweigert wird. Später wird abserviert.

Den Tisch besetzen wir wieder mit Dessert-Tellern, Messern und Gabeln. Auf die Teller wird eine Theeserviette gelegt. In die Mitte des Tisches stellen wir, mit dem nötigen Abstande von einander, die zwei Obsttorten, vier Kompottieren, vier Teller mit Butter, desgleichen vier mit Brot; zu letzterem nimmt man auch Körbchen. Neben die Butter kommen Pfeffer-, Salz- und Senfnäpfchen. Die Wasser-Flaschen werden wieder mit frischem Wasser gefüllt und reine Gläser werden daneben gestellt. Einige Teller mit Waffeln finden ebenfalls ihren Platz.

Auf einen Nebentisch wird ein silbernes Brett mit zwanzig Gläsern zum Mainwein gestellt; neben diese stellt man die Bowle. Nach Verlauf von etwa zwei Stunden, sobald die Gesellschaft wieder vollzählig bei Tische ist, werden die Platten mit Aufschnitt geholt und sofort herumgereicht. Ihnen folgen Butter, Brot und Kompotte. Nachdem das erste Mal herumserviert ist, werden die Gläser mit Maiwein gefüllt; man nimmt ein Servierbrett mit gefüllten Gläsern auf die linke Hand und präsentiert einzeln den Damen. Sobald der erste Rundgang beendigt ist, werden wieder Speisen nachserviert, alsdann die leer gewordenen Gläser neu gefüllt und wieder zurück gereicht.

Wenn die Tischgesellschaft mit Speisen genügend versehen ist, werden Teller, Messer, Fleischplatten, Kompottieren, Butter, Brot, Pfeffer-, Salz- und Senfbehälter abgenommen; mit einer Tafel-Bürste werden die Krumen entfernt. Dann werden wieder Dessert-Tellerchen mit Dessert-Messern aufgestellt, worauf der Obstkuchen gereicht wird; letzterer wird vorher auf einem Nebentische in Stücke geschnitten. Zum Servieren legt man eine Kuchen-Schaufel, in Ermangelung einer solchen ein Messer darauf. Nachdem auch dies beendigt ist, werden die Teller wieder abgenommen und Schalen für Gefrorenes, in deren Ermangelung Dessert-Tellerchen eingestellt. Nach geraumer Zeit wird der dritte Teil, das Gefrorene serviert. Man gibt auf der einen Seite das Himbeer- und auf der anderen das Vanille-Gefrorene herum und wechselt dann die Platten um, sodass jede der beiden Sorten überall gereicht wird. Dicht hinter dem Gefrorenen folgen die Waffeln. Beides serviert man ebenfalls so oft herum, bis davon nichts mehr angenommen wird.

Ein Kaffee-Kränzchen.

Man wählt dazu meist einen Abend und ladet eine grössere Anzahl Damen und Herren ein.

Die gleichmässig grossen Tische stellen wir in einem kleinen Saale einzeln längs der Seiten auf, da die Mitte des Saales zum Arrangieren eines Tänzchen freibleiben soll. Wir decken jeden der Tische mit einem weissen Tischtuche, für etwa zehn Personen; auf jeden stellen wir Dessert-Teller mit Messerchen, nebst Kaffee-Tassen mit Löffelchen, vielleicht auch ein Körbchen mit frischen Blumen in die Mitte. Unter jedes Körbchen kommt ein Suppen-Teller mit ganz wenig Wasser, darunter ein Servietten-Untersetzer. Rechts und links von diesem Blumen-Körbchen stellt man eine Flasche mit frischem Wasser und neben jede Flasche drei Wasser-Gläser, hinter und vor die Blumen-Körbchen je eine Schale mit Zucker und Zucker-Zange und ein Kännchen mit Rahm. Nach jeder Seite des Tisches zu werden über das Kreuz vier Teller, ein jeder mit anderem Kuchen belegt, aufgestellt. Nachdem sämtliche Tische auf gleiche Weise gedeckt sind, ist die Vorarbeit beendigt.

Die Gäste werden beim Eintreffen nicht sofort an die Tische placiert, sondern man lässt sie sich durch gegenseitiges Begrüssen, Unterhaltung in Gruppen usw. die Zeit vertreiben. Auf ein Zeichen der die Festlichkeit leitenden Dame oder des Herrn werden die Kaffee-Kannen nebst warmer Milch herbeigeholt und auf die Tische gestellt. Sind alle Tische damit bestellt, so wird dies der betreffenden Dame oder dem Herrn mitgeteilt, welche dann die Gäste einladen, am Tische Platz zu nehmen.

Die Bedienung hat hiernach nichts weiter zu thun, als die Kaffee-Kannen immer wieder von neuem füllen zu lassen und die Lücken auf den Kuchen-Tellern usw. wieder auszugleichen. Das Einschenken des Kaffees wird von einer Dame an jedem Tische besorgt, während ein Herr den Kuchen herumreicht, ohne dass eines derselben seinen Platz verlässt. Nach beendigtem Kaffee wird von einem Herrn, welcher schon im voraus von dem betreffenden Gastgeber beauftragt war, der Tanz eröffnet. Die Bedienung benutzt diese Gelegenheit, mit einem grossen Servier-Brette an die Tische zu gehen und die Kaffee-Service abzuräumen.

Nach Beendigung des ersten Tanzes wird auf jeden Tisch ein Servierbrett gestellt, das mit Zitronen-Wasser, Himbeer-Limonade, Mandelmilch und ähnlichem gefüllte Gläser enthält. Die Bedienung kann dieselben jedoch auch herumreichen. Bleiben einige Paare im Tanzraum stehen, so sind diese ebenfalls zu bedenken. Während etwa zwei Stunden des Tanzes sind diese Gläser immer wieder zu erneuern. Eine Glasschüssel mit geschnittenem Roheis und Eiszange auf dem Tische ist hier gut angebracht. Während dieser Zeit wird in einem Nebenstübchen, in Ermangelung eines solchen in irgend einer Ecke, für die Herren Bier vom Fasse gezapft und verabreicht; im Tanzraume wird jedoch keines serviert. Von besonderen Rauch- und Spielstübchen wird erst beim »Balle« die Rede sein.

Nach Verlauf von etwa zwei Stunden werden die Gläser wieder abgeräumt, gleichviel ob sie leer sind oder nicht. Die Flaschen werden wieder mit frischem Wasser gefüllt.

Es soll jetzt nicht etwa ein vollständiges Souper, sondern nur ein Imbiss aufgetragen werden.

Wir decken während des letzten Tanzes jeden Tisch mit zehn Kouverten, bestehend aus einem Dessert-Teller mit Serviette, Messer und Gabel. Zu jedem Kouvert stellen wir ein Weinglas. Auf jeden Tisch kommen, schön arrangiert, eine beliebige kleine Torte, eine Platte mit Kalbskopf-Sülze, und dergleichen mehr, zwei Teller mit verschieden belegten Brötchen, zweierlei Kompotte, ein kleiner Aufsatz mit Obst, worunter sich Apfelsinen befinden, eine Schale mit gestossenem Zucker und ein Einsatz mit Essig, Öl, Salz, Pfeffer und Senf. Den Schluss bilden einige Flaschen Weisswein und Rotwein oder auch eine Bowle. Beim Herumreichen wird die Bedienung hie und da behilflich sein, doch ist auch hier kein regelrechtes Servieren nötig, da die Speisen sämtlich auf dem Tische stehen und die Gäste nach Belieben selbst zulangen.

Nur auf das Wechseln der Teller, welches einzeln geschieht, hat man sein Hauptaugenmerk zu richten. Es wird nichts Bestimmtes herumserviert, sondern ein jeder isst, zu was er Appetit hat. Natürlich können auch hierbei wieder mehrere oder andere Speisen aufgetragen werden, oder es kann eine warme Platte dazwischen geschoben oder auch eine Tasse Bouillon vorher gereicht werden. Wir überlassen dies alles dem Ermessen des Gastgebers.

Beginnt nach diesem Imbiss das Tanzen wieder, so wird während des ersten Tanzes abserviert, und nur die Getränke bleiben stehen. Während der Tanzpausen versehen wir die Gäste mit Gefrorenem. Wir erhalten dieses portionsweise auf kleinen Schälchen, stellen diese auf ein Servierbrett, legen auf jede Schale ein Kaffee-Löffelchen und servieren herum, wo wir die Gäste gerade antreffen, sitzend oder stehend, plaudernd oder promenierend. Gefrorenes wird nun während der ganzen Zeit des Tanzes serviert; leere Schalen werden abgenommen.

Auf dem Tische müssen, wenn nötig, geleerte Weinflaschen wieder durch volle ersetzt werden. Es kann auch bis zum Ende nochmals von den vorher servierten Getränken gereicht werden. Doch auch dieses bleibt dem Ermessen des Gastgebers überlassen. Am Platze wäre es auch, zum Schlusse noch einige Gläser Champagner zu kredenzen.

Eine Theevisite

hat oft sehr viel Ähnlichkeit mit einer Kaffee-Visite; man braucht dann anstatt des Kaffees nur Thee zu servieren. Doch wollen wir hier eine von der Kaffee-Visite ganz abweichende Theevisite beschreiben.

Gesetzt den Fall, es handelt sich um eine kleine Gesellschaft von zehn Personen an einem Tische. Diesen Tisch decken wir auf folgende Weise:

Ein schönes weisses Tischtuch wird aufgelegt. Für

jede Person stellen wir wieder einen Dessert-Teller hin; rechts davon wird ein Messer gelegt. Auf den Teller kommen kleine gebrochene Theeservietten.

Die Hausfrau erhält ihren Platz am Kopfende des Tisches. Direkt vor ihr Kouvert stellen wir eine genügend grosse Theekanne. Hinter die Theekanne kommt die Theemaschine mit dem Ausguss nach vorn, sodass man, ohne die Maschine oder Kanne heben zu müssen, bequem aus ersterer heisses Wasser in letztere giessen kann. Links von der Theemaschine wird eine Büchse oder Flasche mit Thee aufgestellt, rechts von der Maschine erhält eine Spülschale Platz. Zu jeder Seite des Kouverts für die Hausfrau werden fünf mit Kaffee-Löffeln versehene Kaffee-Tassen aufgestellt.

Auf die Mitte des Tisches stellen wir einen Mandelkranz, eine Obsttorte, eine gefüllte Sandtorte, zwei Teller mit Butter-Bröten, eine Schale mit Marmelade, eine mit süssem Gelee, zwei mit Zucker, zwei Salznäpfchen, zwei Tellerchen mit Radieschen, zwei Schalen oder Aufsätze mit Obst, eine Flasche Rotwein und eine Flasche Wasser mit Wasser-Gläsern.

Kurz ehe die Gesellschaft Platz nimmt, wird die in der Küche mit heissem Wasser gefüllte Theemaschine auf dem Tische aufgestellt, und die Spiritus-Lampe darunter wird angezündet. Sobald die Gäste sitzen, wird die Dame des Hauses den Thee auf folgende Weise bereiten:

Zuerst wird die Theekanne mit heissem Wasser ausgespült, sodann aus der Büchse mit dem entsprechenden Quantum Thee versehen, darüber etwa eine Kaffee-Tasse voll kochendes Wasser gegossen und einige Minuten stehen gelassen. Während dieser Zeit wird Butterbrot, Marmelade, Gelee usw. genommen. Wenn der Thee einige Minuten gezogen hat, wird die Kanne mit Wasser aufgefüllt und sodann der Thee in die Tassen verteilt, welche von der Bedienung herumgereicht werden. Die Theekanne muss sofort wieder mit heissem Wasser aufgefüllt werden, damit der Nachguss, während die ersten Tassen getrunken werden, wieder ziehen kann, ev. sind noch einige Löffel Thee vorher hinzuzugeben. Es werden dann der Reihe nach der Mandelkranz, die Torte, der Obstkuchen und zuletzt das Obst serviert. Man kann den Obstkuchen auch vorher vom Tische weglassen und später nach aufgehobenem Theetisch servieren. Die Teller werden nach Bedarf der einzelnen Teilnehmer gewechselt. Die Tassen lässt man so oft füllen, bis kein Thee mehr gewünscht wird.

Die Gesellschaft wird hierauf in den Garten zu einem

Spiele, einer Konversation, einem Spaziergang oder in den Salon zu musikalicher Unterhaltung usw. geführt.

Wähernd dieser Zeit wird der Tisch abgedeckt und auf folgende Weise von neuem besetzt: Für jede Person ein Teller, rechts nud links davon Messer und Gabel, vor den Teller ein Kaffee-Löffel. Auf jeden Teller kommt ein Weinglas und in dieses eine gebrochene Serviette.

Die Mitte des Tisches wird besetzt mit einer Platte kaltem Geflügel, einer Platte kaltem Rehbraten, einer Platte kaltem Roastbeef, einem Stück frischer Butter, Brot, Wasser, Pfeffer, Salz und Senf, verschiedenen eingemachten Früchten, Salaten, süssem Gelee und später Gefrorenem. Als Getränk gibt man Weiss- und Rotwein.

Während sich die Tischgesellschaft der Unterhaltung hingegeben hat, wird kleines Gebäck mit Glühwein, Kardinal, Punsch, Limonade usw. herumserviert.

Hat auf Anordnung der Dame des Hauses die Gesellschaft wieder am Tische Platz genommen, so wird zuerst die Platte mit Roastbeef, sodann die mit Geflügel und zuletzt die mit Rehbraten herumserviert. Auch den Wein schenkt die Bedienung ein, dabei fragend, ob Rot- oder Weisswein gewünscht wird. Das Einschenken wiederholt sich so oft, als die Gläser geleert werden. Wenn von den Fleischspeisen nichts mehr beliebt wird, wechselt man die Teller. Hierauf wird das Gelee serviert, sodann werden die Teller gegen Eisschälchen wieder gewechselt und darauf wird das Gefrorene gegeben.

Es kann diese Visite auch abgeschlossen werden, ohne dass nochmals der Tisch gedeckt und ohne dass serviert wird. Es richtet sich das einzigundallein nach dem Gastgeber. Auch konnte man gleich beim ersten Gedeck mit Thee einige Fleischspeisen einschieben.

Ein Ball mit Souper.

Zu einem Ball kann man ebensogut ein Büffett errichten, als zu einem Konzert, oder auch mehrere einzelne, womöglich jedoch in einem Zimmer.

Sobald ein gemeinschaftliches Souper stattfinden soll, braucht man nur ein kleines, oft auch gar kein Büffett.

Wir suchen uns zur Abhaltung eines Balles ein Lokal, welches die nötigen Räumlichkeiten dazu bietet.

Ausser Garderobe- und Toiletten-Zimmer gebrauchen wir zuerst einen geräumigen Tanzsaal.

Im Tanzsaale bringen wir keine Tische an, sondern nur Sofas, Bänke, Stühle usw. längs der Seiten. Dagegen ist ein in der Nähe des Saales liegender grösserer Raum notwendig, in welchem ein Büffett, Tische und Stühle in genügender Anzahl untergebracht werden können.

Wir überlassen es dem Gastgeber, aus dem früher beschriebenen Büffett das Geeignetste heraus zu wählen und sich nach Belieben ein grösseres oder kleineres Büffett herzurichten. Da wir in den gleichen Raum Tische und Stühle stellen wollen, so muss auch für Bedienung gesorgt werden.

Einen weitern Raum verwenden wir als Spielzimmer für ältere Herren; gleichzeitig kann derselbe auch als Rauchzimmer benützt werden. Im Spielzimmer werden verschiedene kleine Spieltische aufgestellt; auf jeden wird ein Spiel Karten gelegt. Auf die Tischecken kommen kleine Spielschalen, Fidibusse, und jenachdem die Beleuchtung ist auch Lichtstöcke, Lampen usw. Nach Art des Spieles werden anstatt Spielschalen auch Papier (Blocks) mit Bleistift und Spielmarken dazugelegt. Meistens wird es möglich sein, an jeden Spieltisch zwei kleine Servier-Tischchen zu stellen, worauf Getränke ihren Platz finden. Auch in diesem Raume muss für ständige Bedienung gesorgt sein.

Im Speisesaal werden schon vor Beginn des Balles die Tische zum Souper gedeckt. Das Souper selbst ist früher schon beschrieben und eine Wiederholung wohl nicht nötig. Nur einige Bemerkungen seien dazu gestattet:

Sobald das Souper stattfinden soll, begeben sich die Gäste in den Speisesaal und setzen sich unverzüglich an die Tische. Bei Privat-Bällen wird zum Servieren des Weines stets besondere Bedienung vorhanden sein, während dies auf öffentlichen Bällen mit gemeinschaftlichem Souper nicht gerade zu empfehlen ist. Das Souper selbst muss rasch hintereinander serviert werden.

Nach aufgehobener Tafel wird die Gesellschaft den Speisesaal bald wieder verlassen, doch kann es auch vorkommen, dass einzelne ältere Gäste ihre Plätze noch innebehalten; diese werden dann weiter mit Wein versehen.

Während des nun wieder beginnenden Tanzes werden im Tanzsaale wieder Getränke, als Fruchtsäfte mit Wasser, Mandelmilch, Eierpunsch, Gefrorenes, Champagner in Gläschen usw. herumgereicht. Etwa eine Stunde vor Beendigung des Balles wird auch in manchen Gegenden Kaffee und Kuchen oder Kaffee-Gebäck gegeben.

Bei Abhaltung eines Balles ist auch auf die Ausstattung mit grünen Gewächsen und Blumen ein besonderes Gewicht zu legen. Im Interesse der Schmückung unserer Tafel zum Souper sei hier darauf aufmerksam gemacht.

Das Servietten-Brechen.

Allgemeine Vorbedingnisse.

Noch nicht genügend bekannt ist es, wie schön man die Servietten in anmutige, geschmackvolle Formen legt.

Die Tafel erhält ein ganz bedeutend festlicheres Aussehen, wenn man dieselbe mit mannigfach hergestellten Servietten-Figuren besetzt.

Zum Brechen von Figuren nimmt man die Servietten am besten, wie sie im Wäschschranke liegen; zu manchen Formen können sie etwas steifer sein, zu anderen weicher. Sind sie für einzelne Figuren, z. B. die Nrn. 12, 13, 25 usw. nicht steif genug, so wähle man andere dafür; es ist Auswahl genug in diesem Album. Wenn aber ein deutscher »Autor« (Fritz Bauer) lehrt, man solle die Servietten vor dem Brechen etwas einsprengen, oder ein englischer Autor das Plätteisen nicht aus der Hand lässt, um alle Brüche zu bügeln, so lasse man ihnen dieses Vergnügen auf dem Papier: Wirklich gebrochen hat ersterer sicher nie eine Serviette, und letzteres ist zu umständlich.

Das Erlernen des Servietten-Brechens ist mittels der vielen Hilfsfiguren äusserst leicht gemacht. Die Hilfszeichnungen befinden sich immer auf der rechten Seite der Hauptfiguren, damit möglichst wenig Umblättern nötig wird.

Man mache sich zuerst mit den vorstehenden Hilfstafeln I—IV vertraut, weil des beschränkten Raumes halber sehr oft darauf hingewiesen werden muss, da sonst das Buch fast noch einmal so dick und teuerer geworden wäre.

Ehe man anfängt, eine Figur brechen zu lernen, übersehe man rasch die dazu gehörenden Hilfsfiguren. Man wird nach und nach die Entdeckung machen, dass man gar nicht nötig hat, den Text der Anleitung zu lesen, da die Hilfsfiguren allein schon deutlich genug die Entwickelung, wie sie nach und nach vor sich geht, vor Augen führen. Die alphabetischen Buchstaben links deuten immer auf die gleichen rechts in den Hilfsfiguren.

Bei der Anleitung haben wir uns befleissigt, möglichst wenige Worte zu gebrauchen, und bitten deshalb, auch genau auf dieselben zu achten. Proben haben ergeben, dass sämtliche Figuren nach der Anleitung gut und richtig hergestellt werden können. Es ist beim Brechen darauf zu achten, dass alle Brüche scharf und exakt gemacht werden, dass ihnen nötigenfalls durch Pressen und Klopfen Halt gegeben wird. Die Servietten, welche im Quadrat gebrochen werden sollen, müssen diese Form schon besitzen oder durch Einschlagen der zu langen Seiten zu einem Quadrate hergestellt werden.

Jede Figur ist mit einem Namen belegt, und die Figur muss in ihren allgemeinen Umrissen dem Gegenstand entsprechen, dessen Namen sie trägt.

Es kommt nun bei manchen Servietten vor, dass Ecken »eingezogen« werden müssen. Beispiel: Es sollen aus nachstehender sog. Hilfs- oder Kontroll-Figur *A* die Ecken *b b* so durch die Mitte der Servietten-Lage »durchgezogen« werden, dass die Ecken *b b* zwischen der Lage bei *a* zusammenstossen, sodass daraus das Dreieck Fig. *B* mit zwei übereinanderliegenden Ecken rechts und links entsteht. Deshalb lerne man zunächst das »Einziehen«.

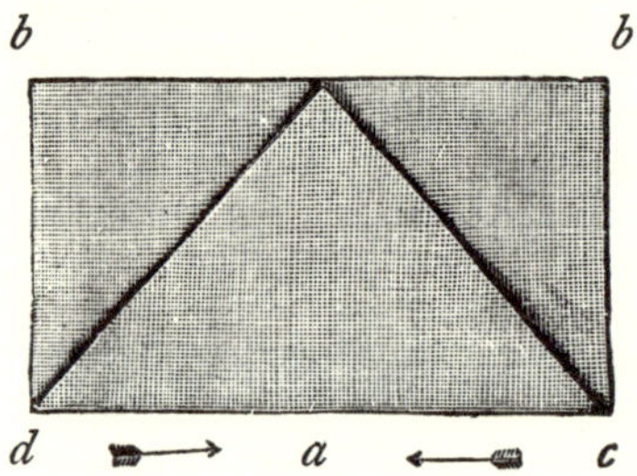

Fig. *A*.

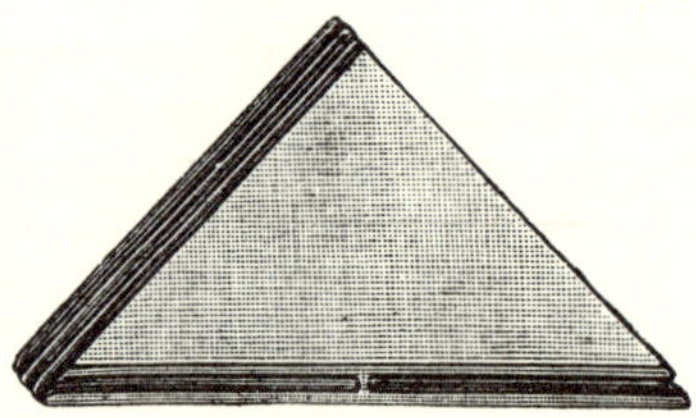
Fig. *B*.

Fasse mit Daumen und Zeige-Finger der linken Hand die obenaufliegende Ecke *c* und ziehe sie in der Pfeilrichtung nach rechts auf *d*. Dabei legt sich die rechte Ecke *b* von selbst auf *a*, wie Fig. *C* zeigt. Lege nun den rechten Zeige-Finger und Daumen auf *x x* in *C* und schlage die von der linken Hand noch gehaltene Ecke gleich wieder zurück auf *c*, gibt Figur *D*. Verfahre nun mit der linken Seite geradeso, so entsteht die gewünschte Lage *B*. Ob die Lage, aus welcher man die Ecken einziehen will, gross oder klein ist, ob sie vorher die Form wie oben Figur *A* hat, oder schon ein Dreieck bildet und dieses zu einem Quadrat umgewandelt wird, bleibt sich gleich.

In verschiedenen Figuren, wie in 36, 56, 120 und 121, auch in den Nrn. 12, 13, 25 usw., lassen sich kleine Eckfältchen anbringen.

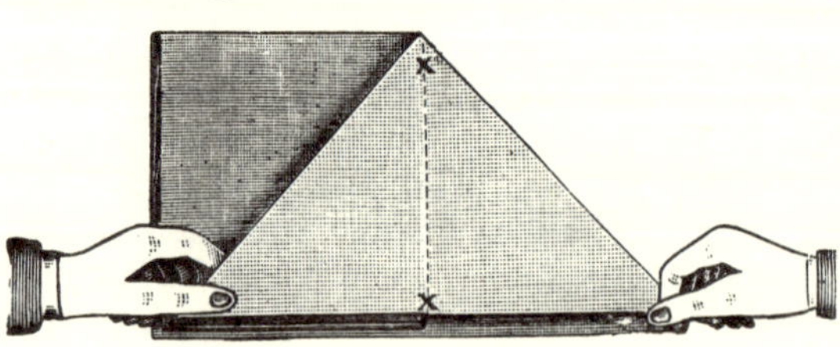

Fig. *C*.

Man kann die Fältchen an Kanten oder auch an irgend eine Stelle in die Mittelfläche der Serviette brechen. Damit man die hübsche Zierat beliebig verwenden kann, lerne man erst das »Fälteln«; es ist sehr leicht.

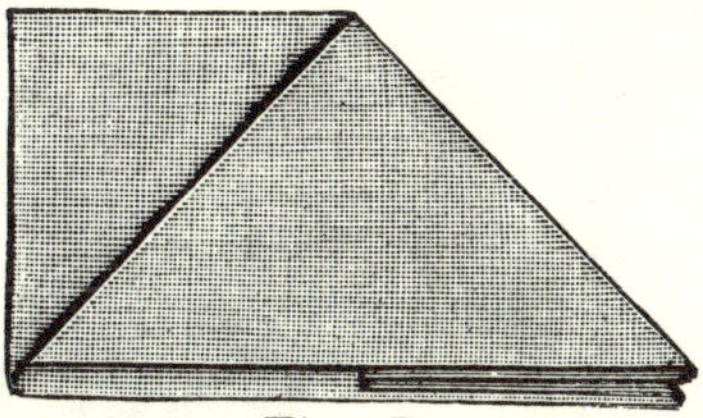

Fig. *D.*

Anleitung: Betrachte Figur *E,* welche das Fälteln an Kanten darstellt. Will man in die Serviette hinein brechen, so kneift man an der Stelle, an welcher man die Brüche bilden will (jedoch nicht weiter), einen scharfen Bruch, drückt mit dem linken Daumen Hand 1 an der Stelle, an welcher die Zacken beginnen sollen, darauf und kneift den Bruch, bald rechts Hand 2, bald links Hand 3 wendend, mit dem rechten Daumen und Zeige-Finger kleine Seiten-Fältchen bis an das Ende des Bruches. Die rechte Hand wendet sich dabei, immerzu abwechselnd, zu Schatten-Lage 2, dann zu 3.

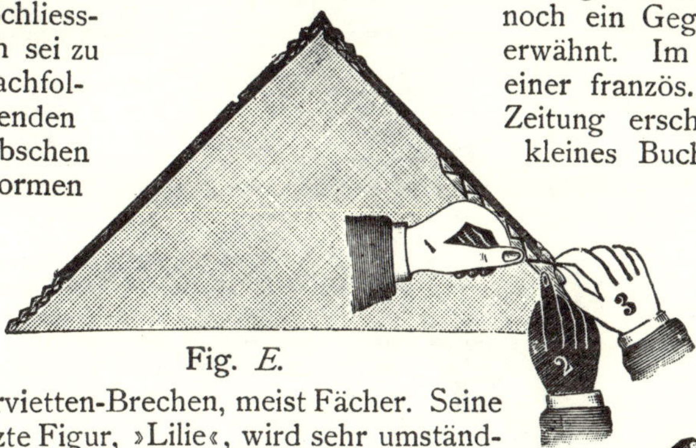

Fig. *E.*

Schliesslich sei zu nachfolgenden hübschen Formen noch ein Gegenstück erwähnt. Im Verlag einer französ. Mode-Zeitung erschien ein kleines Buch über Servietten-Brechen, meist Fächer. Seine letzte Figur, »Lilie«, wird sehr umständlich beschrieben. Aber die Sache ist viel einfacher. Man legt eine Serviette halstuchartig zusammen, knickt sie einige Male und umschlingt das eine Ende, welches man knotenartig durchzieht, wie Tischabonnenten in Gasthäusern es zu thun pflegen, wenn ihnen kein Serviettenring zur Verfügung steht. Dasselbe Büchelchen ist vor kurzem deutsch im Verlag der »Wiener Mode« erschienen, nebst einer schauderhaften Anleitung über Tafel-Decken und Servieren; es kostet zwar nur 50 Pfennig, aber das darin enthaltene Gute wird durch das Falsche wertlos.

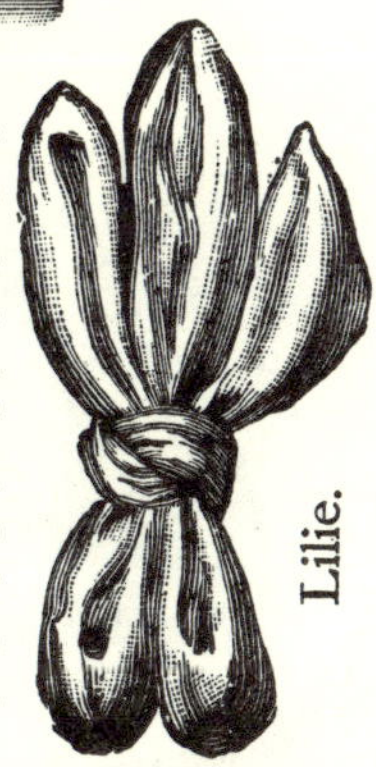

Lilie.

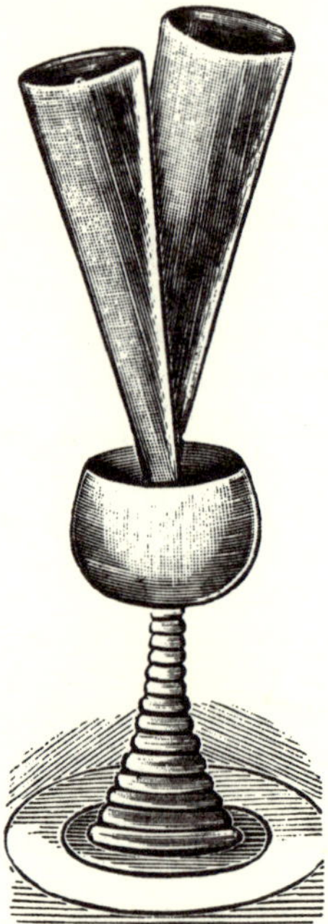

Fig. 1: **Cigarren-Spitzen.**
Komp. v. L. Fritzsche.

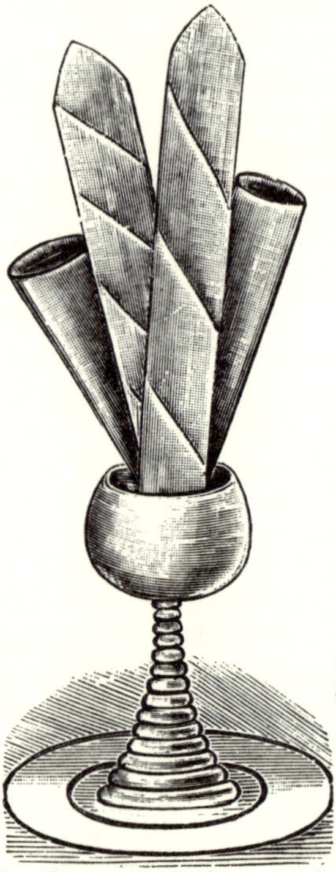

Fig. 3: **Cigarren und Cigarren-Spitzen.**
Komp. v. L. Fritzsche.

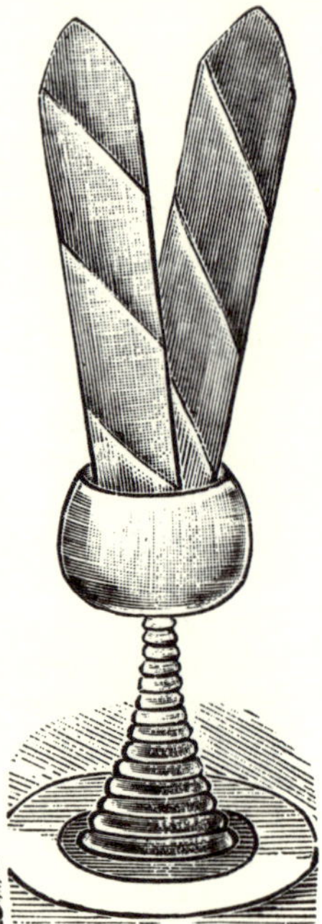

Fig. 2: **Cigarren.**
Komp. v. L. Fritzsche.

Fig. 4:
Gewehr-Pyramide.
Komp. v.
L. Fritzsche.

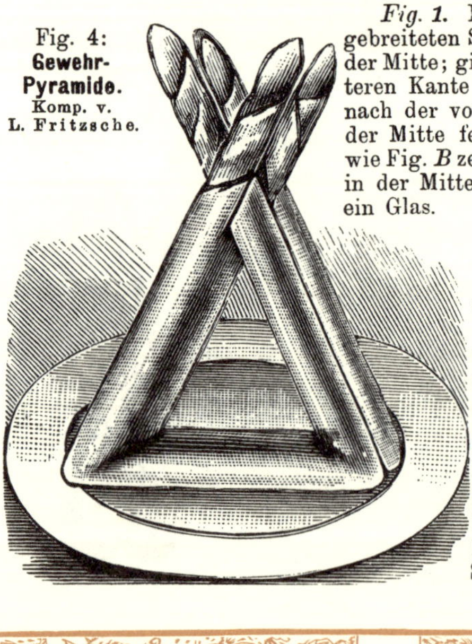

Fig. 1. Man schlägt von einer ausgebreiteten Serviette die vier Ecken nach der Mitte; gibt Fig. *A.* Rolle, mit der hinteren Kante beginnend, die ganze Lage nach der vorderen Kante zusammen, in der Mitte fest, an den Seiten lockerer, wie Fig. *B* zeigt. Die Rolle knicke nahezu in der Mitte zusammen und stelle sie in ein Glas.

Fig. 2. Wickle diese Lage von Ecke zu Ecke, wie Fig. *C.*

Fig. 3. Vereinige Figur 1 mit Fig. 2 in ein Glas.

Fig. 4. Lege eine Serviette nach **Tafel II,** Fig. *B* zusammen, dann drücke einen Finger fest auf die Mitte und falte die 4 Ecken wieder auswärts, wie Fig. *D* zeigt. Rolle die rechte und linke Hälfte fest nach d. Mitte zusammen, gibt Fig. *E.* Wende, gibt Fig. *F.* Brich. wie anpunktiert, die Spitzen nach oben. Fertig.

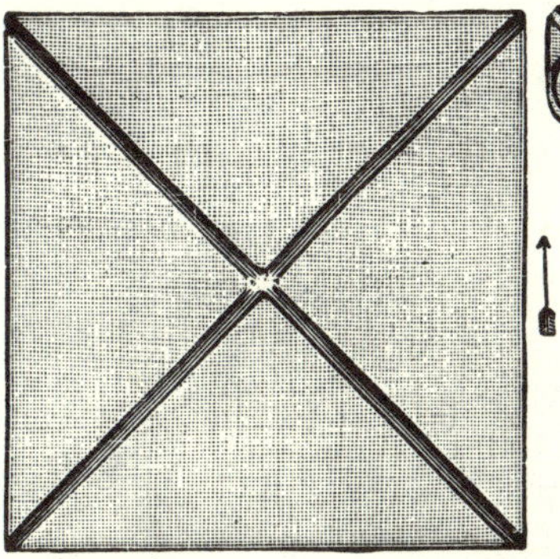

Fig. A.

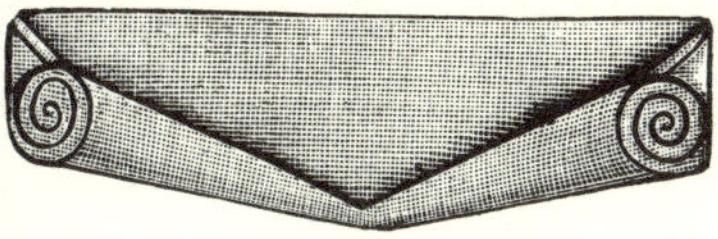

Fig. B.

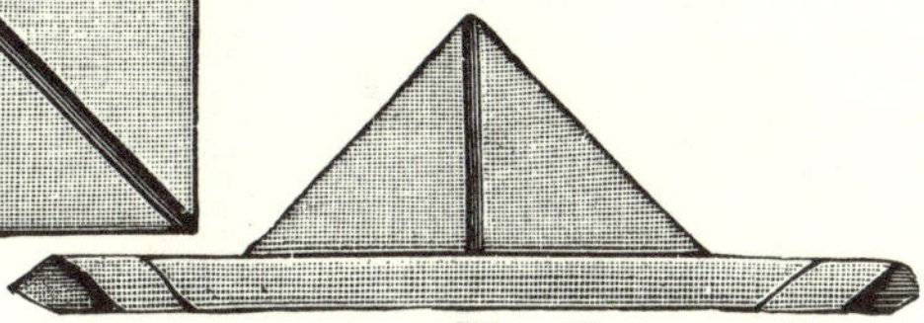

Fig C.

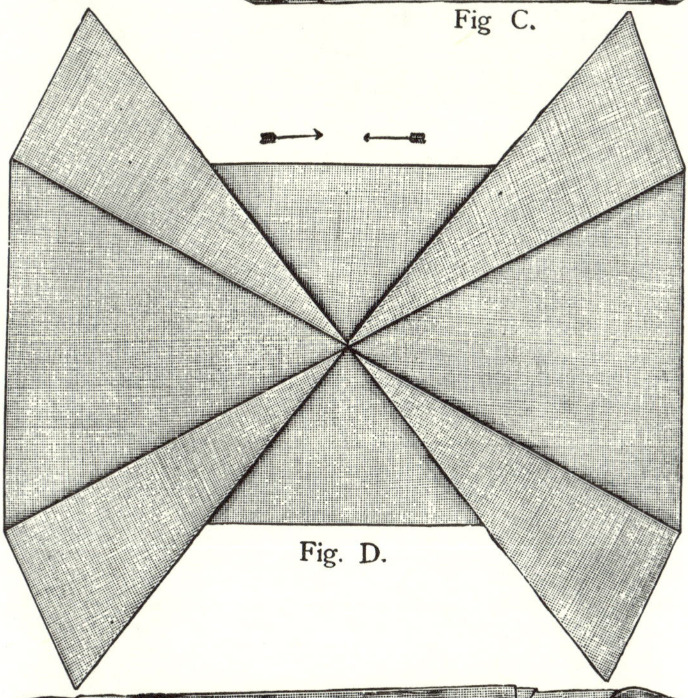

Fig. D.

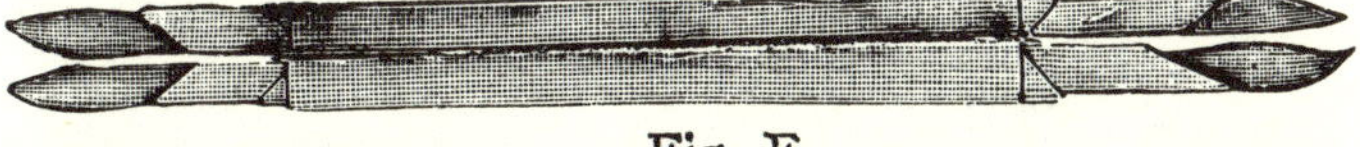

Fig. E

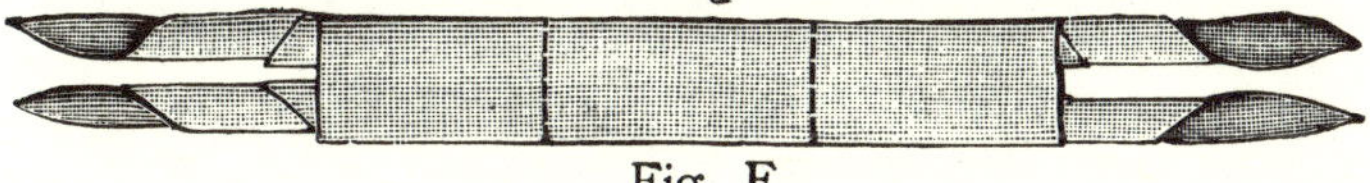

Fig. F.

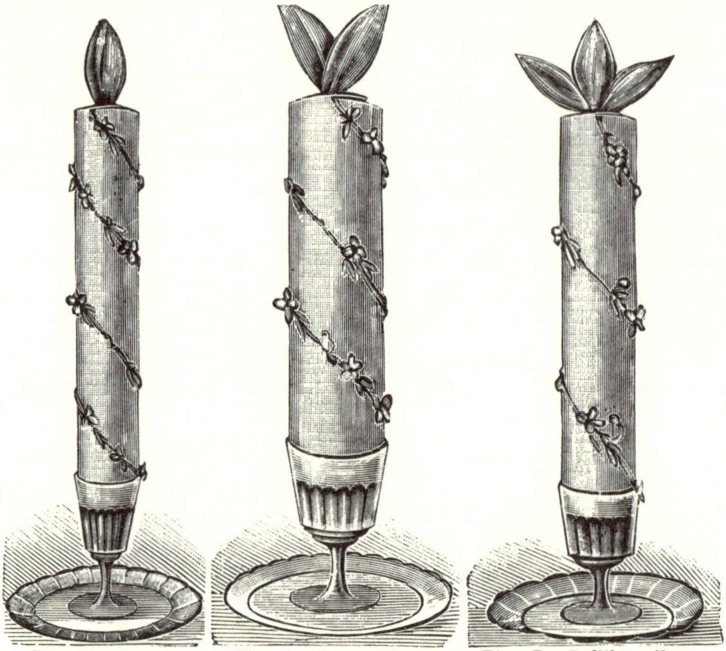

Fig. 5: **Kerze.** Fig. 6: **Doppel-Kerze.** Fig. 7: **Drillings-Kerze.**
Kompositionen von L Fritzsche

Fig 5. Falte eine offene Serviette über Kreuz, wie Fig. *A* zeigt. Schlage die beiden übereinanderliegenden Spitzen nach vorn, bis über den Rand, die oberen jedoch sofort wieder zurück. Gibt Fig. *B.* Schlage die rechte kleinere Hälfte bis zur punktierten Linie *s* nach links. Gibt Fig. *C.* Mache eine Falte, in die Flammen-Spitze auslaufend. Wickle die Falte bis an Spitze *z* zusammen und stelle die Rolle in ein Glas.

Fig. 6. Wird verfertigt wie Fig. 5, nur lässt man beide Spitzen, welche nach vorn überschlagen waren, liegen.

Fig 7. Aus zwei Ecken und der Mitte einer offenen Servietten-Kante mache ein dreispitziges Bündel u. binde mit Faden zusammen, der, wenn fertig, wieder entfernt wird. Gibt Fig. *D.* Schlage die Bündel-Hälfte nach vorn, gibt Fig. *E.* Schlage die kleine rechte Hälfte nach links, gibt Fig. *F.* Rolle d. Bündel-Seite nach *z* zu; stelle d. Lage in ein Glas.

Fig. 8: **Gans.** Komp. v. L. Fritzsche.

Fig. 8 Forme wieder *D* u. *E.* Hefte die Lage bei *x* mit einer Stecknadel an die Brust, sodass d. Bündel herabhängt. Rolle die Serviette, bei *o o* fassend, wie Fig. *G* zeigt, zusammen, gibt Fig. *H.* Klappe das Bündel auf *z* und rolle die Spitze w. Fig *I* zeigt.

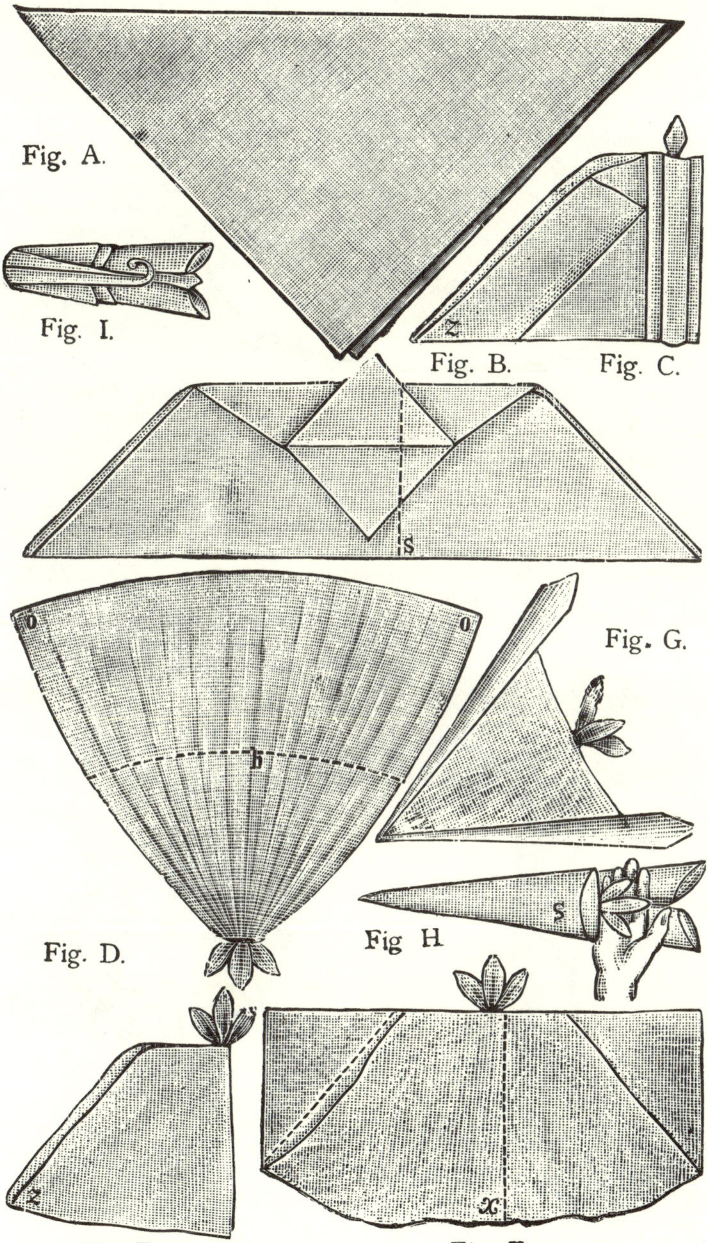
Fig. A.
Fig. I.
Fig. B.
Fig. C.
Fig. G.
Fig H
Fig. D.
Fig. F.
Fig. E.

Fig. 9: **Pfau.**

Fig. 9. Man lege eine offene Serviette vor sich auf, schiebe eine Seite in kleine Falten und binde mit einem Faden das Bündel fest, gibt Fig. *A*. Überschlage das Bündel nach vorn, gibt Fig. *B*. Hefte die Lage bei *x* mit einer Nadel an die Brust u. rolle beide Seiten nach der Mitte zusammen. Es entsteht nach u. nach Fig. *C*, *D*, *E*. Drücke das Bündel sehr fest nach links auf *s*, schlage auch d. Spitze *b* zurück auf *s*, rolle sie etwas zusammen. stelle den Fächer-Büschel auf und bringe den Hals in die richtigen Windungen.

Fig. 10. Forme Fig. *A* und *B* wie vorher. Schlage die kleine Hälfte bei der punktierten Linie nach links über. Rolle von rechts nach links zusammen und stelle den Fächer in ein Glas oder auf einen Teller.

Fig. 11. Lege die Ecken einer Serviette viermal hintereinander, ohne zu wenden, nach der Mitte zusammen; **Tafel III**, Fig. *A*, *C*, *E*, *H*. Wende nun, gibt *I* Schlage die vier Ecken fest in die Mitte ein, gibt Fig. *M*. Stelle nun die vier Ecken in ein Wasserglas, gibt Fig. *G* auf der rechten Seite. Ziehe die vier oberen Ecken herab und stelle nun diese vier Ecken in ein Weinglas (vorher war die Serviette zu dick dazu). Nun biege die oberen Spitzen nach Belieben auseinander. Auf diese Weise kann man vielerlei Blümchen formen.

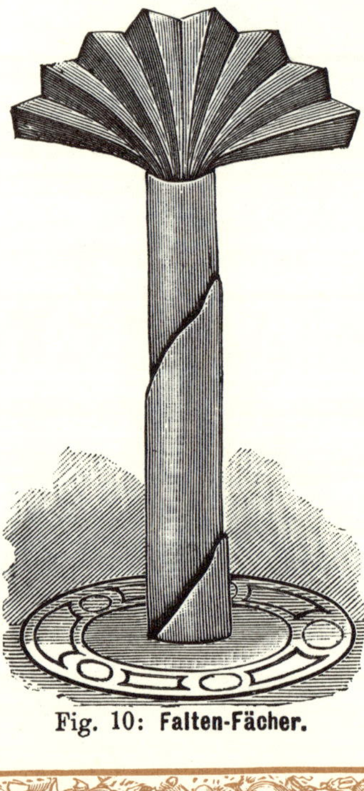

Fig. 10: **Falten-Fächer.**

Fig. 11: **Gänse-Blümchen.**
Komp. v. L. Fritzsche.

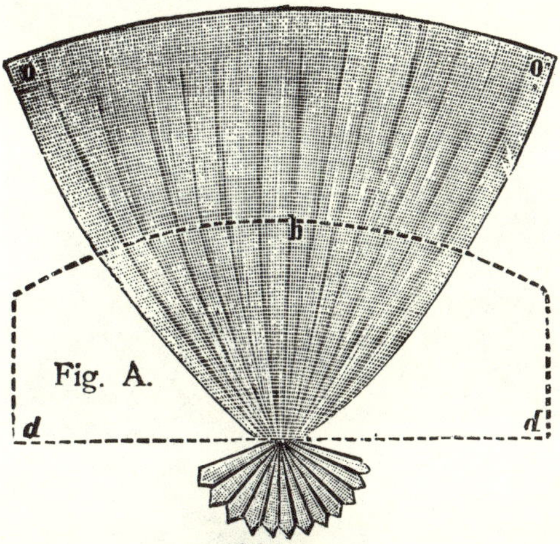

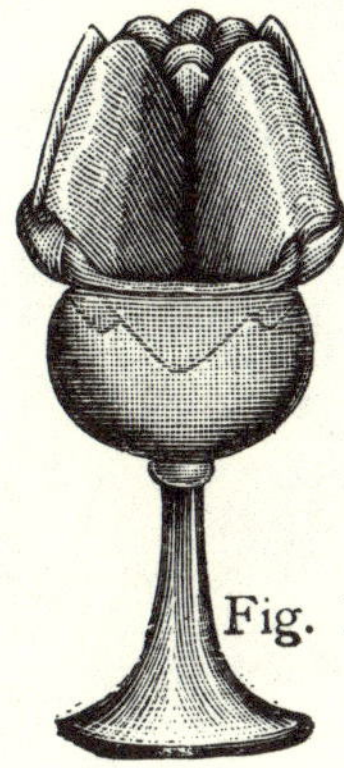

Fig. H.

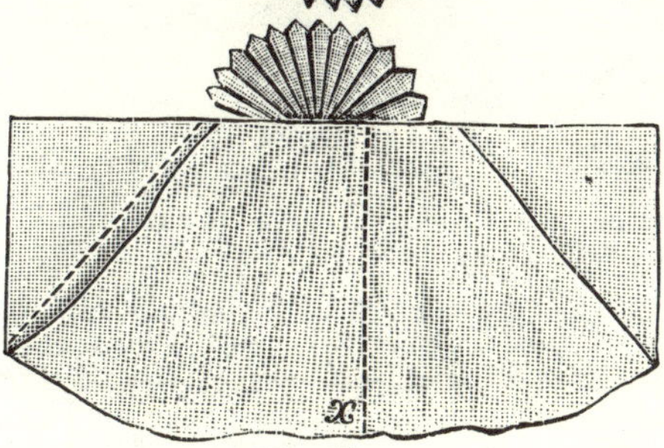

Fig. B.

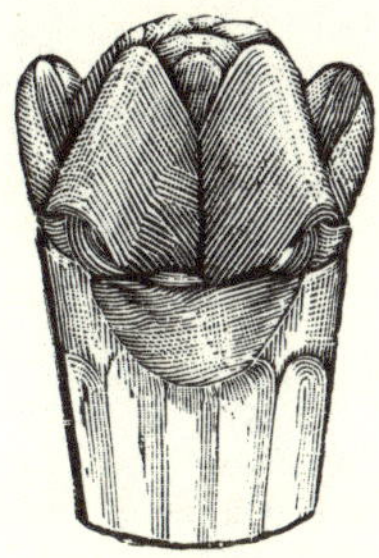

Fig. G.

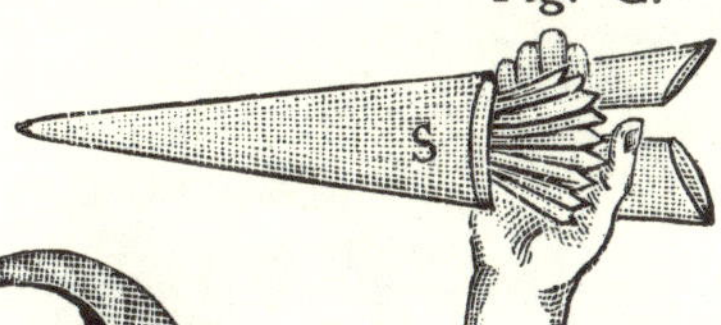

Fig. E.

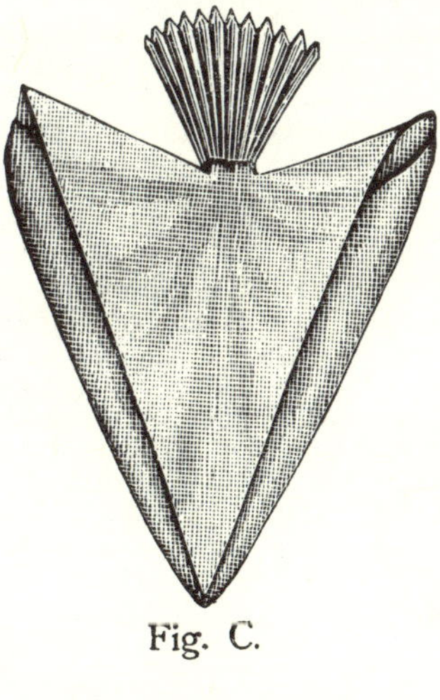

Fig. C.

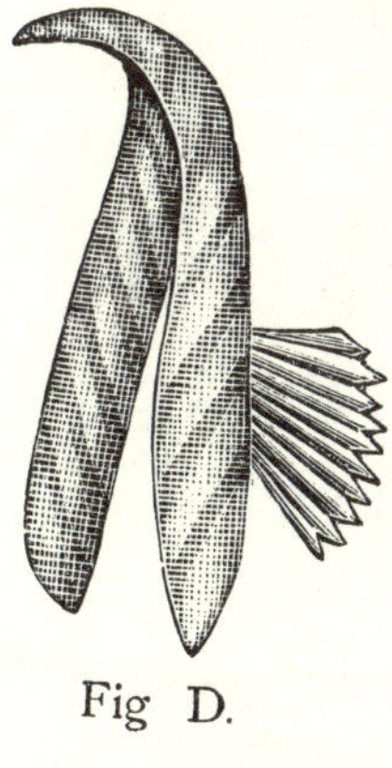

Fig D.

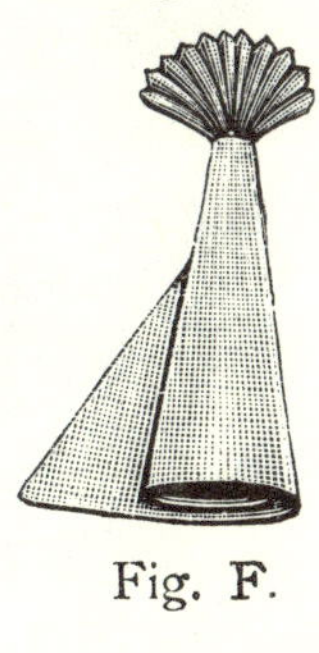

Fig. F.

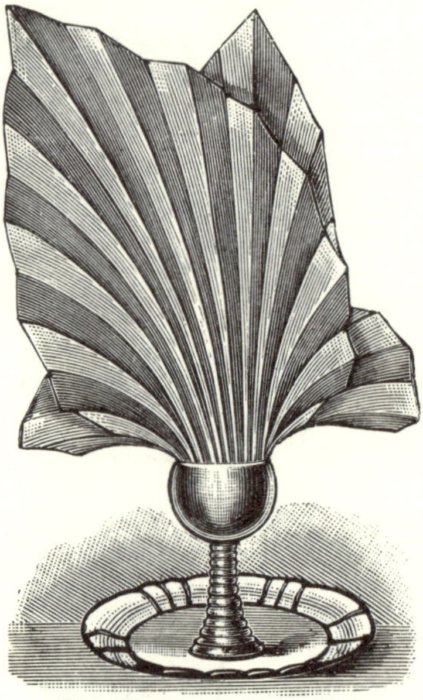

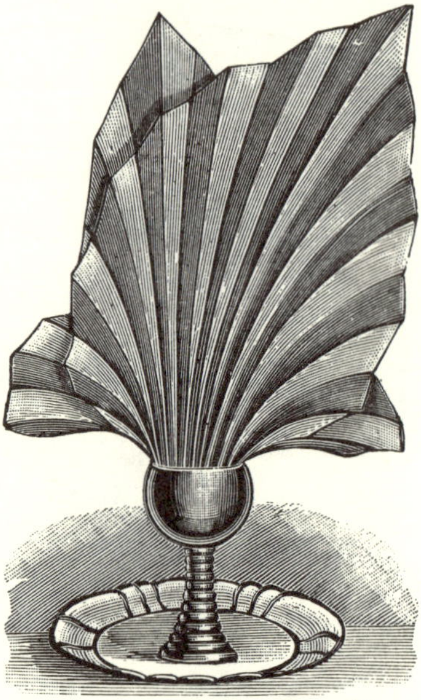

Fig. 12: **Palmenblatt,** links neigend. Gez. v. W. Dauer. Fig. 13: **Palmenblatt,** rechts neigend.

Fig. 12. u. 13. Die Palmen-Blätter machen sich an der Tafel sehr fein. Man lege eine Serviette unregelmässig über das Kreuz zusammen, wie Fig. *A* zeigt. Schlage das hintere Drittel einmal, bei grossen Servietten auch zweimal nach vorn zusammen, wie Fig. *B* zeigt. Lege die Lage in Falten, wovon zwei in die Spitzen auslaufen müssen. Stelle die Serviette in ein Glas. Seiten-Neigung darf stärker sein, als Hauptfigur zeigt.

Fig. 14. Man breite eine Serviette aus, stelle in die Mitte ein Wasserglas, mit der Öffnung nach unten. Bringe auf den Boden des Glases die 4 Ecken zusammen, wie Fig. *C* zeigt. Die neuentstandenen 4 Ecken bringe auch an derselben Stelle zusammen. Streiche die entstandenen Falten fest an das Glas glatt. Halte oben die Ecken noch fest auf den Boden. Drücke die unteren Spitzen usw. in die Glasöffnung. Lass oben los, biege die 8 Ecken auseinander und ziehe das Glas heraus. Die Figur ist so fertig.

Fig. 14: **Glocken-Blume.**
Komp. v. C. Krickmeyer †.

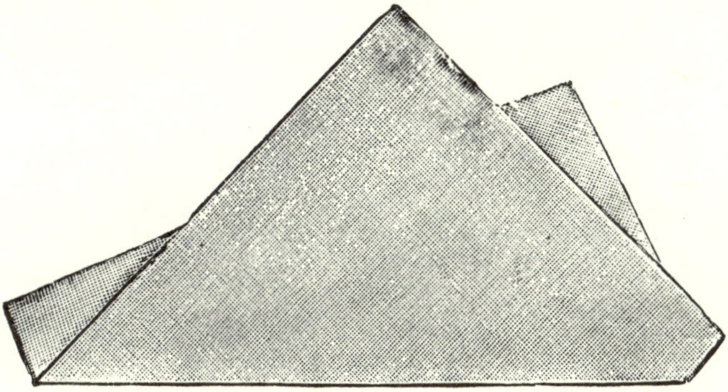

Fig. A.

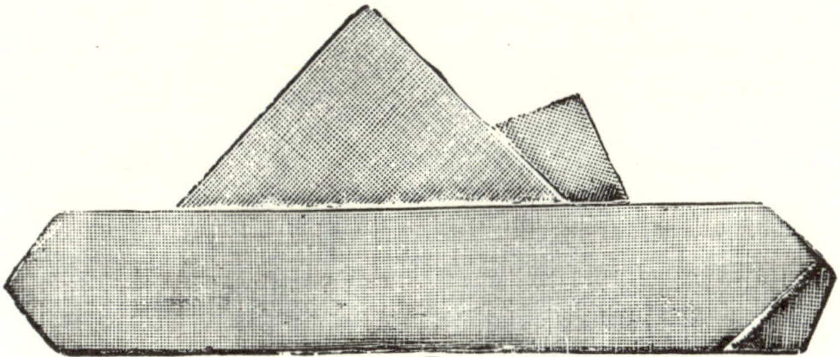

Fig. B.

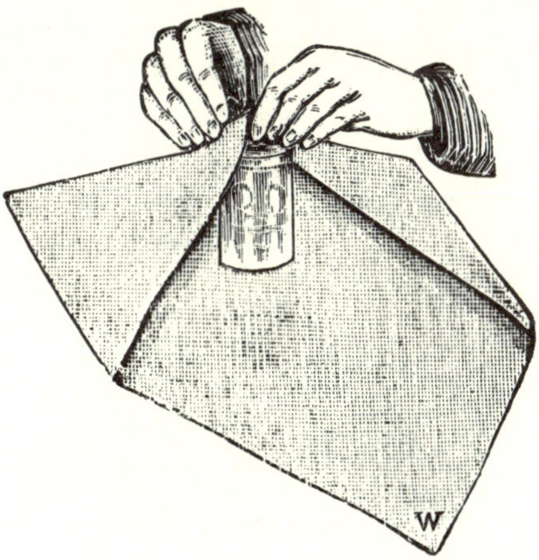

Fig. C.

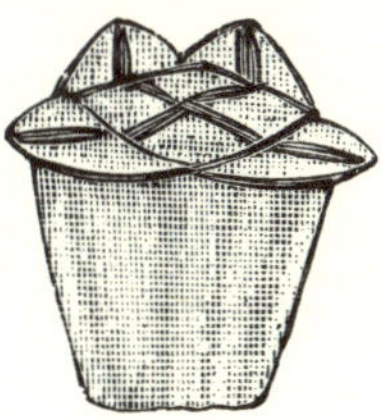

Fig. D

Fig. 15 Man schlage von einer ausgebreiteten Serviette die beiden vorderen Ecken nach der Mitte zu ein, **Tafel I,** Figur *A*, und dieselben Ecken wieder zurück, gibt Fig. *A* rechtsseitig. Schlage den kleineren unteren Teil nach oben über, wie Fig. *B* zeigt. Schlage nocheinmal den unteren Teil über, wie Fig. *C* zeigt. Brich Fächer-Falten quer durch, wovon die mittlere als Spitze auslaufen muss; stelle die Serviette in ein Glas.

Fig. 16. Wird gefaltet wie Fig. 15, wobei jedoch die zuerst angegebenen beiden Ecken nicht wieder zurückgeschlagen werden. Ersichtlich aus Fig. *D*, dann *E*, dann *F*. Die Streifen werden immer schmäler. Man mache fünf oder auch mehr Falten

Fig. 17. Man legt eine offene Serviette nach **Tafel II,** Fig. 2 zusammen und schlägt die vordere Längshälfte unten herum zurück, gibt Fig *G*. Dann schlägt man die einfachen Kanten wieder ein Stück nach oben, aus der Kanten-Seite in *H* ersichtl., und macht sechs grosse Falten. In diese Falten werden überall kleine Eckfältchen gebrochen, ersichtlichaus derselben Figur *H*. Unten, in der Mitte wird auch ein Eckfältchen gebrochen, wodurch man rechts und links die je drei Falten zum Stehen besser auseinander biegen kann. Das Weitere ist aus der Figur *H* ersichtlich.

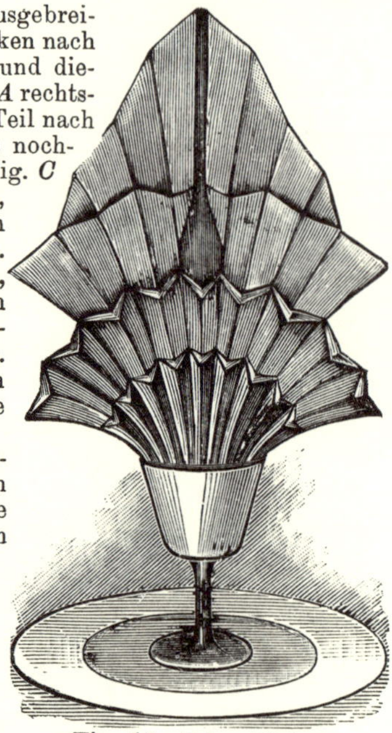

Fig. 15: **Ecken-Fächer.**
Komp. v. E. Schwindt.

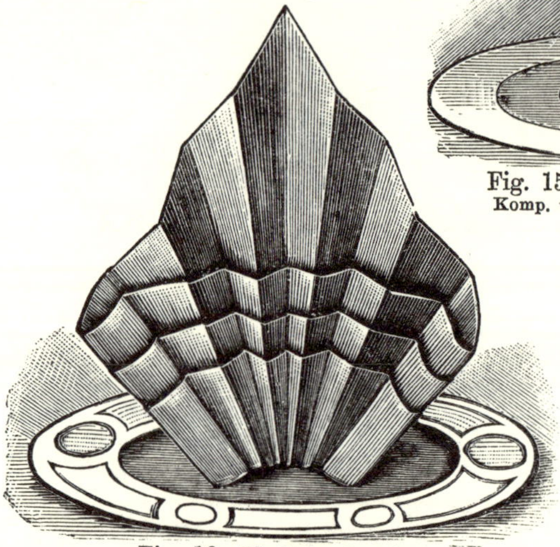

Fig. 16: **Fünfalten-Serviette.**
Komp. v. K. Feldmann.

Fig. 17: **Sternfächer.**
Komp. v. K. Hübener.

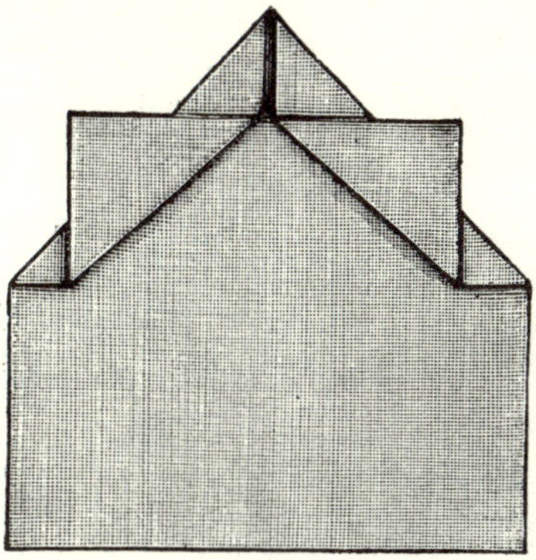

Fig. A.

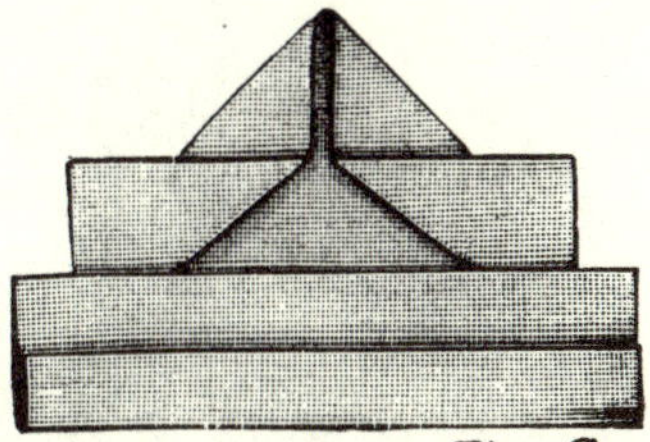

Fig. C.

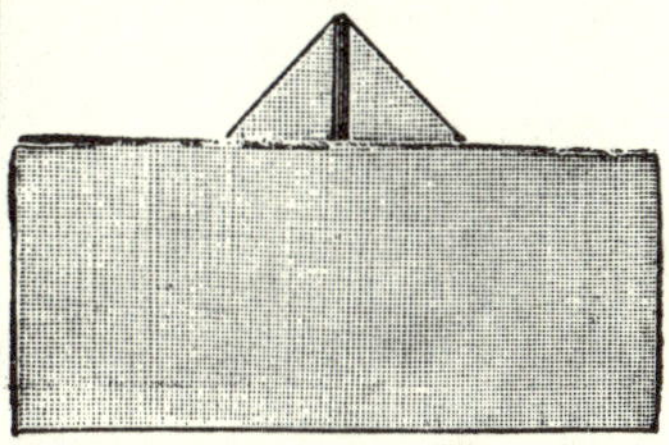

Fig. D.

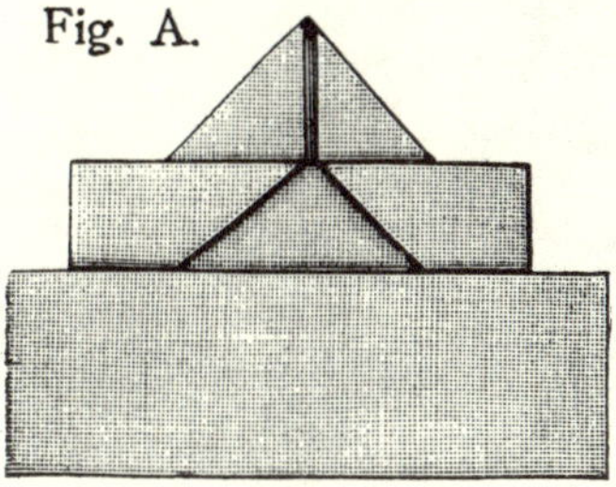

Fig. B.

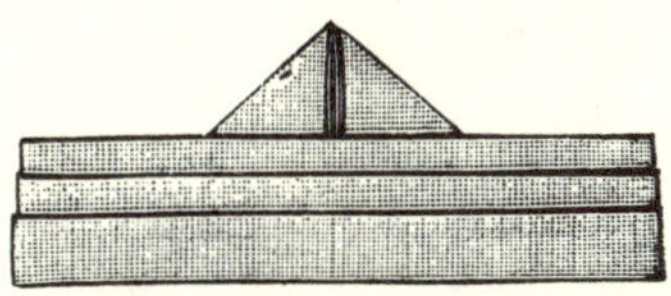

Fig. F.

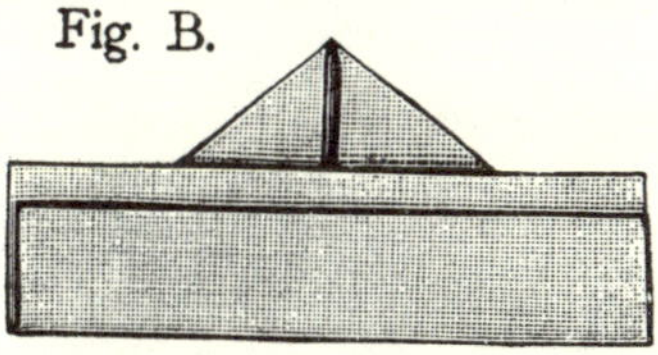

Fig. E.

Fig. G.

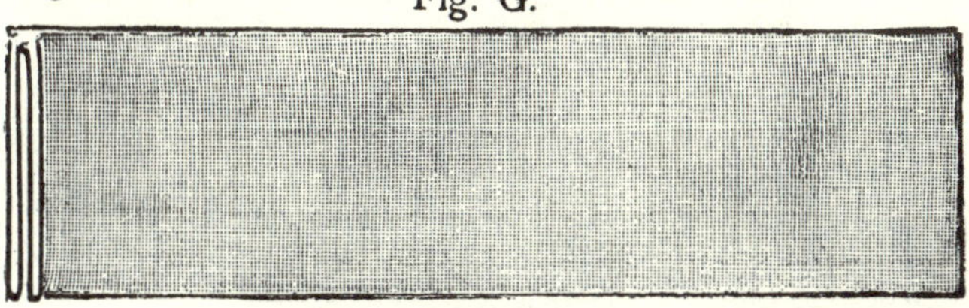

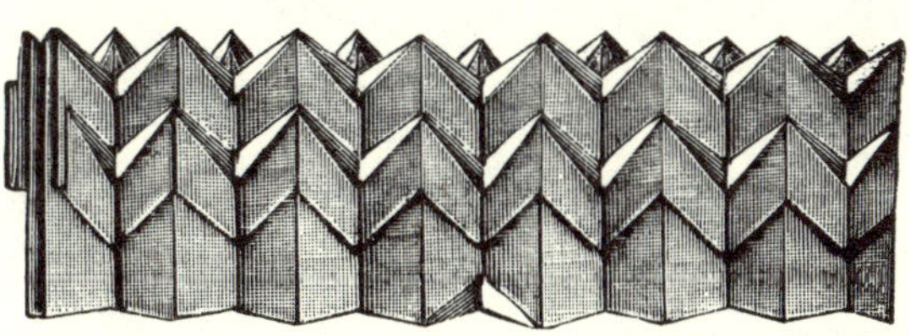

Fig. H.

Fig. 18: **Brautserviette.**
Komp. v. J. P. Roundé im Jahre 1868.

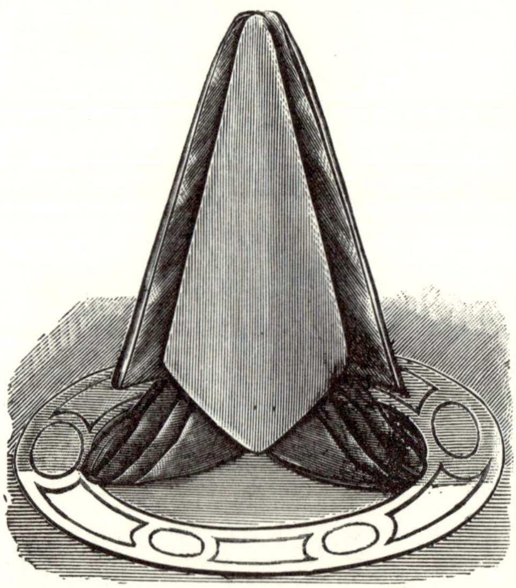

Fig. 19: **Mantel.**
Komp. v. L. Fritzsche.

Fig. 18. Man falte eine offene Serviette nach Fig. 2, **Tafel II.** Die dem Körper nächstliegende Längshälfte schlage man nach vorn über, jedoch nicht ganz; ein schmaler ca. 4 cm breiter Streifen muss von der unteren Lage sichtbar bleiben Von der neu entstandenen hinteren Längskante schlage man nur einen ganz schmalen Streifen nach vorn zu nochmals über. Alles ist ersichtlich aus der Kanten-Seite Fig. *A* rechts. Man schiebe die Lage in etwa zehn Falten. Fig. *B* zeigt die Seiten-Ansicht der zusammengeschobenen Serviette. In die Kanten *a* mache man kleine Eckfältchen nach rückwärts, in die Kanten *b* und *c* nach aufwärts. Man schliesse die fertige Lage zu einem Kreis, stelle die Serviette auf einen Teller und mache sie unten etwas breiter als oben.

Fig 19. Man nehme eine der Länge nach 4-fach zusammengelegte Serviette nach Fig. *C*. Schlage die rechte und linke Seite nach der Mitte zu ein, gibt Fig. *D*. Schlage die 2 vorderen Ecken nun zurück, gibt Fig. *E*. Wende die Lage, gibt Fig. *F*. Lege einen Finger auf die Ecke *f* und ziehe die Ecke *g* auf *i*. Glätte die entstandene Falten-Kante Ziehe auch die Ecke *h* auf *i* und glätte die Falte, gibt Figur *G* Schlage die eine Hälfte über die andere, gibt Figur *H*. Breite die unteren Spitzen bis zur punktierten Linie als Füsse aus und stelle die Serviette auf einen Teller. Die beiden Mantel-Flügel werden sich dann von selbst aufthun.

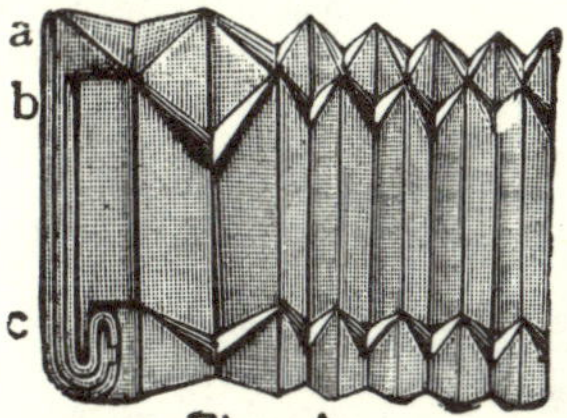

Fig. A.

Fig. B.

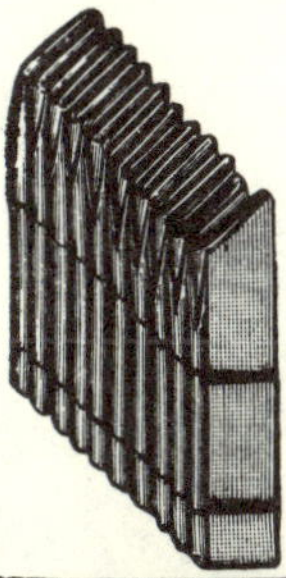

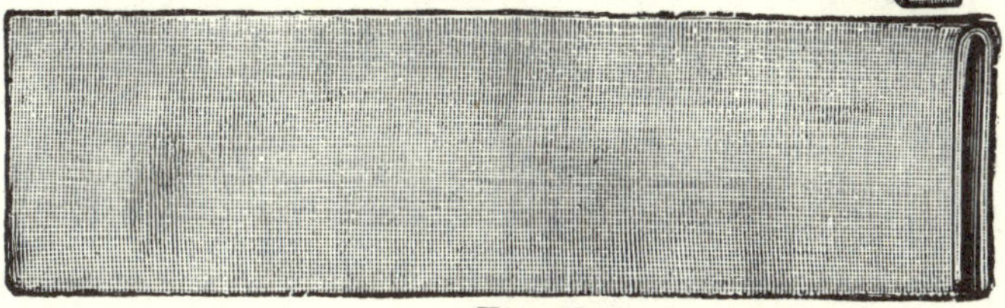

Fig. C.

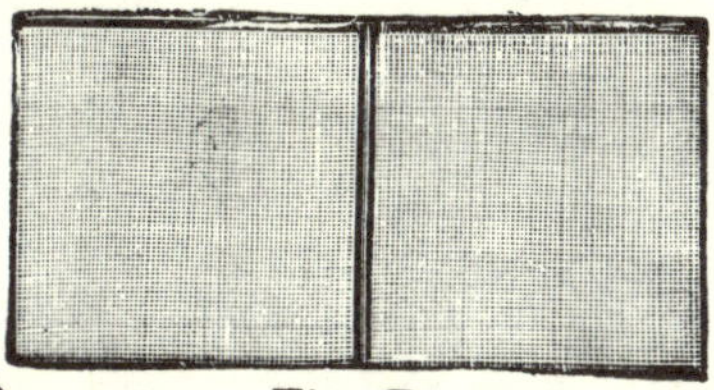

Fig. D.

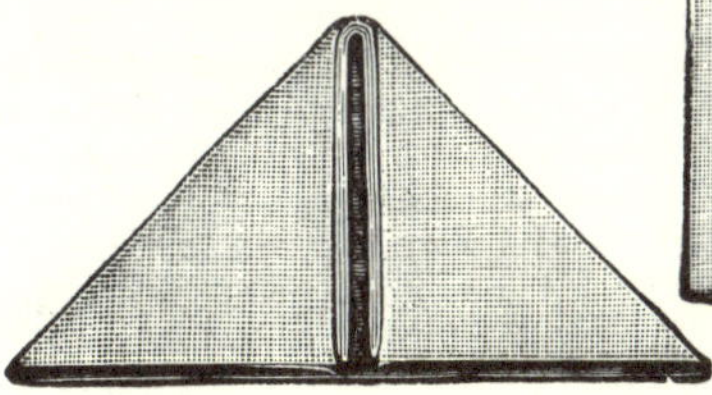

Fig. E.

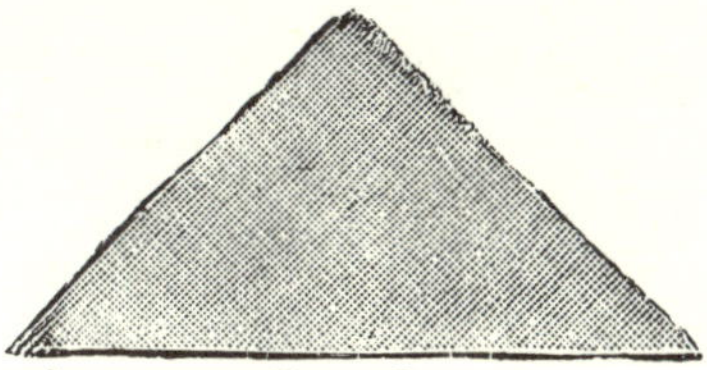

Fig. F.

i

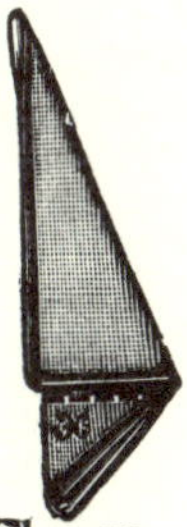

Fig. H

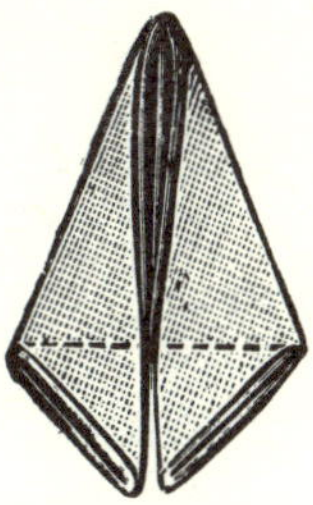

Fig. G.

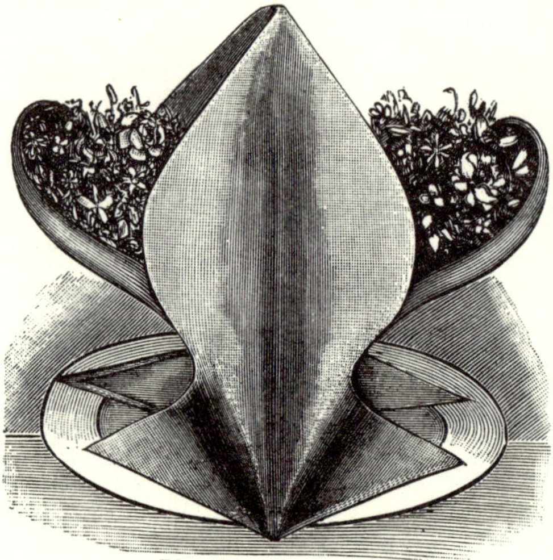

Fig. 20: **Blumenkorb.**
Komp. v. L. Fritzsche.

Fig. 20. Man breche nach **Tafel IV** bis *F*, gibt die Figur *A* rechts. Ziehe die obenaufliegende Ecke *a* zurück auf *b*, gibt Fig. *B*. Desgleichen die linke obenaufliegende Ecke. Wende und verfahre mit den Ecken rechts und links desgleichen, gibt Fig *C*. Biege d. unteren Spitzen bis zur punkt. Linie zu Füssen um. Stelle die Serviette auf einen Teller. In der oberen Spitze, welche stehen bleibt, sind rechts und links je eine Zunge: Biege sie heraus und rolle sie ein wenig einwärts, wodurch sie die Form in der Hauptfigur erhalten. Schiebe die Füsse bis an d. inneren Tellerrand auseinander.

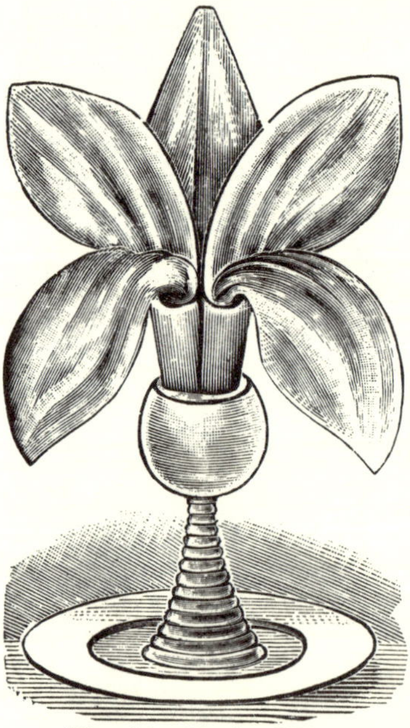

Fig. 21: **Deuzia-Blüte.**
Komp. v. L. Fritzsche.

Fig. 21. Man breche nach **Tafel IV** wie vorher. Schlage von Figur *A*, rechts, das ganze obenaufliegende Dreieck zurück: Das untere bleibt liegen, gibt Fig. *D*. Schlage die rechte Ecke bis zur Mitte nach links, gibt Fig. *E*. Schlage nun die linke Ecke ein und wende. Schlage auch hier das Dreieck zurück und die Ecken rechts und links nach der Mitte ein, wie vorher, gibt Fig. *F* Schlage den unteren Teil bis zur punktierten Linie *r* (nicht *s*) nach oben (das ist gerade die Hälfte) sodass Spitze auf Spitze liegt. Gibt Fig. *G*. Schlage die beiden Seiten-Flügel bis zur punktierten Linie nach der Mitte zu ein. Wende. Schlage die untere Hälfte *f* wieder nach oben und die Seiten-Flügel ein wie vorher, gibt Fig. *H* Klappe nun die obere Lage nach oben und die untere nach unten zusammen und lege die Lage auf die Seite, gibt Fig. *I*. Nimm die Lage nun fest in die linke Hand, Fig. *K*; die mittlere Spitze bleibt stehen. Von den beiden anderen wird an jeder Seite eine fest nach oben und eine nach unten gezogen Die Serviette wird dann in ein Glas gestellt

NB. Bei den nach oben und unten Auseinanderziehen der Spitzen muss die Lage in der linken Hand recht fest gehalten werden, sodass man mit der rechten Hand beim Ziehen etwas Gewalt gebrauchen muss.

Fig. A.

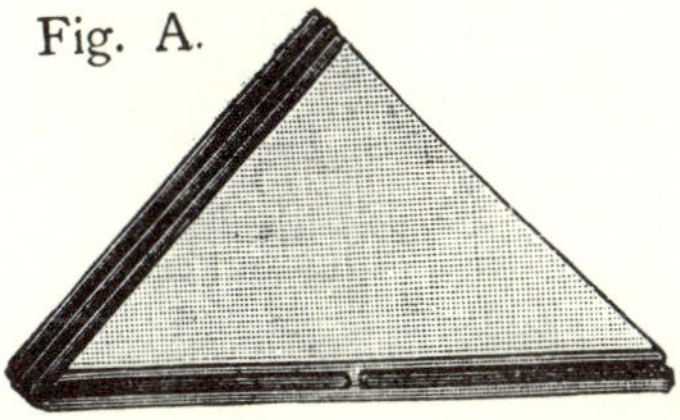

Fig. D.

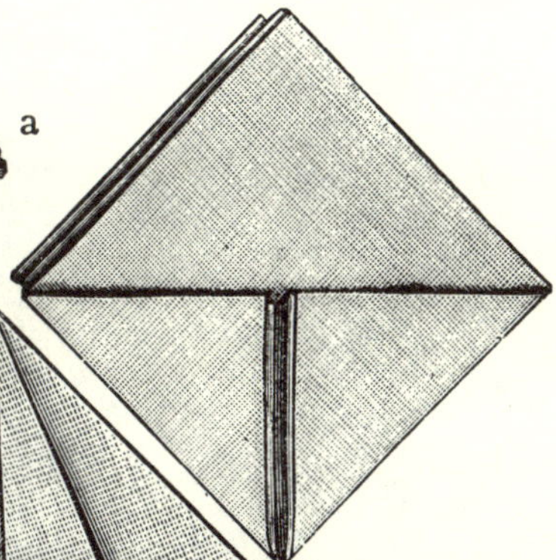

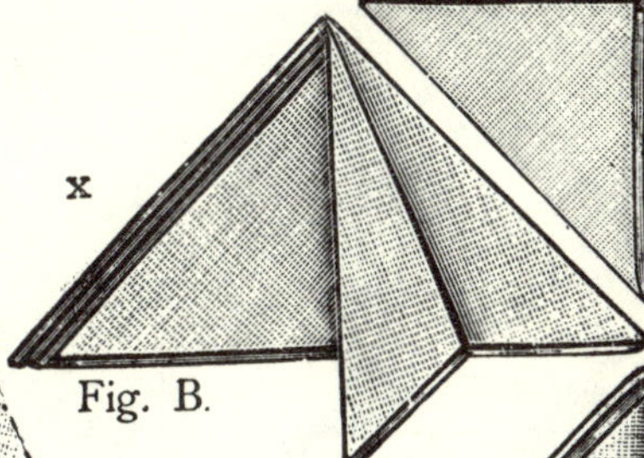

Fig. B.

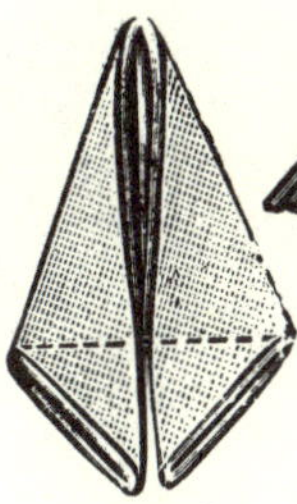

Fig. C.

Fig. E.

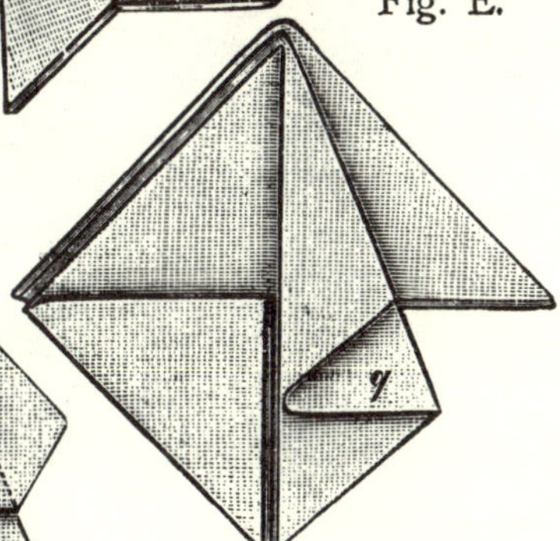

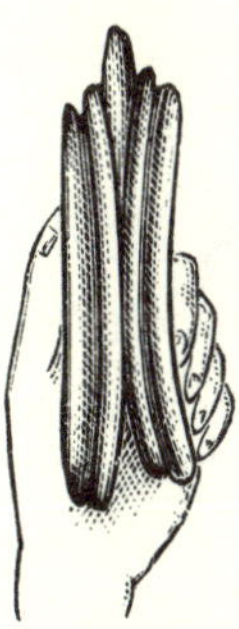

Fig. K.

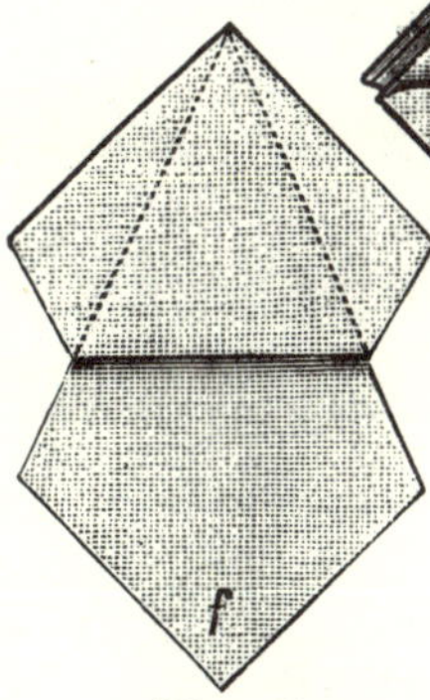

Fig G.

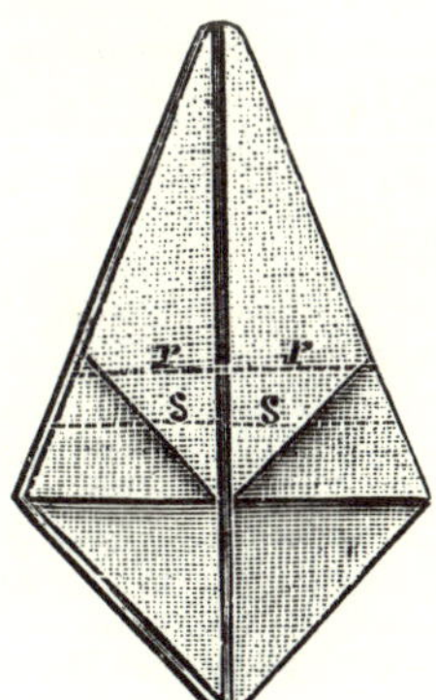

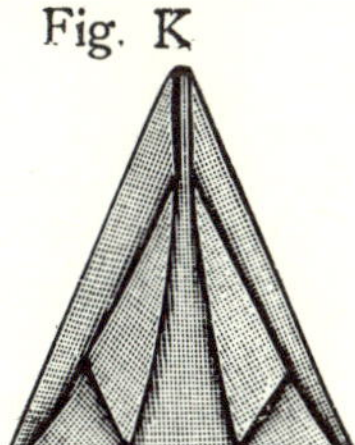

Fig. H.

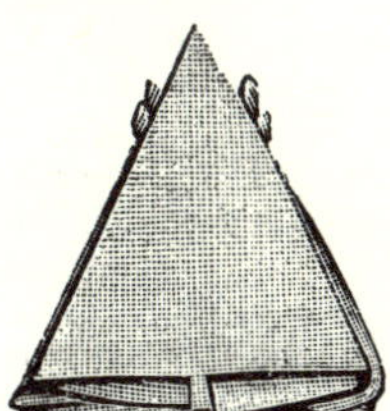

Fig. I.

Fig. F.

Fig. 22:
Eiffelturm.
Komp. v.
L. Fritzsche.

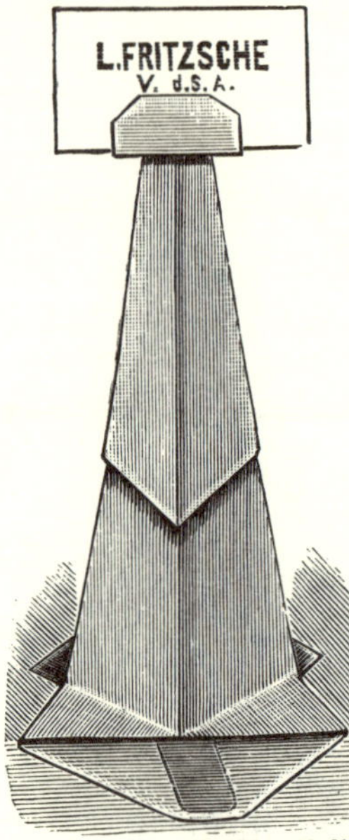

Fig. 23: **Belegkarten-Halter.**
Komp. v. L. Fritzsche.

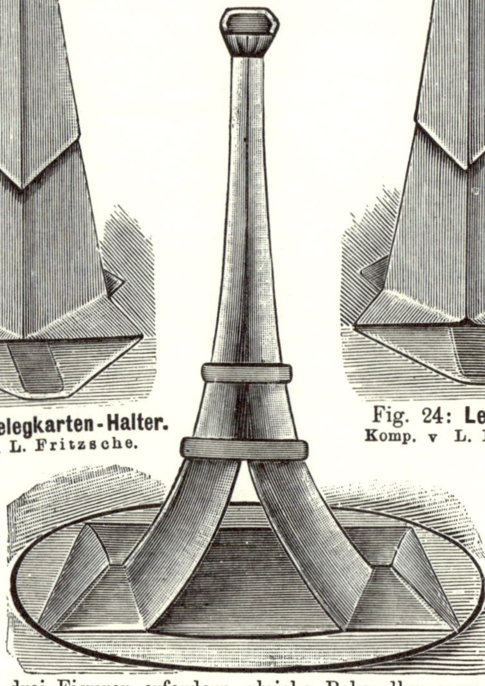

Fig. 24: **Leuchtturm.**
Komp. v L. Fritzsche.

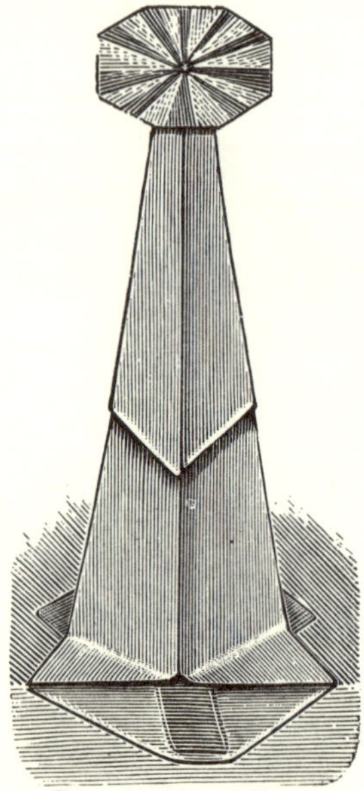

Alle drei Figuren erfordern gleiche Behandlungsweise.

Man breche nach **Tafel IV** bis auf *F*, gibt Fig. *A* rechtsseitig. Brich an der oberen Spitze ein kleines Viereck hinein, indem die obere Spitze etwas zurück (aufwärts) gezogen wird, wie Fig. *B* zeigt, gibt Fig *C*. Ziehe das Dreieck *y* zurück, gibt Fig. *D*. Schlage die rechte Hälfte 2-mal nach der Mitte zu ein, gibt Fig. *E*. Verfahre desgleichen mit dem linken obenaufliegenden Teile. Wende Ziehe das Dreieck zurück und verfahre desgleichen mit dem Einschlagen der Seiten-Teile, wie vorher aus Fig *E* ersichtlich, gibt die Figuren *F*, *G* und *H*. Die Hauptsache liegt in dem vorherigen Einbrechen des Vierecks. Das Licht des Leuchtturmes wird durch eine rote oder blaue Blume markiert.

Um die beiden Galerien im Eiffelturm herauszubringen, schlage man gleich im Anfang an der oberen Längskante der doppelt zusammengelegten Serviette einen schmalen Streifen, wie Abriss, Fig. *I*, andeutet ein und kümmere sich nicht weiter darum, als dass er mit eingebrochen wird und regelrecht liegen bleibt. Ist die Form bis zu Figur *F* fertig, so schlage man die beiden Käntchen, welche stets sichtbar sein werden, noch etwas um, um die Galerie- (Plateau-) Form zu erreichen. Um Irrtum zu vermeiden, wiederholt sich dieses Bändchen in den Hilfszeichnungen nicht, da es bei den anderen Figuren nicht nötig ist.

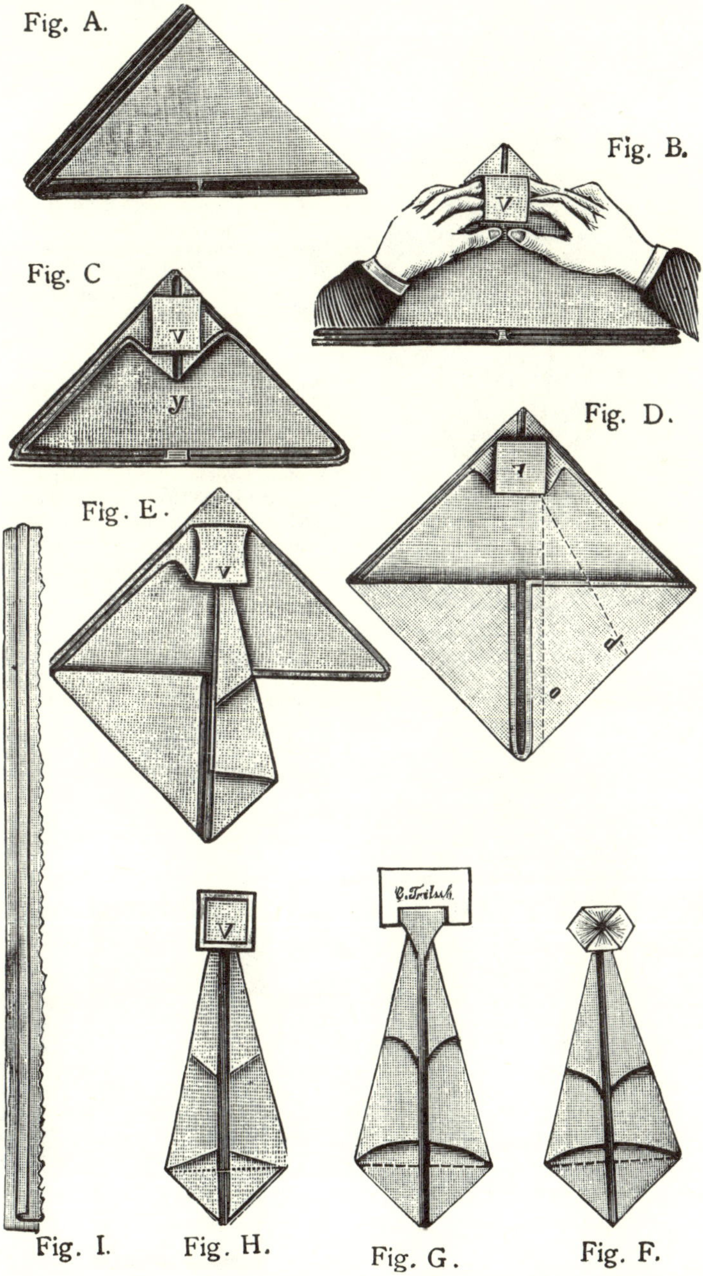
Fig. A.
Fig. B.
v
Fig. C
v
y
Fig. D.
d
o
Fig. E.
v
v
Fig. I.
Fig. H.
Fig. G.
Fig. F.

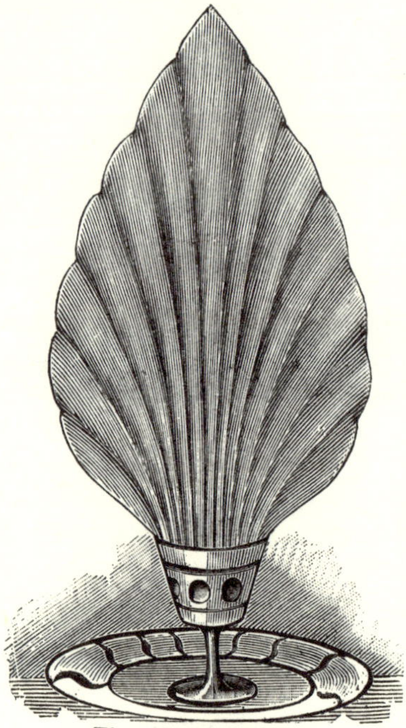

Fig. 25: **Blattfächer.**
Komp. v. L. Fritzsche.

Fig. 25. Die Serviette muss steif und darf nicht zu gross sein; andernfalls schlage man zuerst die vier Ecken einer ausgebreiteten Serviette nach der Mitte ein. Eine offene Serviette wird zu einem Dreieck einmal überschlagen, gibt Fig. *A*. Diese Lage wird in lange Falten gelegt, wie Fig. *B* zeigt.

Fig. 26. Man lege eine doppelt zusammengelegte Serviette der Länge nach vor sich und schlage die vorderen beiden Ecken länglich übereinander, wie Figur *C* zeigt. Schlage das spitze Dreieck *a* nach unten ein, desgleichen die kleinen rechtwinkligen Dreiecke *b* und *b*. Wende, gibt Figur *D*. Verkürze die Lage durch Einschlagen einer Falte in der Mitte um so viel, als Fig. *E* in der Mitte kürzer ist. Wende wieder und schlage das rechtwinklige Dreieck (die Winkel) nach vorn über zwischen die Zirkel-Schenkel. Die vordere Spitze, der Zirkelgriff, wird hoch gestellt.

Fig 27. Brich nach **Tafel III.** Schlage von einer offenen Serviette die vier Ecken zweimal hintereinander ein, gibt Fig. *C*. Wende, gibt Figur *D*. Schlage die Ecken wieder ein, gibt Figur *G*. Wende nochmals und schlage die Ecken wieder ein, gibt Figur *L*. Wende, gibt Figur *K*. Breite die oberen Ecken auseinander, wie die Figur *N* zeigt.

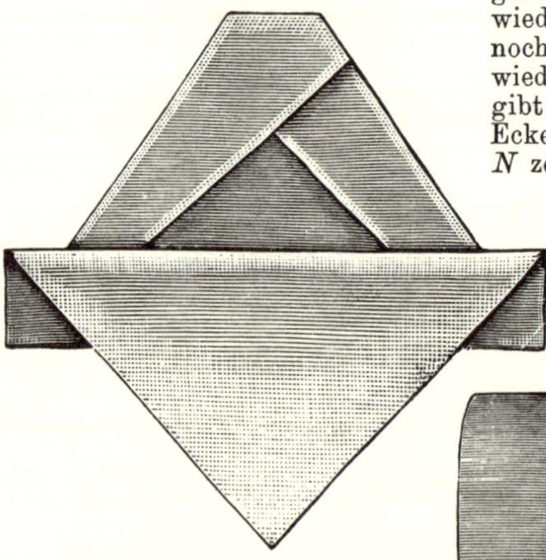

Fig. 26: **Freimaurer-Emblem,**
Zirkel und Winkel.
Komp. v. K. Feldmann.

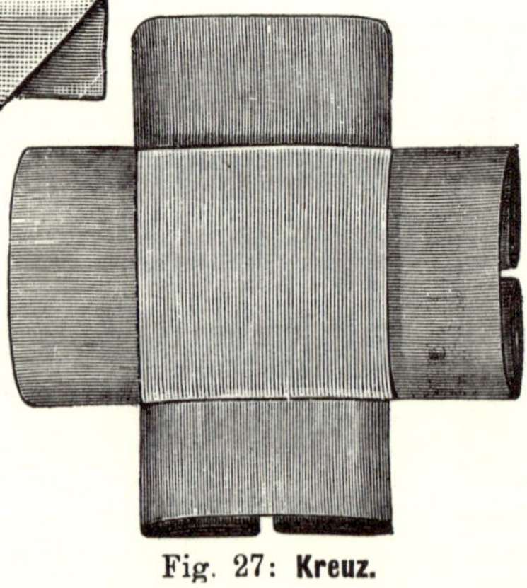

Fig. 27: **Kreuz.**

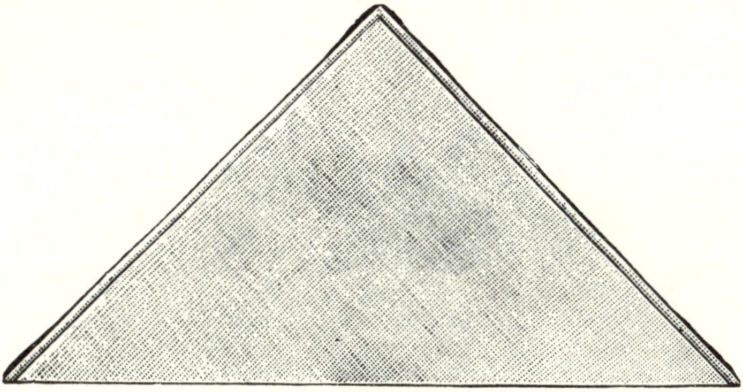

Fig. A.

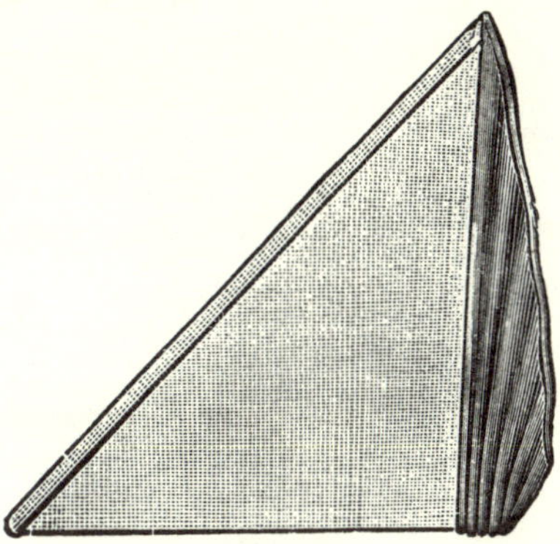

Fig. B.

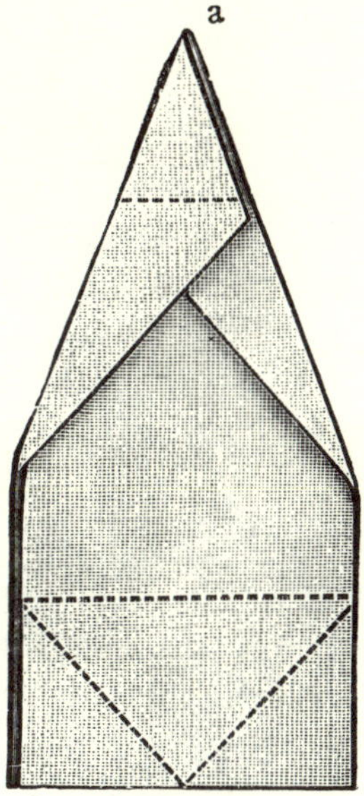

Fig. C

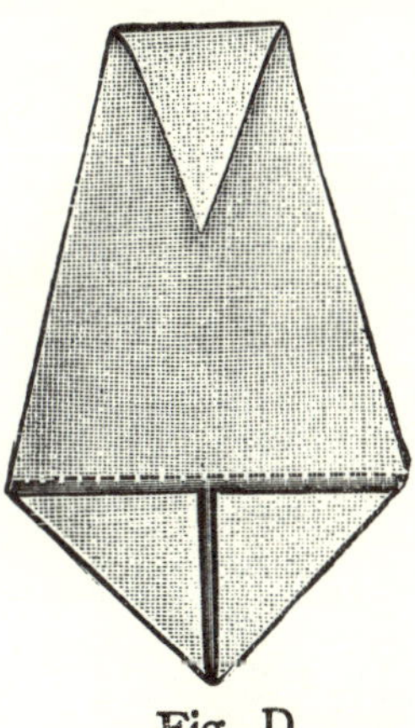

Fig. D.

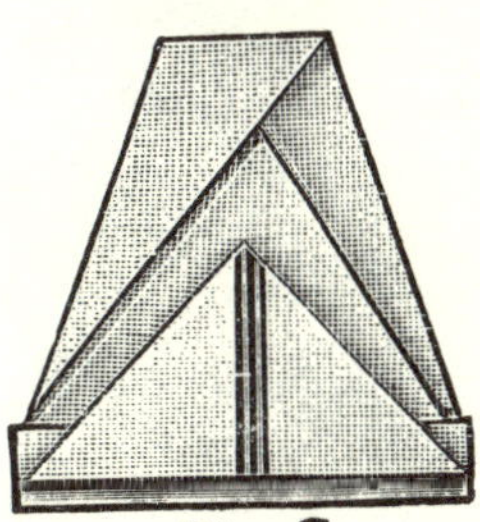

Fig. E.

Fig. 28: **Kapuziner-Blüte.**
Komp. v. C. Hübener.

Fig. 28. Überschlage eine offene Serviette über Kreuz zu einem grossen Dreieck, Fig. *A*. Ziehe die Ecken *b b* zwischen den Kanten (Säumen) nach *a* ein, gibt Fig. *B*. Stülpe die Ecke *e* nach vorn zu einem grösseren Viereck nach *a* zu über, wie in Fig. *B* der Figuren 22—24 gezeigt, gibt Fig. *F*. Das Viereck kann man nach Belieben grösser oder kleiner machen. Lege dann die Hälfte des Vierecks wieder zurück, gibt Fig. *G*. Schlage die oberen Ecken rechts und links nach der Mitte ein. Wende nun und schlage auch diese beiden Ecken rechts und links ein, gibt Fig *H*. Setze die Serviette in ein Glas und ziehe die vier Spitzen kreuzweise fest auseinander.

Fig. 29. Brich wie vorher bis Fig. *B*. Schlage die Ecke *c* auf Punkt *a*, gibt Fig. *C*, und *e* wieder zurück auf die Kante, gibt Fig. *D*. Lege die Lage in fünf Falten, mit *i* . . . *k* beginnend, gibt Fig *E*. Setze die Serviette in ein Glas und biege die Spitzen *l* leicht auseinander, in der Mitte aushöhlend.

Fig. 30. Man formiere genau nach **Tafel III,** wie umseitig bei Fig. 27. Wende, so ist das Doppelkreuz fertig.

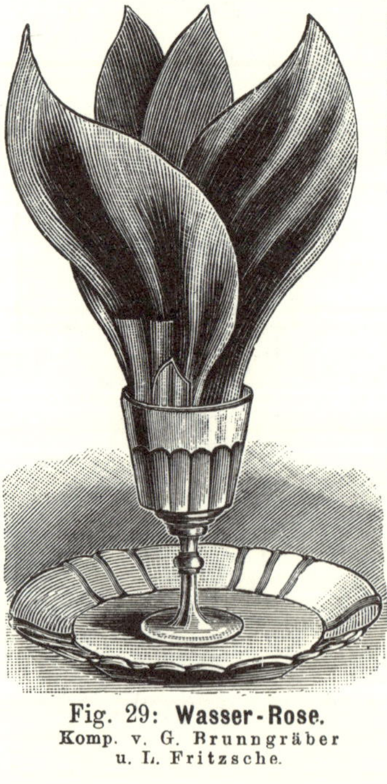

Fig. 29: **Wasser-Rose.**
Komp. v. G. Brunngräber u. L. Fritzsche.

Fig. 30: **Doppelkreuz.**

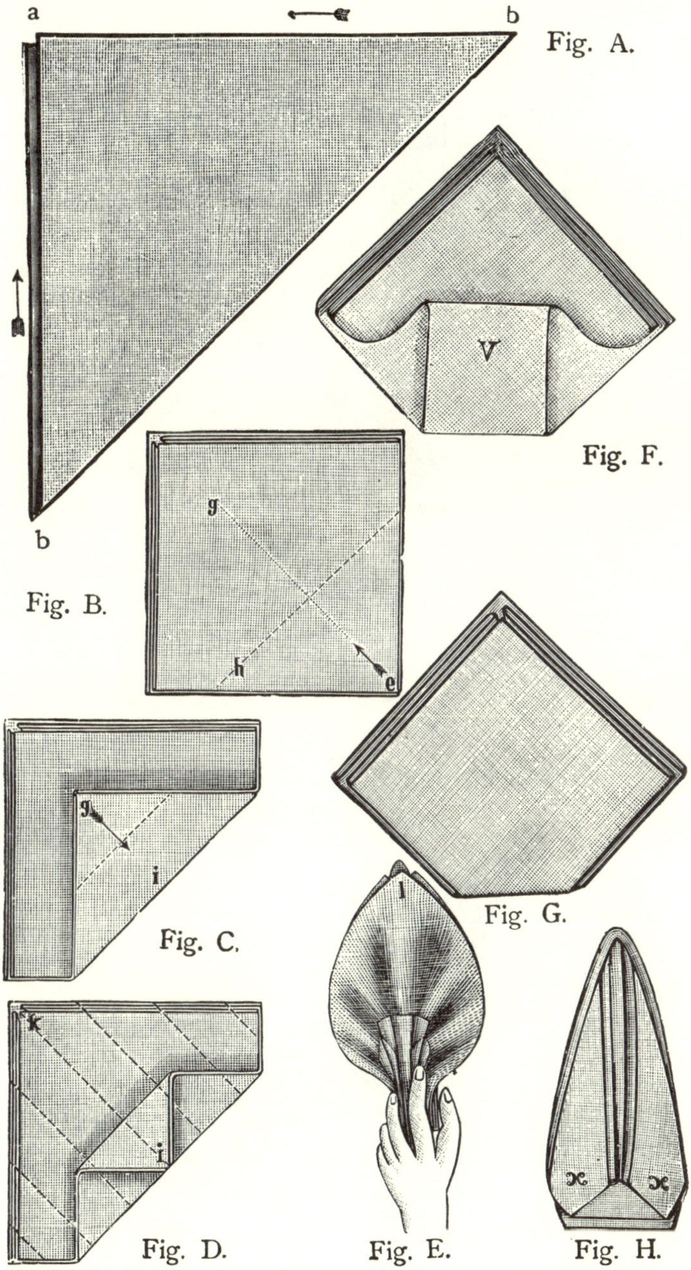

Fig. A.

Fig. B.

Fig. C.

Fig. D.

Fig. E.

Fig. F.

Fig. G.

Fig. H.

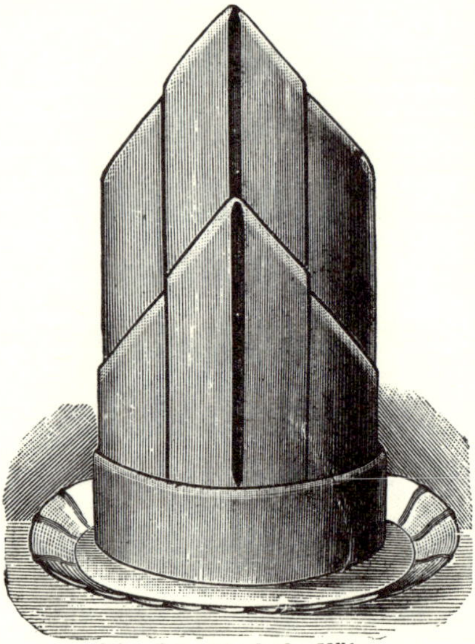

Fig. 31: **Bischofs-Mütze.**

Fig. 31. Man lege eine doppelt zusammengelegte Serviette der Länge nach vor sich und schlage an der vorderen Kante nach unten und an der hinteren Kante nach oben, wie aus Fig. *A* ersichtlich, zweimal um. Sodann schlage man die vorderen beiden Ecken ein, Fig. *A*. Schlage nun den hinteren Teil nach vorn über und beide Ecken wieder ein, wie Fig. *B* zeigt. Nun schlage abermals die dem Körper zunächst liegende Kante einmal um, schliesse die Seiten rechts und links unten zusammen, wie Fig. *C* zeigt, wobei man wenden kann, und stelle die Mütze auf.

Fig. 32. Man nehme eine der Länge nach vierfach zusammengelegte Serviette quer vor sich, Fig. *D*. Lege eine Finger-Spitze auf die Mitte der vorderen Kante bei *a*. Ziehe die vorderen Ecken rechts u. links zurück nach dem Körper zu, gibt Fig. *E*. Rolle die Enden *b b* nach vorn zusammen, so weit als Fig. *F* zeigt. Schlage die rechte Ecke samt Rolle nach der vorderen Spitze, gibt Fig. *G* desgleichen die linke Ecke. Wende. Hebe die Spitze zur Zeltform hoch und stütze innen durch Einlegen eines Brötchens, oder biege die Seiten-Flächen nach innen, sonst steht das Zelt nicht.

Fig. 32: **Zelt.**
Komp. v. L. Fritzsche.

Fig. A.

a

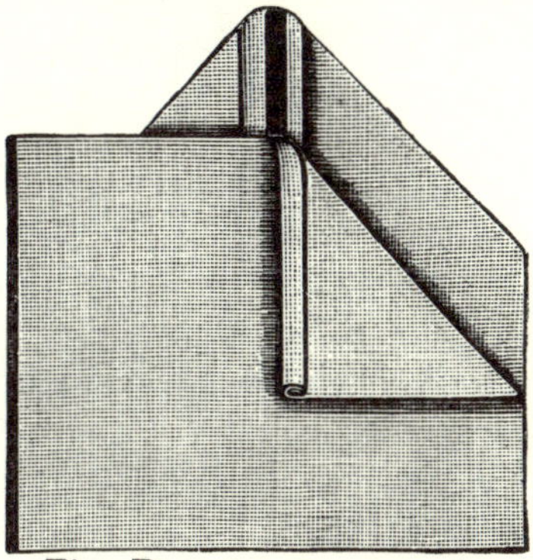

Fig. B.

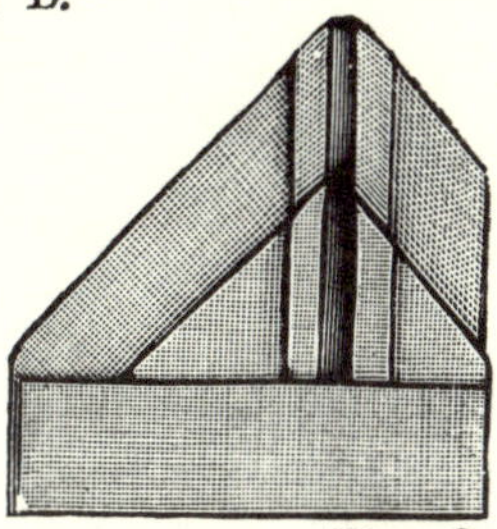

Fig. C.

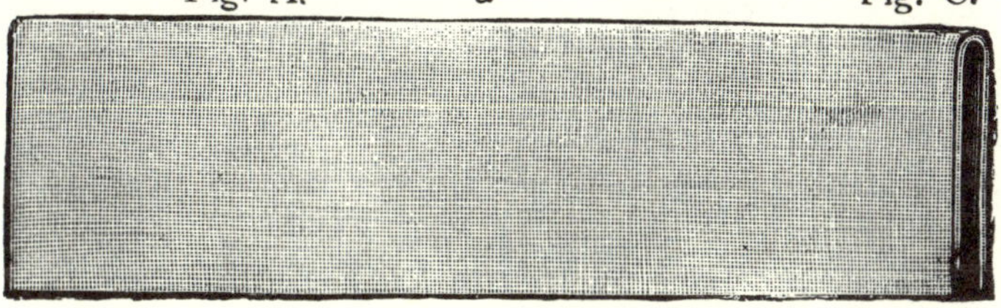

Fig. D.

Fig. H.

Fig. G.

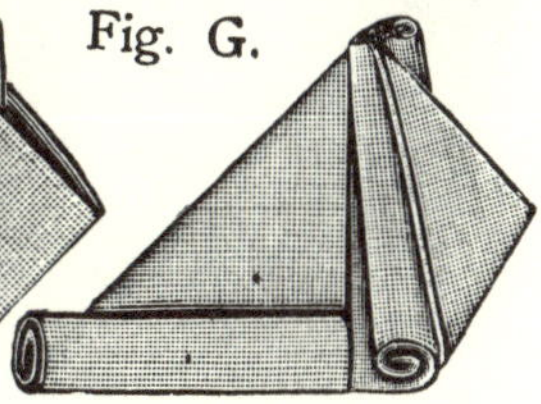

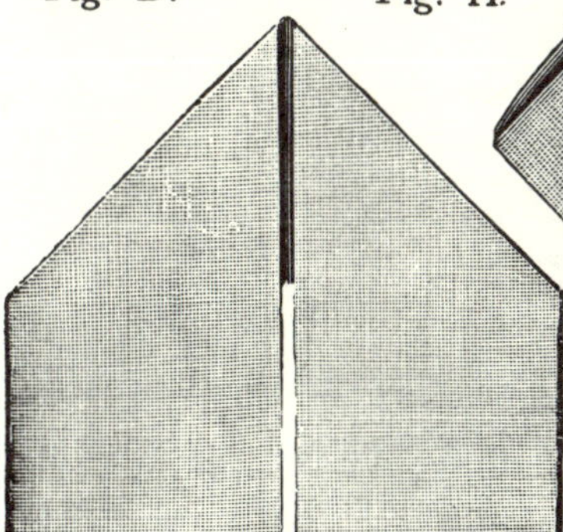

d

Fig. E.

b

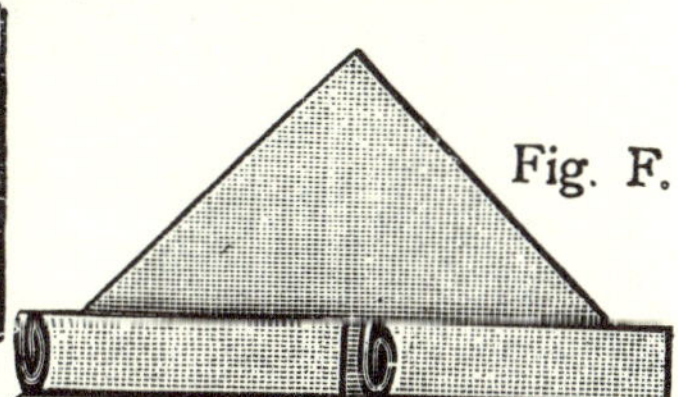

Fig. F.

Fig. 34. **Prinz of Wales Feather.**
Komp. v. L. Fritzsche.

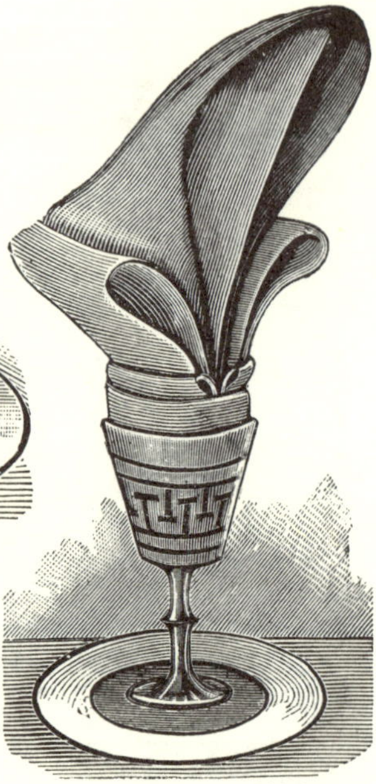

Fig 33: **Prinz of Wales Feather.**
Aus dem Englischen.
Gez. v. P. Köhler.

Fig. 33. Man legt eine offene Serviette einmal zu einem grossen Dreieck, Fig *A*, zusammen und schlägt die beiden Ecken *a a* auf die vordere Ecke, gibt Fig. *B*. Führe dieselben Ecken zurück auf *b* und lass die unteren liegen, gibt Fig. *C*. Schlage nun die liegengebliebenen Ecken unten herum u n t e r *b*, gibt Fig. *D* (etwas im Kreise gedreht). Schlage nun die Kante *d d* einige Centimeter nach vorn über, aus Fig. *E* ersichtlich. Wende. Rolle die Ecken nach der Mitte zusammen und stelle die Figur auf. Es werden nun die beiden oberen Spitzen herabgebogen und leicht in das Band befestigt, wie die der Deutlichkeit halber etwas vergrösserte Figur *F* veranschaulicht.

Fig. 34. Rolle die Figur 33 recht fest zusammen und stelle sie in ein Glas. Die Figur sieht dann eher wie die Prinz-Wales-Feder aus welche eine dreispaltige Straussfeder ist.

Fig. 35. Nimm eine vierfach im Quadrat zusammengelegte Serviette, Fig *H*. Schlage die Ecke *e* auf *f*, gibt Fig *G*. Schliesse die Ecken hinten ineinander, wie Fig. *I* zeigt. Stelle die Mütze auf und biege die Spitzen leicht herab.

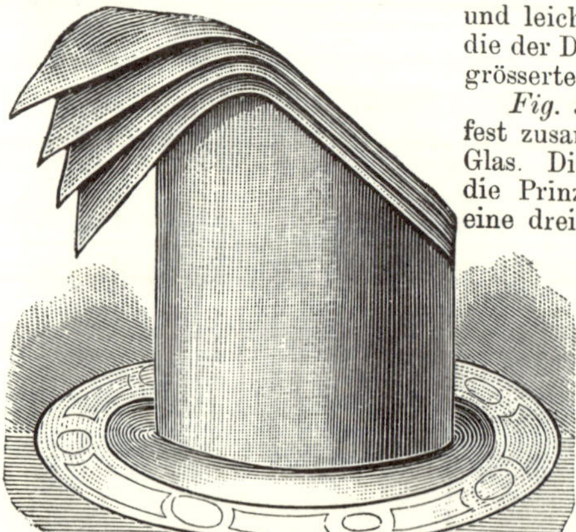

Fig. 35: **Sächsische Schützen-Mütze.**
Komp. v. L. Fritzsche.

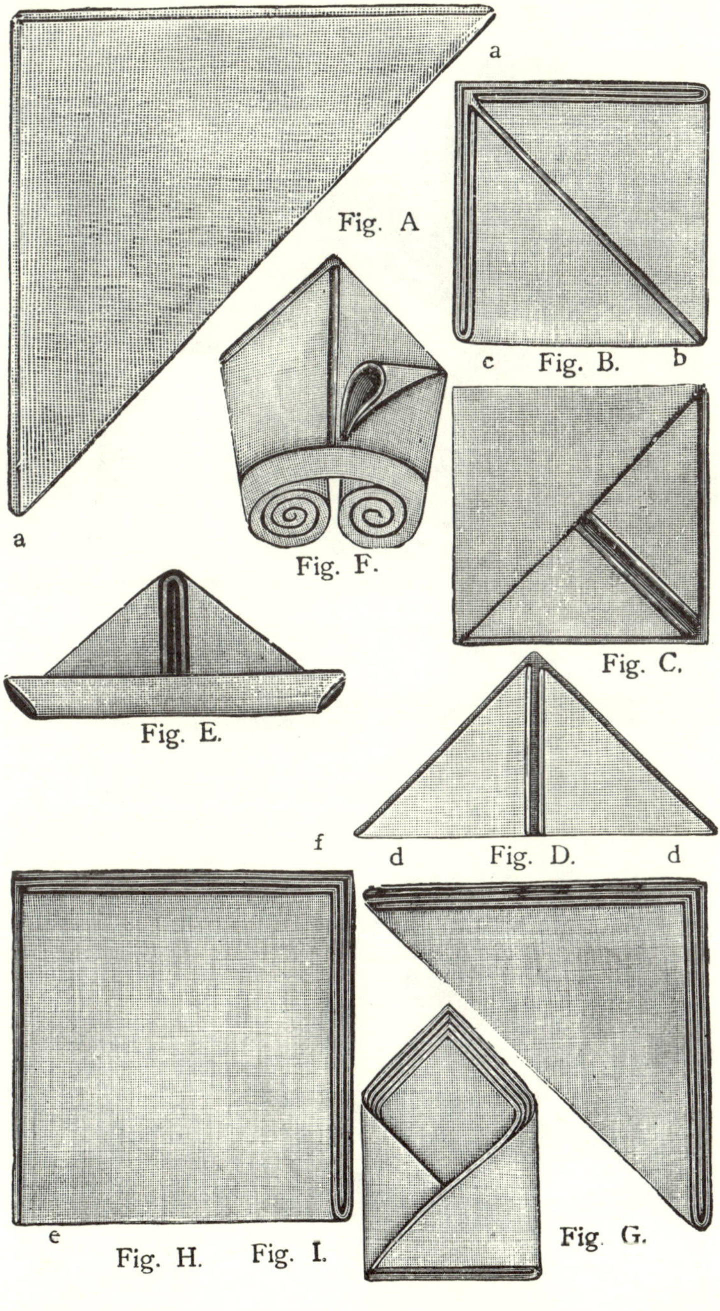

Fig. A

Fig. B.

Fig. C.

Fig. D.

Fig. E.

Fig. F.

Fig. G.

Fig. H.

Fig. I.

Fig. 36: **Rose mit Blättern und Stil.**
Komp. v. L. Fritzsche.

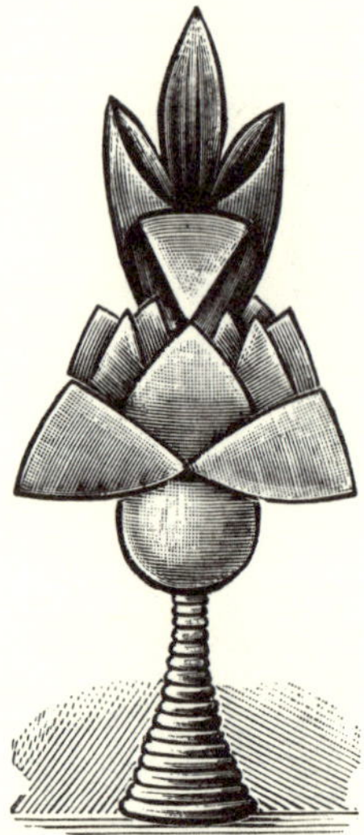

Fig. 37: **Moosröschen.**
Komp. v. L. Fritzsche.

Fig. 36—38. Das Formieren aller drei Fig. ist fast gleich. Lege die vier Ecken einer offenen Serviette zweimal hintereinander in die Mitte, gibt Fig. *A*, dann *B*. Nun ziehe die zuerst eingeschlagenen, also die innen und unten liegenden vier Ecken behutsam einzeln wieder durch die änsseren Ecken hinaus. Die liegenbleibenden Ecken müssen durch Daraufdrücken recht fest gehalten werden. Zwei gegenüberliegende Ecken müssen etwas länger sein, als die anderen. Letztere geben die Seiten-Blätter, erstere Mittelblatt und Stil. In die Blätter werden kleine Eckfältchen wie beim Monogramm gebrochen, welche die feinen Spitzen der Rosen-Blätter darstellen. Schlage nun die Ecken mit den Spitzen nach der Mitte, gibt Fig. *D*. Wende, gibt Fig. *E*. Schlage die Ecken nochmals ein, gibt Fig. *F*. Stülpe nun die zunächst untenliegenden vier Ecken nach oben, wie Fig. *K* grösser zeigt; dann hole die nächsten vier leicht hervor und schliesslich die dritten vier Ecken, welche unter den ersten vier liegen, und stülpe sie nach oben. Drücke die in der Mitte liegenden Ecken unten durch in die linke Hand und schliesse die

(Fortsetzung rechts.)

Fig. 38: **Rose.**
Komp. v. L. Fritzsche.

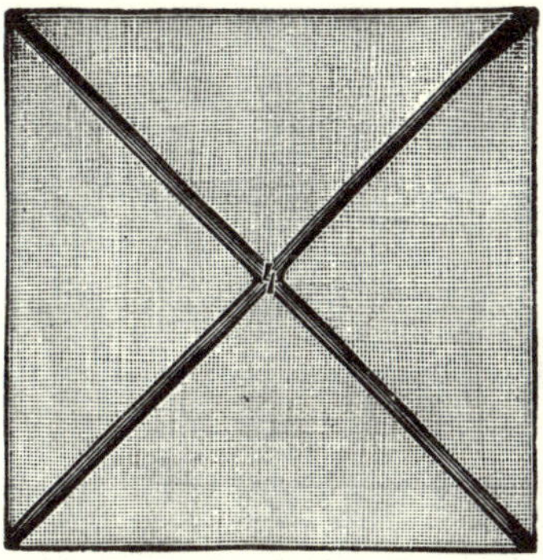

Fig. A.

Fig. B.

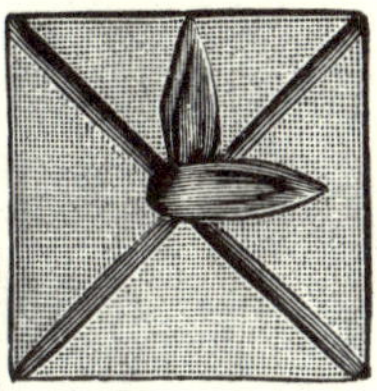

Fig. D.

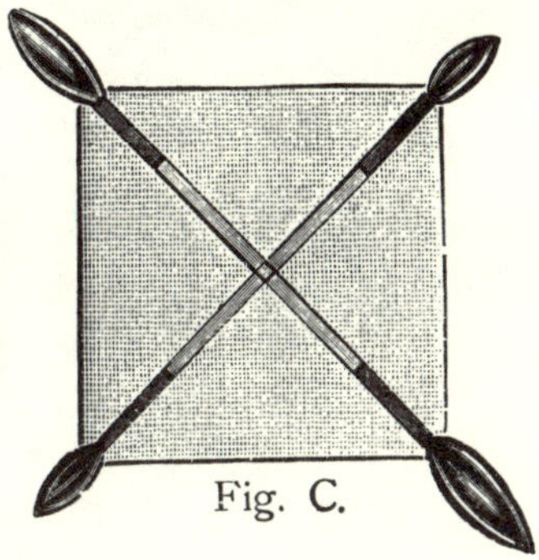

Fig. C.

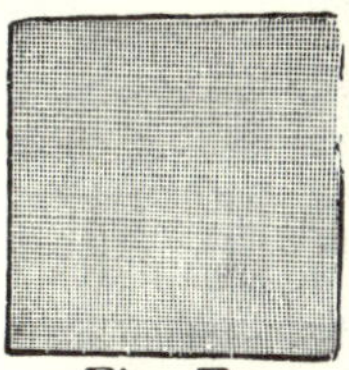

Fig. E.

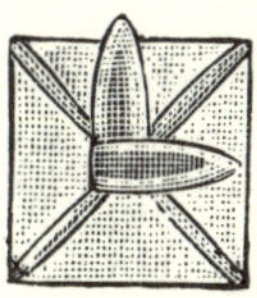

Fig. G.

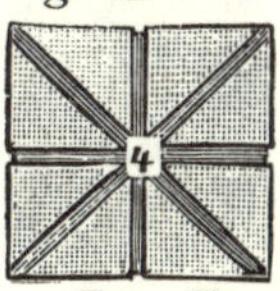

Fig. F.

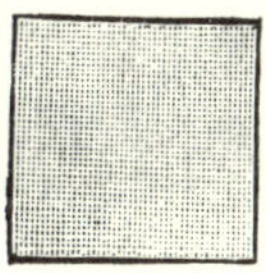

Fig. H.

Fig. I.

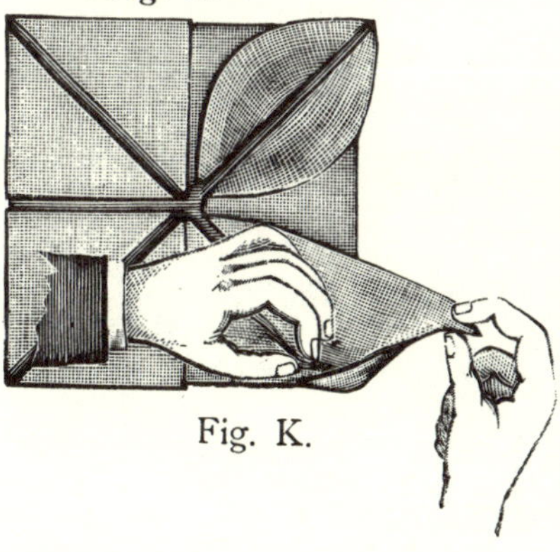

Fig. K.

äusseren Ecken, oben zusammen, und stecke die mittleren in das Glas. Bei Fig. *37* werden die Ecken einmal hinter einander eingeschlagen u. dann erst gewendet usw., gibt Fig. *G, H, I.* Bei Fig. *38* werden keine Ecken für die Blätter u. Stil herausgezogen und auch die mittleren Ecken nicht durchgedrückt, da sie auf einen Teller zu liegen kommt.

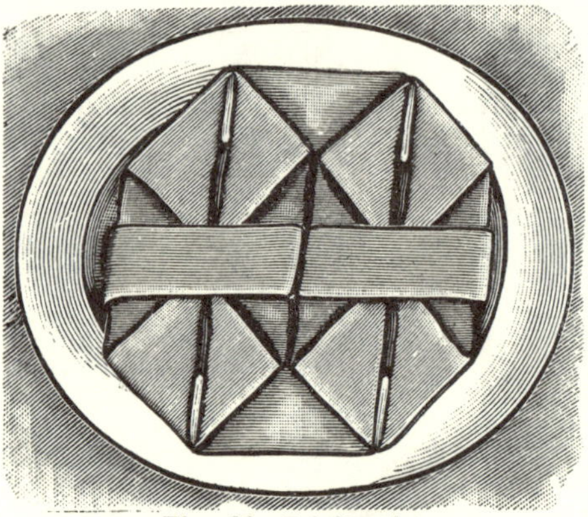

Fig. 39: **Brieftasche.**

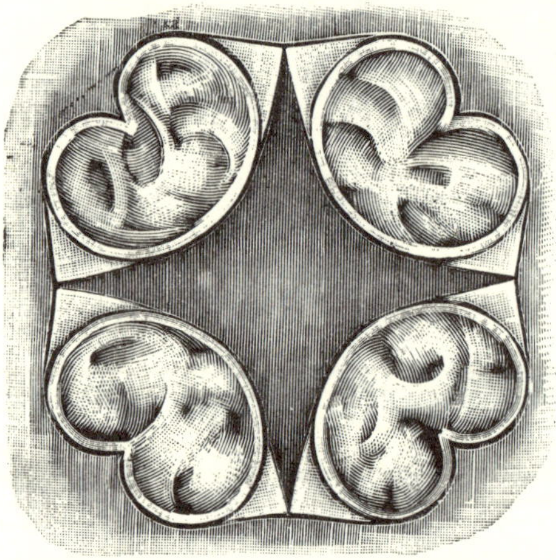

Fig. 40: **Manschetten.** Komp. v. L. Fritzsche.

Fig. 39. Nimm eine der Länge nach 4-fach zusammengelegte Serviette nach **Tafel II,** Fig. *C* Lege den obersten Saum zu einem 3 bis 4 cm breiten Bande 2-mal um Das Band muss genau in der Mitte liegen, Fig. *A* rechts. Schlage die beiden Seiten rechts u. links nach der Mitte, gibt Fig *B*. Wende und schlage die Seiten noch einmal ein, gibt Fig. *C* Wende, gibt Fig. *D*. Ziehe die Ecken in Fältchen auf und zurück und befestige die Spitzen unter dem Bande, wie in Figur *D* begonnen.

Fig. 40 Formiere nach **Tafel III.** Schlage die Ecken zweimal hinter einander ein, gibt *A* und *C*. Wende, gibt *D*. Schlage die Ecken ein, gibt *G* mit 12 Spitzen in der Mitte. Wende, gibt *F*. Schlage die Ecken wieder ein und wende, gibt *K*. Das Auseinanderzupfen ist aus der Hauptfigur ersichtlich.

Fig. 41. Nimm eine der Länge nach 3-fach zusammengelegte Serviette nach **Tafel II,** Fig. *D*. Brich wie Fig. 39, gibt d Reihe nach Fig *E, F, G*. Schlage aus der Mitte vorn eine grosse Falte zurück, wie *H* zeigt; desgl von hinten u. klappe eine Hälfte über die andere, gibt F. *I*. Fertig zum Aufstellen.

Fig. 41: **Doppel-Schiffchen.**

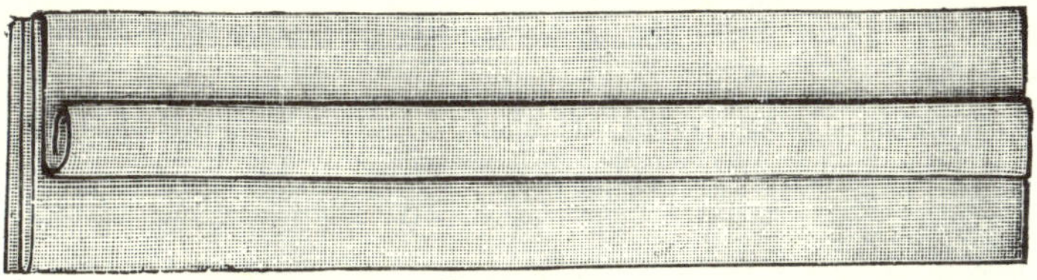

Fig. A.

Fig. B.

Fig. C.

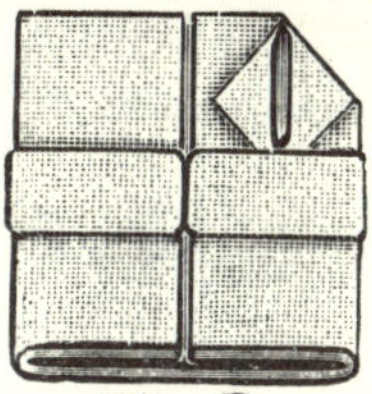

Fig. D.

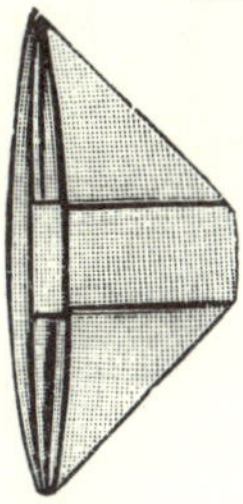

Fig I

Fig. F.

Fig. G.

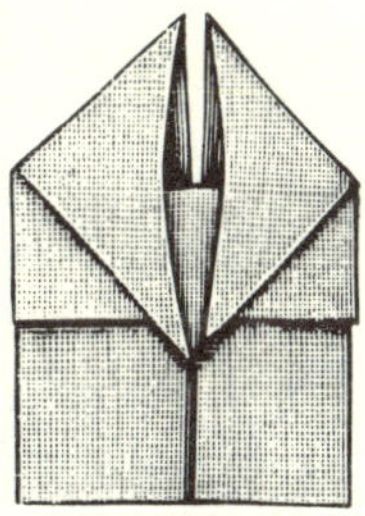

Fig. H.

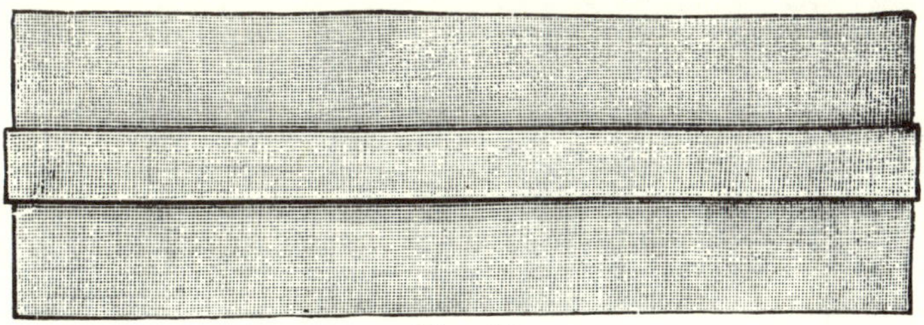

Fig. E.

Fig. 42. Nimm eine doppelt zusammengelegte Serviette, **Tafel II.** Ziehe die rechte Ecke ein, wie Fig. *A* rechts zeigt, sodann die linke; gibt ein grosses Dreieck, das des Raumes halber hier nicht verbildlicht ist. Schlage die oberen Ecken rückwärts, wie Figur *B* zeigt.

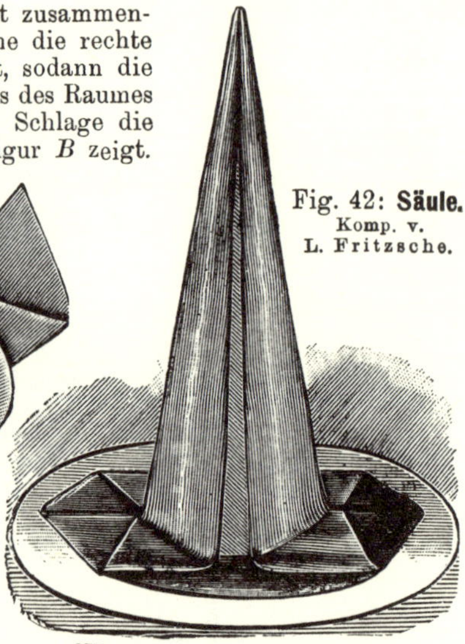

Fig. 42: **Säule.**
Komp. v. L. Fritzsche.

Wende und verfahre desgleichen, gibt Fig *C*. Schlage die 4 Ecken nochmals auf diesem Wege ein; dann gibt es Hauptfigur. Zum Stehen breite man die vier Spitzen unten auseinander.

Fig. 43: **Schmetterling.**
Komp. v. L. Fritzsche.

Fig. 43. Verfahre wie vorher bis *C*. Nun muss die vordere spitze Hälfte innen durchgezogen werden. Die Spitze gibt den Rumpf. Breite die Spitze so aus, wie Fig. *D* zeigt, und schiebe diesen Teil so weit innen durch, dass sie unten bei *x* in Fig. *E* sichtbar wird. Jetzt erst werden die 4 Flügel bei den punktiert. Linien nochmals eingeschlagen und die Lage so in ein Glas gestellt, dass die Spitzen nach oben stehen.

Fig. 44: **Blumen-Ständer.**
Komp. v. L. Fritzsche.

Fig. 44. Brich nach **Tafel III,** Fig. *A* u *C* Dann wende u. schlage die Ecken wieder ein, gibt Fig. *G* oder *F* rechts. Fasse die vier Ecken in der Mitte. Wende die Serviette u. fasse dieselben Ecken (durchgedrückt in der Luft) mit der anderen Hand; dann fallen die Ecken, wie Hauptfigur zeigt, von selbst herab

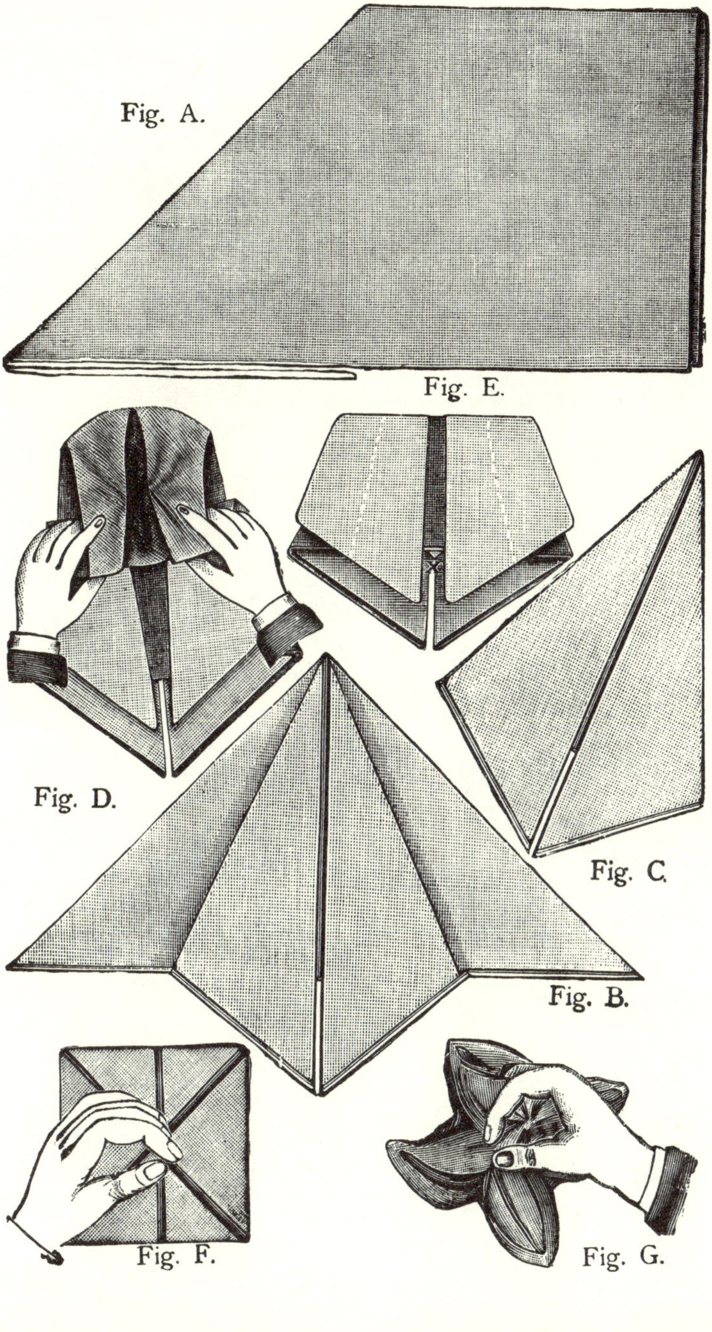
Fig. A.
Fig. E.
Fig. D.
Fig. C.
Fig. B.
Fig. F.
Fig. G.

Fig. 45 und 46. Nimm eine der Länge nach dreifach zusammengelegte Serviette, Fig. *A*, und schlage ein Drittel ein, oder vierfach, Fig. *B*, und schlage die Hälfte ein, sodass die Lage zwei Quadrate nebeneinander gross wird, Fig C. Fasse die oberen Ecken, wie C zeigt. Wende beide Hände einwärts, gibt Fig. *D*. Stülpe die Spitzen *a a* um und stelle die etw. umgebogene Spitze in ein Glas, Fig. 45, oder die Lage umgedreht auf einen Teller, Fig. 46.

Fig. 47. Will man nur eine Spitze oder ein Füllhorn machen, so schlage man nur eine Ecke mit der linken Hand um, Fig. *E*, und wickle das andere Quadrat (die andere Hälfte der Lage) um diese Spitze herum, so, dass die Ecke *b* auf Ecke *c* zu liegen kommt. Stülpe nun beide Spitzen um, gibt Fig. *F*.

Fig. 45: **Doppel-Füllhorn**, stehend.
Komp. v. L. Fritzsche.

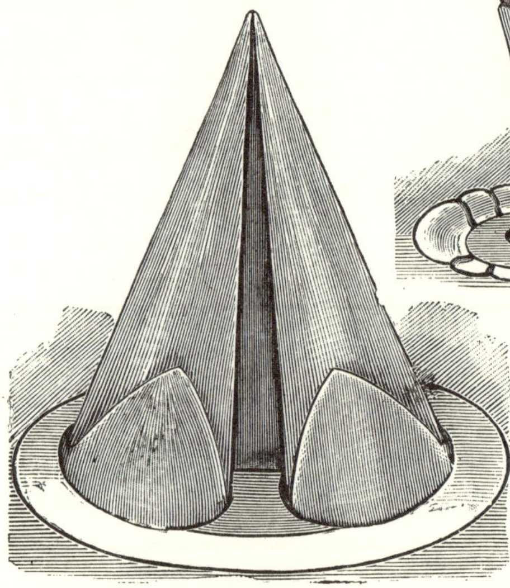

Fig. 46: **Doppel-Füllhorn**, umgestülpt.
Komp. v. L. Fritzsche.

Fig. 47: **Der Clown** (franz Rest.-Serviette).

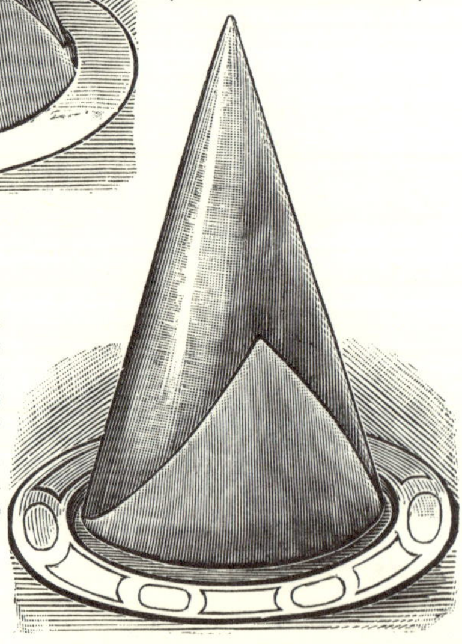

Fig. A.

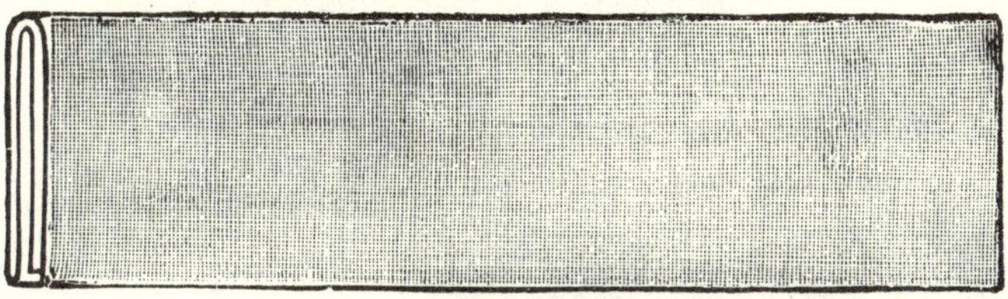

Fig. B.

Fig. D.

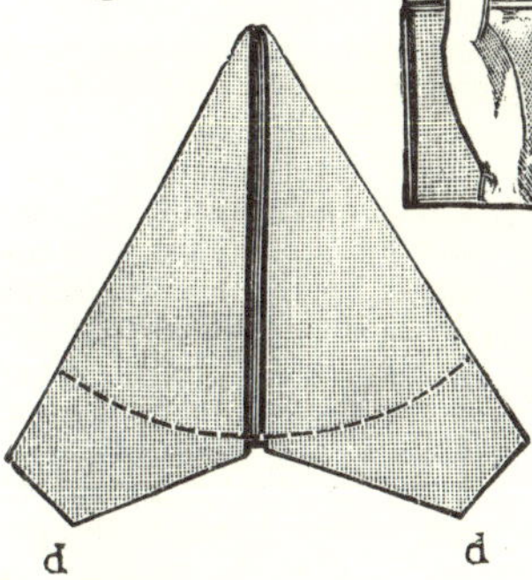

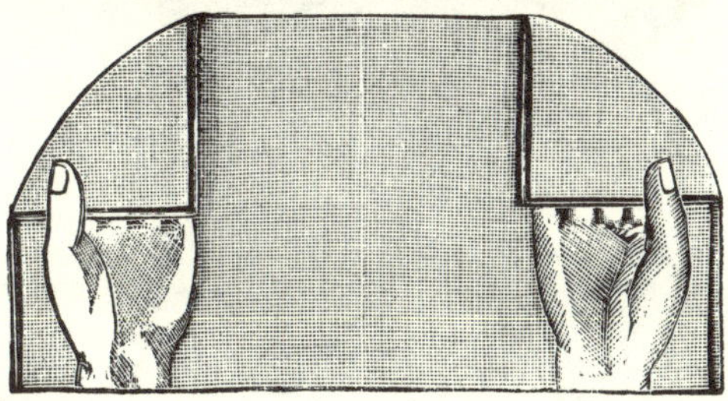

Fig. C.

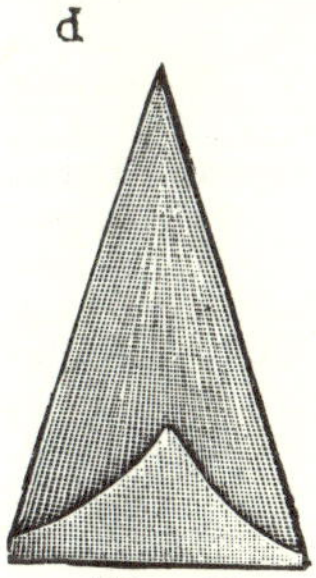

Fig. F.

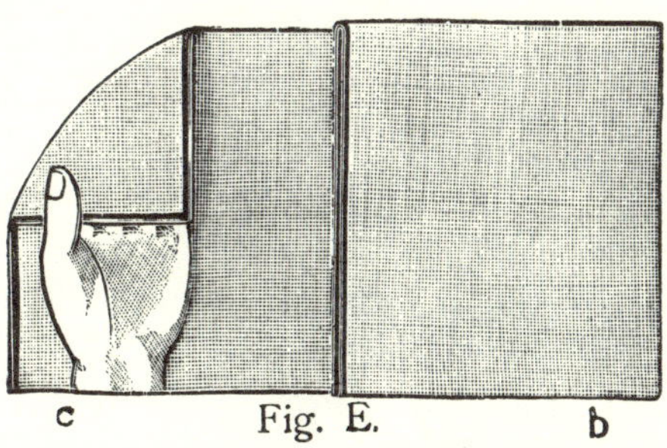

Fig. E.

Fig. 48: **Doppel-Füllhorn,** liegend.
Komp. v. L. Fritzsche.

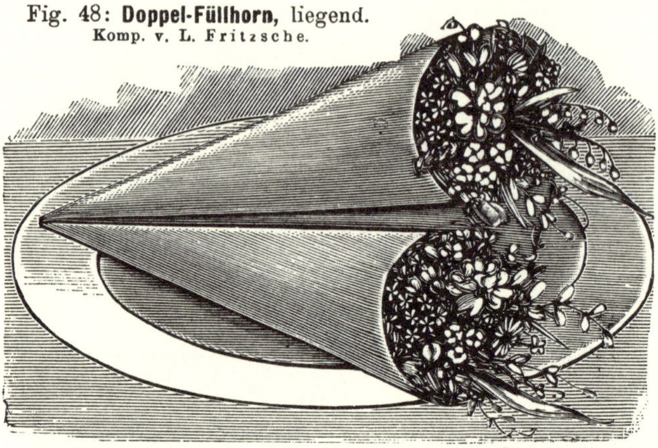

Fig. 48 Wird gelegt wie umstehend Fig 45 u. 46.

Fig. 49: **Untersatz.** Komp. v. L. Fritzsche.

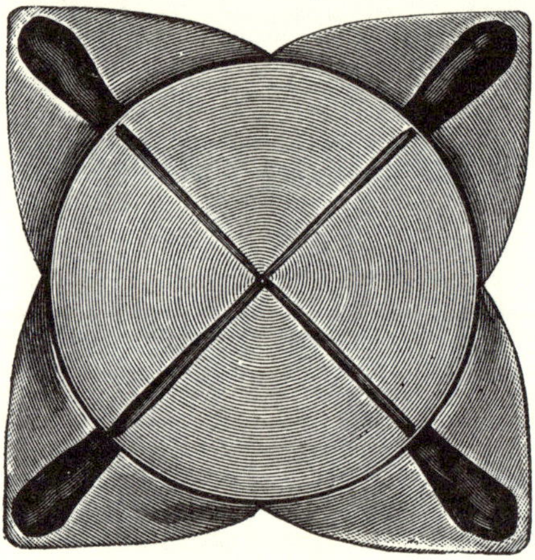

Fig. 50: **Warmhalter.**
Komp. v. L. Fritzsche.

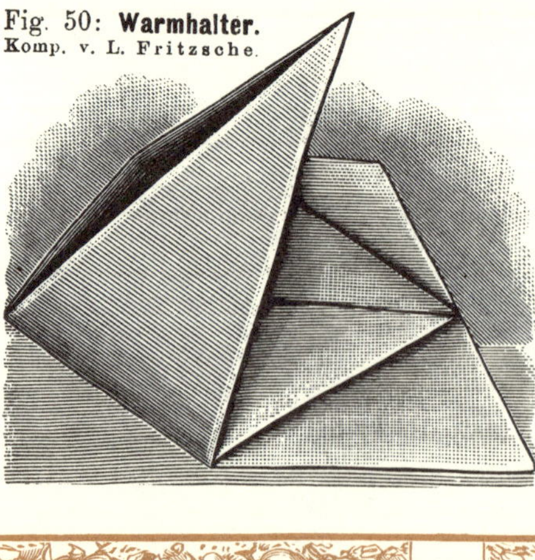

Fig. 49. Man breche nach **Tafel III.** Es werden die 4 Ecken dreimal hintereinander eingeschlagen, ohne zu wenden, gibt Fig. *A, C, E.* Wende, schlage die Ecken ein, gibt Figur *K.* Wende, gibt Fig. *L.* Lass diese Lage flach auf dem Tische liegen und ziehe die Ecken auswärts (abwärts), wie Fig. *G* den Anfang zeigt und in *H* vollendet ist.

Fig. 50. Nimm eine 3-fach zusammengelegte Serviette nach **Tafel II** quer auf den Tisch, Fig. *A.* Lege einen Finger auf *m*, ziehe die Ecken *n n* rückwärts, sodass es Fig. *B* gibt. Schlage die Ecken *o o* rechtwinklig, halbrechts u halblinks vorwärts. Schlage noch einmal die beiden hinteren Flügel nach vorwärts, sodass es Figur *C* gibt. Wende von vorn nach hinten, gibt Fig. *D.* Schlage die vorderen Ecken auf *z*, gibt Fig. *E.* Wende, gibt Figur *F.* Unter die Klappe werden die warm zu haltenden Kartoffeln in der Schale, in der Schale geröstete Kastanien usw. gelegt. Salz- (Fisch-) Kartoffeln so zu servieren, empfiehlt sich nicht, ist unappetitlich, da durch die Wärme die Wäsche aufgedämpft wird.

Fig. A.

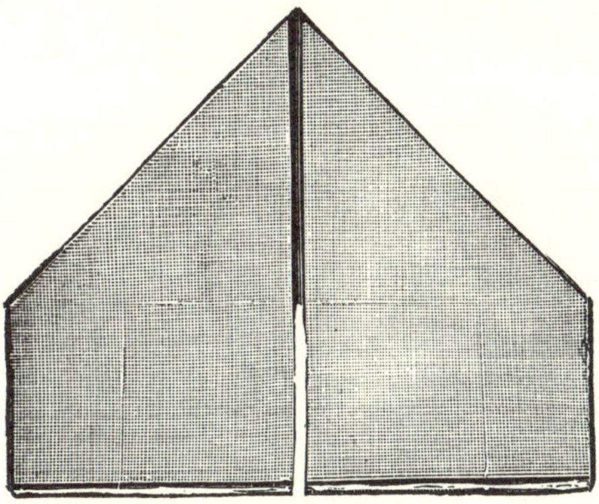

Fig. B.

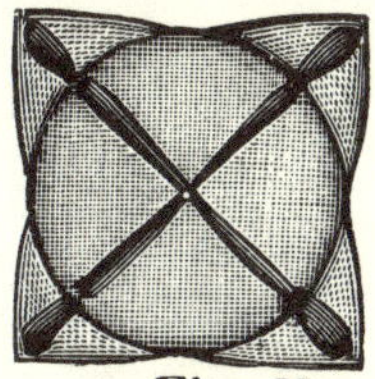

Fig. H.

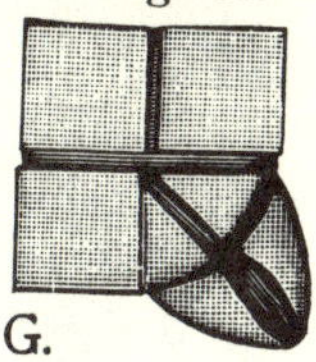

Fig. G.

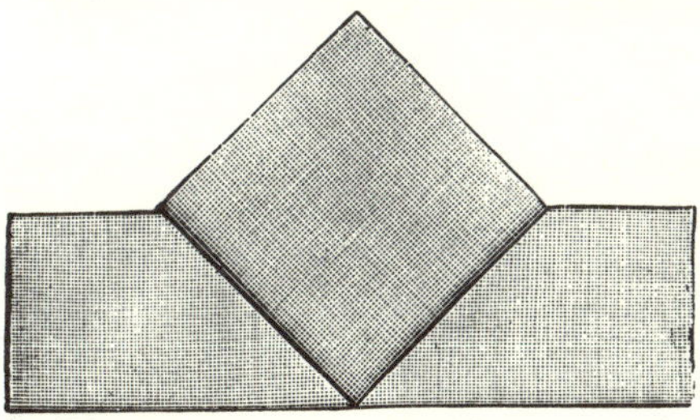

Fig. C.

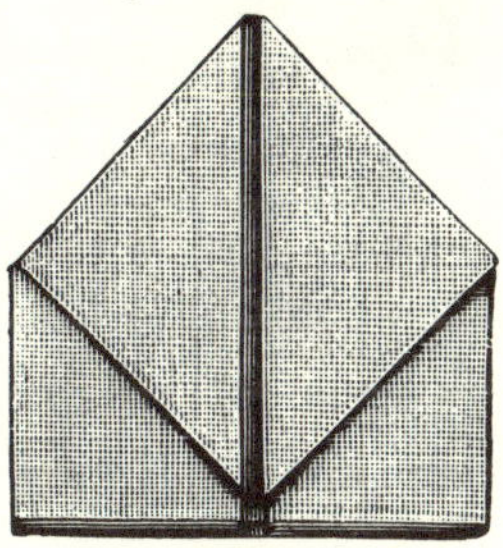

Fig. F.

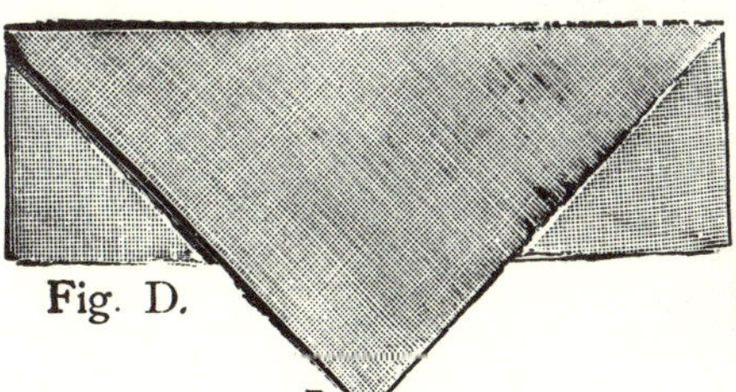

Fig. D.

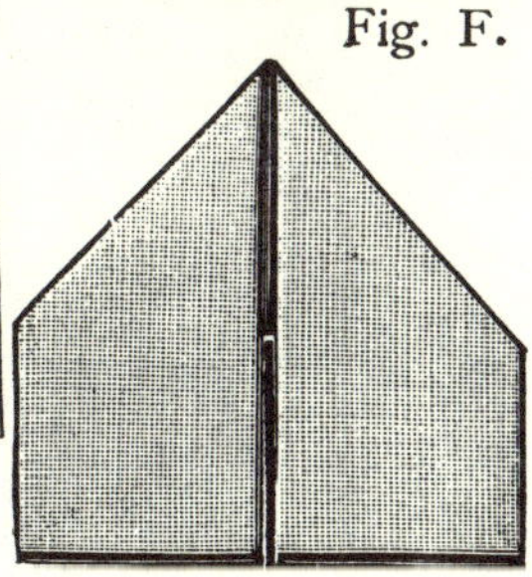

Fig. E.

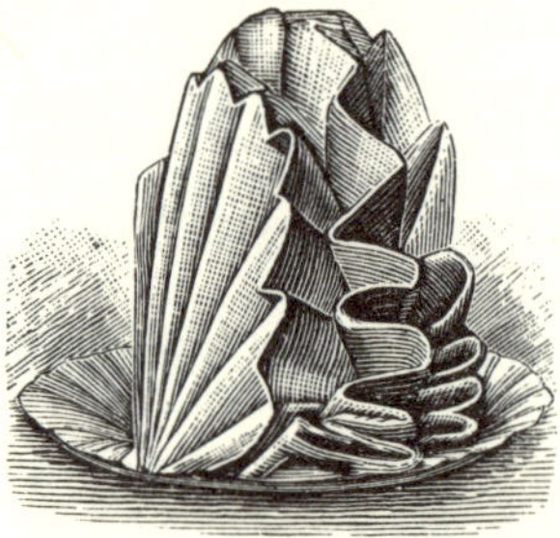

Fig. 51: **Hahnenkamm I.** Komp. v. L. Holstein.

Fig. 52: **Hahnenkamm II.** Komp. v. H. Reichstein.

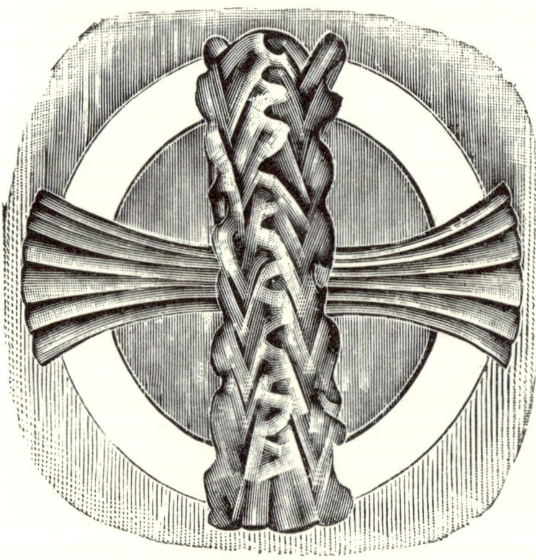

Fig. 53: **Verziertes Kreuz.** Komp. v. L. Fritzsche.

Fig. 51. Nimm zu Fig. 51—54 eine zusammengelegte Serviette nach **Tafel II**, Fig. *B*. Verdopple diese Lage durch Rückwärtseinschlagen der Längshälfte, gibt *A* rechts. Schiebe diese Lage in möglichst viele Falten, auf die Weise, wie Fig. *B* zeigt Ziehe nun die oberen Säume *a a* etwas nach rechts und links heraus, gibt Fig. *C*, und breite die beiden unteren Brüche *b b* zum Stehen rechts und links auseinander, aus Fig. *D* ersichtlich. Stelle die Serviette so auf einen Teller Das Brötchen kann darunter gelegt werden

Fig 52 Man schiebe durch den oberen Längsbruch zwischen *a a* einen Gabelstiel, wozu am besten eine Gabel ganz aus Metall verwendet wird (also nicht mit Holzgriff), wie Fig. *E* zeigt. Entferne die Gabel wieder und verfahre wie vorher.

Fig. 53. Brich eine Serviette ganz wie vorher Fig 52. Beim Aufstellen auf den Teller ziehe die unteren Brüche *b b* ganz breit auseinander und drücke das Gekräuselte in der Mitte nieder. Dieses Kreuz ist eine der leichtesten Figuren, und doch wird der Laie glauben, es sei sehr viel Arbeit dazu nötig, weil er sich nicht vorstellen kann, dass das Gekräusel so leicht herzustellen ist. Auch meinen viele, es seien zwei Servietten dazu verwendet, was jedoch nicht der Fall ist.

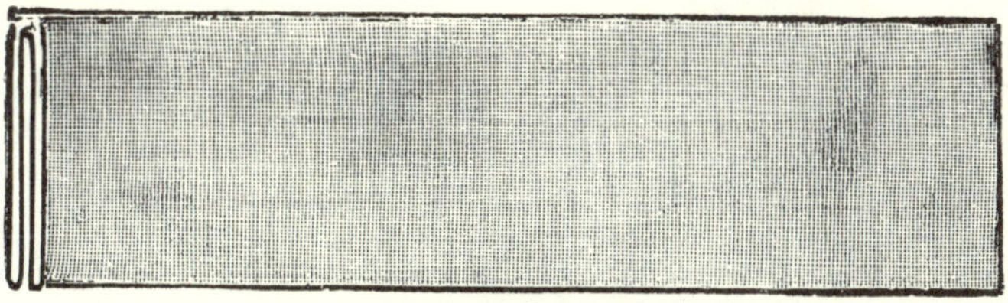

Fig. A.

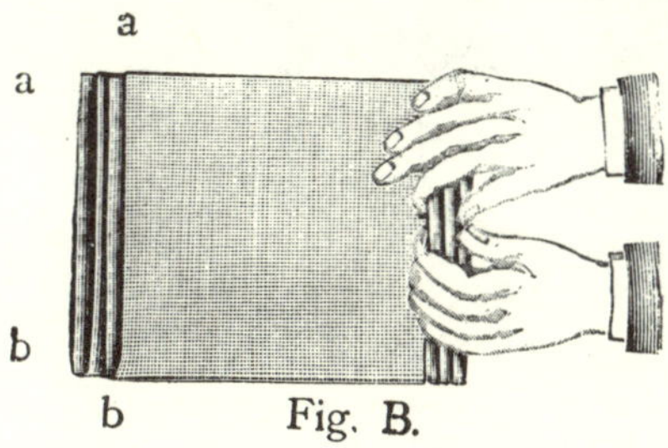

Fig. B.

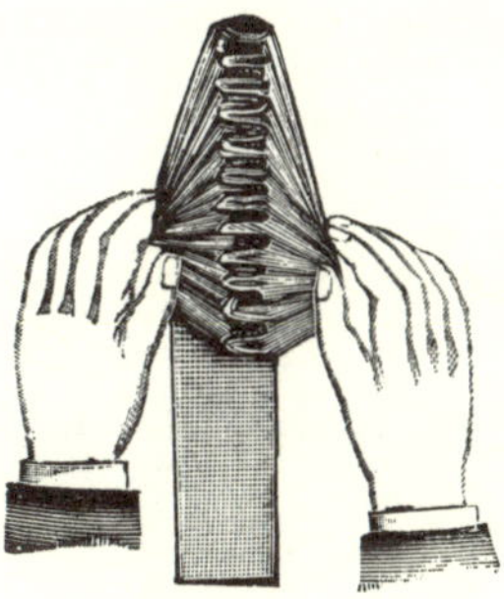

Fig. C.

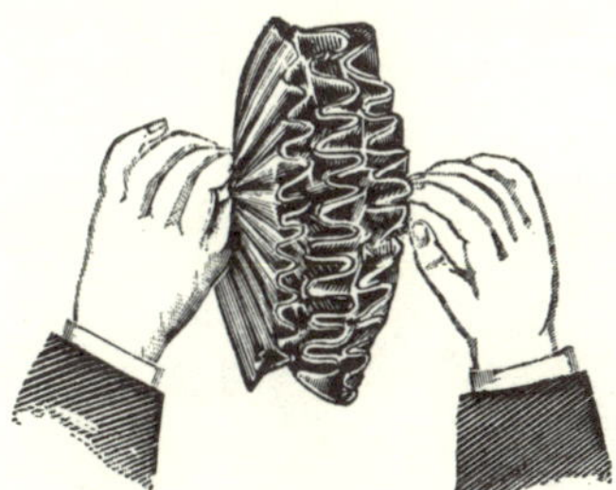

Fig. D.

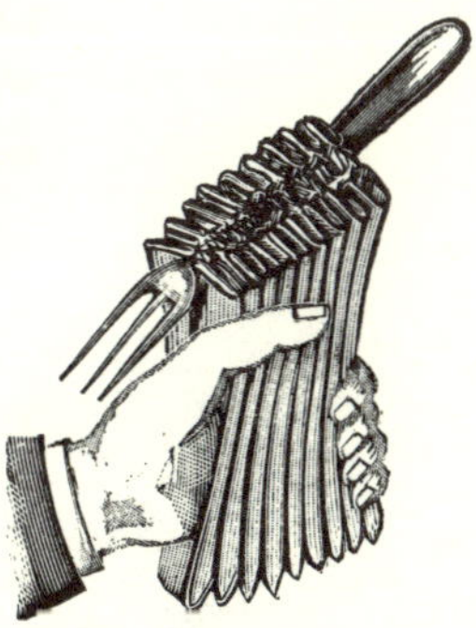

Fig. E.

Fig. 54: **Hahnenkamm III.**

Fig. 54. Wird gebrochen wie umseitig Fig 51, jedoch in ein Glas gestellt.

Fig 55. Nimm Fig. *B*, **Tafel III.** Schlage die obere Ecke auf die Mitte, gibt Fig. *A* rechts. Schlage das grosse Dreieck (die Hälfte) nach oben über, gibt Fig. *B*. Lege die Ecken *b b* auf *a*, gibt Fig *C* Schlage die Ecken *y* länglich, bis zur Spitze rückwärts, etwas nach auswärts, wie Fig. *D* zeigt. Schlage die Ecken rechts und links nach der Mitte ein, gibt Fig. *E*. Nun schlage die inneren Flügel *r* bis zu den punktierten Linien innen herum einwärts, sodass sie verschwinden, gibt Fig. *F* Hebe nun die Flügel-Rollen halbrechts bez. halblinks aufwärts, wie die eine Seite in Fig. *G* zeigt, und stülpe die oberen Spitzen zurück, wie Fig *H* zeigt; in diese Spitzen, sowie an den Seiten-Kanten, werden Eckfältchen wie im „Monogramm“, Fig. 120, gebrochen. Klappe die eine Hälfte über die andere, gibt Fig. *I*, und stülpe auch die mittlere Spitze nach vorwärts. Je mehr Eckfältchen eingebrochen werden, um so hübscher wird die Figur; den englischen „waiters“ wird mit dieser Neuheit ein Dienst geleistet sein.

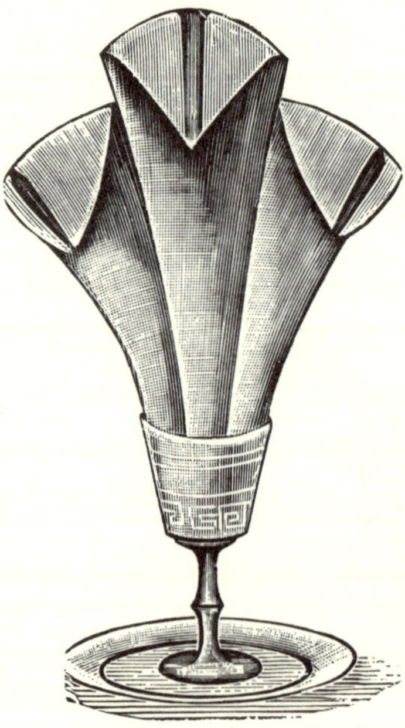

Fig. 55: **Prinz of Wales Feather,** amerikanisch. Aus dem Englischen.

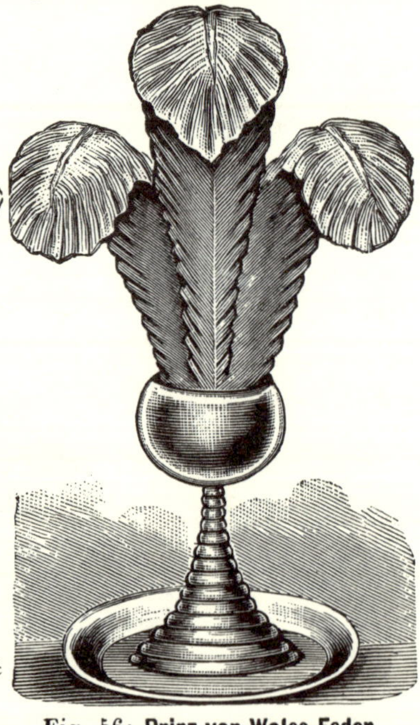

Fig. 56: **Prinz-von-Wales-Feder,** deutsch. Komp. v. L. Fritzsche.

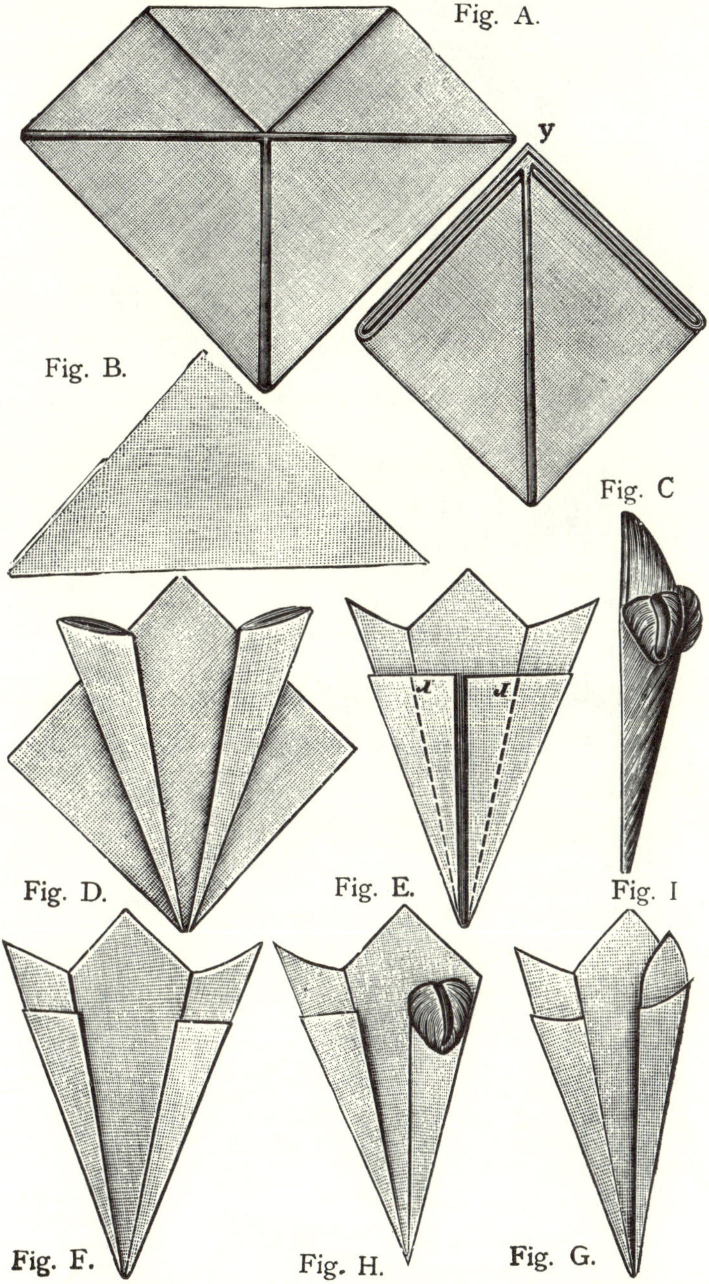

Fig. A. Fig. B. Fig. C Fig. D. Fig. E. Fig. I Fig. F. Fig. H. Fig. G.

Fig. 57: **Teplitzer Glas.** Von einem Österreicher.

Fig. 58: **Bräutigam-Serviette.** Komp. v. L. Fritzsche.

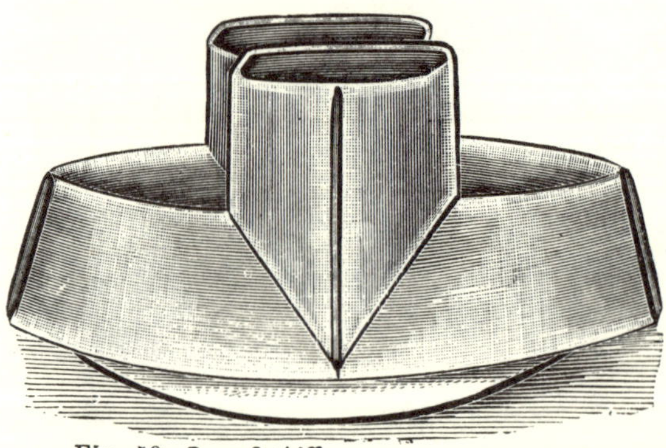

Fig. 59: **Dampfschiff.** Komp. v. H. Schmidt.

Fig. 57. Lege eine ausgebreitete Serviette unregelmässig über Kreuz, wie Fig. *A* zeigt Rolle ein Wasserglas hinein, mit d. Boden am Rande, so weit, als Fig. *B* zeigt. Stopfe die Spitzen und alles, was über d. Glasrand hinaus steht, in das Glas, gibt Fig. *C*. Der übrige Teil *w w* wird nach oben fest zusammengedreht, gibt Fig *D*. Die Spitze wird zum Henkel nach unten gebogen, und da, wohin der Pfeil zeigt, hinein gesteckt.

Fig 58. Breite eine Serviette vollständig aus. Schlage die vordere und hintere Kante untenherum nicht ganz 5 Ctm. ein. Lege die neue hintere Kante nach vorn über, etwa 3 Ctm. zurück von der liegengebliebenen. Wiederhole dies mit der neuen hinteren Kante, alles aus Fig. *E* ersichtlich. Schiebe die Lage in etwa zehn Falten. In die Kante *a* werden Fältchen rückwärts, in die Kante *b* vorwärts gebrochen, in die Kante *c* keine. *F* zeigt Seiten-Ansicht. Die Serviette wird kreisförmig auf den Teller gestellt und die Kante *c* etwas herausgezogen.

Fig. 59. Brich das Doppelkreuz Fig. 30. Schlage die eine Hälfte untenherum und stelle dann die Serviette auf. Die beiden oberen Schenkel d. Kreuzes sollen die oberen Kabinen des Dampfers markiren.

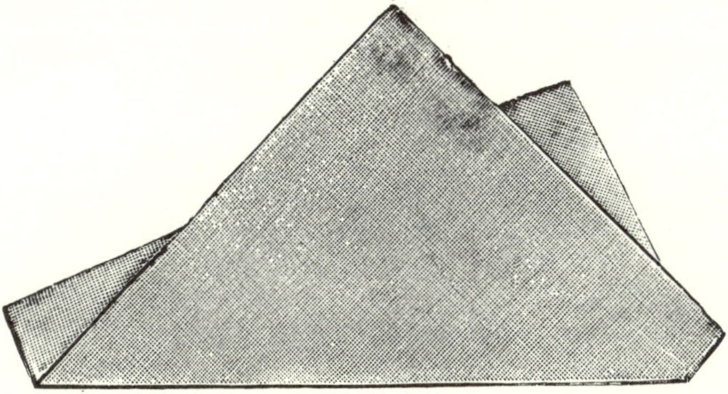
Fig. A.

Fig. B.

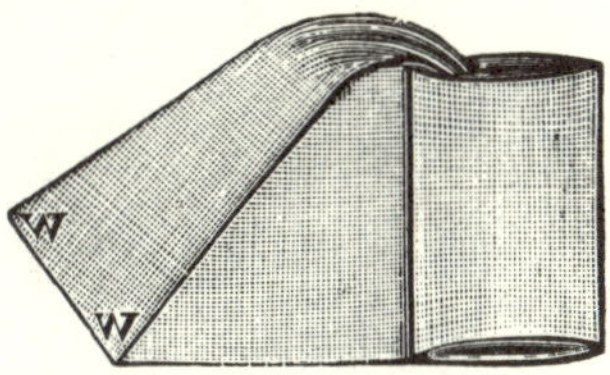
Fig. C.

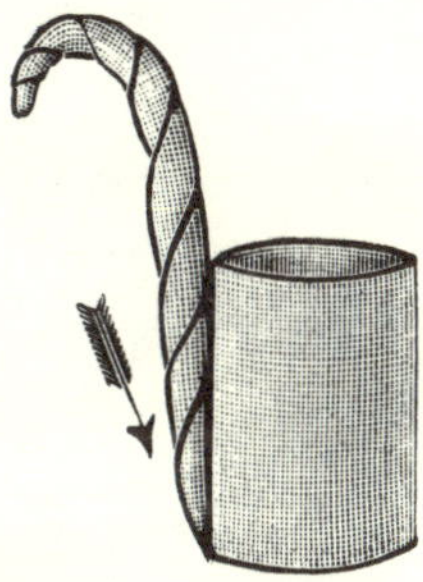
Fig. D.

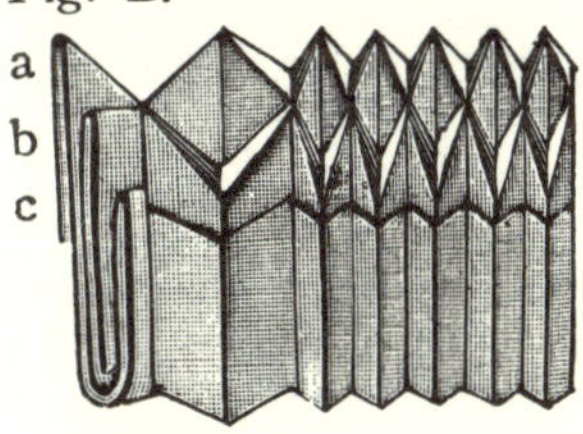

Fig E.

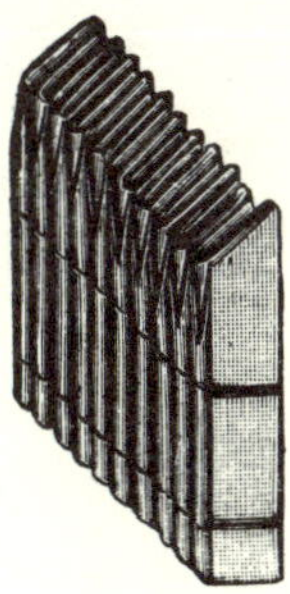
Fig. F.

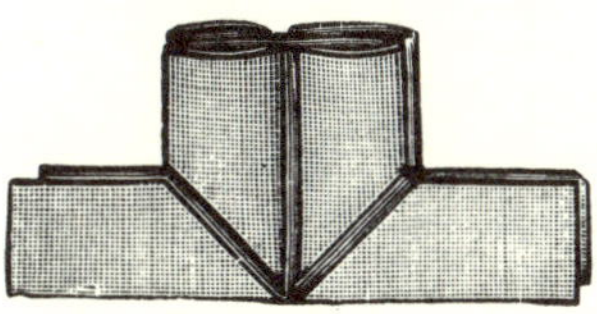
Fig. G.

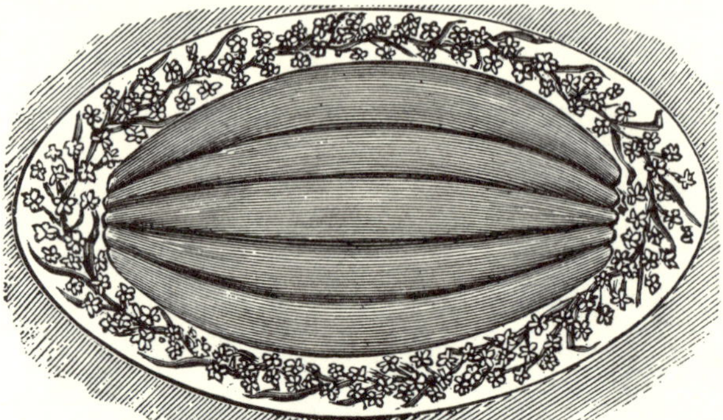

Fig. 60: **Melone.**
Komp. v. L. Fritzsche.

Fig. 60. Nimm eine vierfach im Quadrat zusammengelegte Serviette, Fig. *A*. Wickle die vier Ecken einzeln nach der Mitte zu und die Ecke *e* dagegen, ebendahin, gibt Fig. *B*. Schlage die äusseren Enden bis zu den punktierten Linien nach unten ein und ordne die Fünffalten-Rollen in regelmässige Dicke.

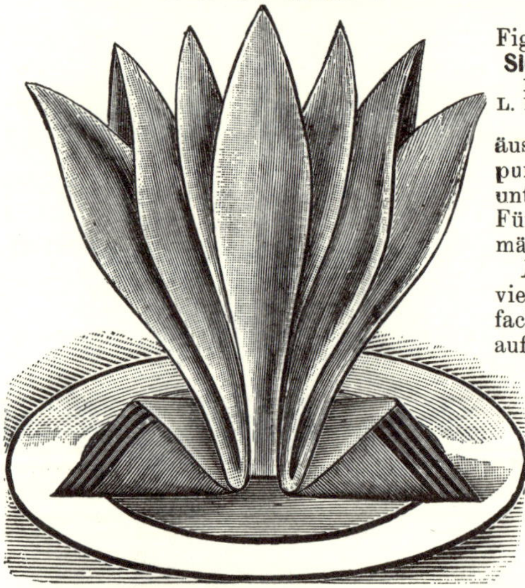

Fig. 61: **Der Siebenspitz.**
Komp. v. L. Fritzsche.

Fig. 61. Lege eine Serviette der Länge nach vierfach zusammen und quer auf den Tisch, gibt Fig. *D*. Schlage rechts und links nach der Mitte ein, gibt Figur *E*. Schlage die Ecken *a a* auf *b*, gibt Figur *F*. Wende, gibt Figur *G*. Lege einen Finger auf *f*, ziehe die Ecken *g* und *h* nach dem Körper zu, gibt Figur *H*. Schlage die Lage rückwärts zusammen, gibt Fig. *I*. Biege die unteren Spitzen zu Füssen auseinander, stelle die Serviette auf und ziehe drei Ecken nach rechts und drei nach links. Die mittlere bleibt stehen.

Fig. 62: **Edelweiss.**
Komp. v. L. Fritzsche.

Fig. 62. Forme nach **Tafel III.** Schlage die vier Ecken viermal hintereinander nach der Mitte ein, gibt hintereinander Fig. *A*, *C*, *E* und *H*. Wende, gibt Fig. *I*. Schlage die Ecken wieder ein, gibt Fig. *M*. Wende. Ziehe alle Ecken auswärts wie bei Untersatz, Fig. 49 und Blumen-Ständer Fig 70, Hilfsfigur *H*. Presse alles flach, lege die Lage auf einen Glasrand und biege nun alle Spitzen leicht auswärts abwärts.

Fig. A.

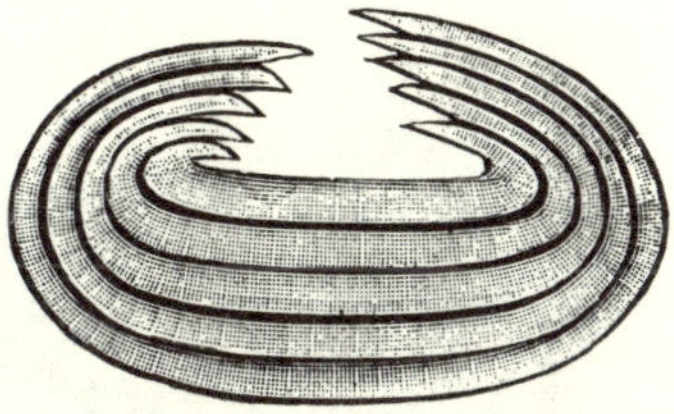

Fig. B.

Fig. C.

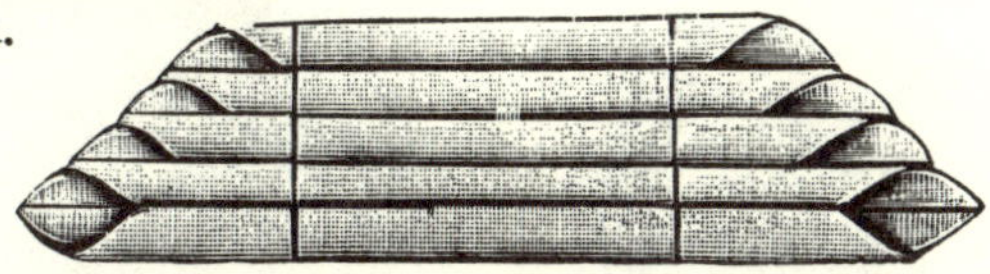

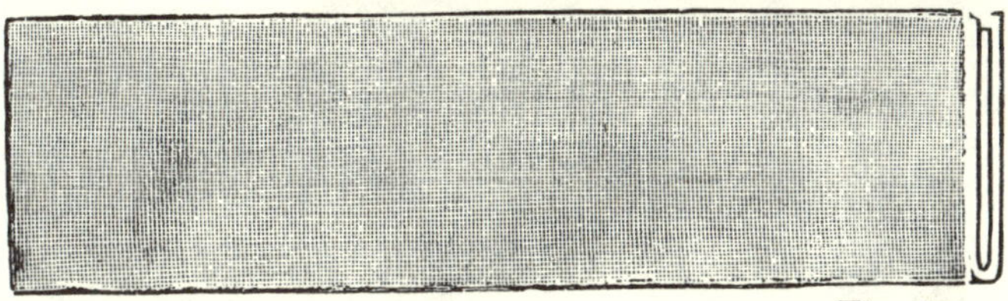

Fig. D.

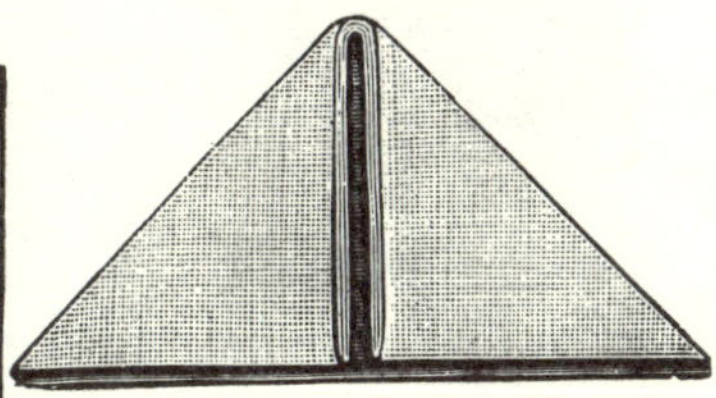

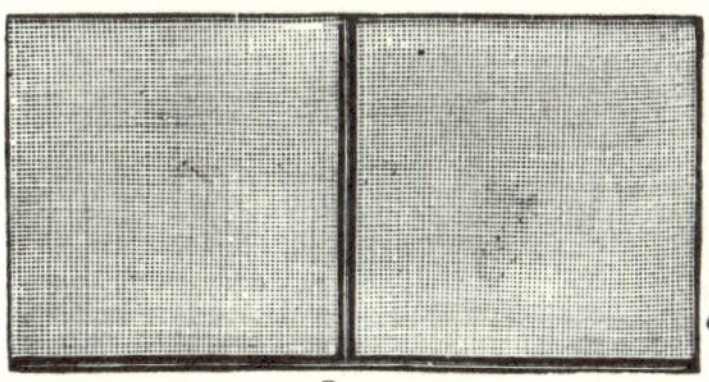

Fig. E.

Fig. F.

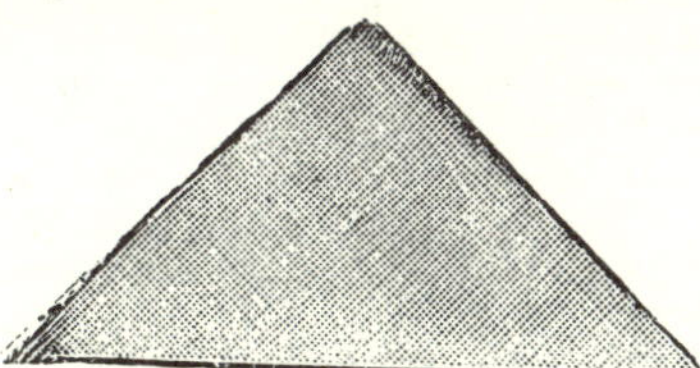

Fig. G.

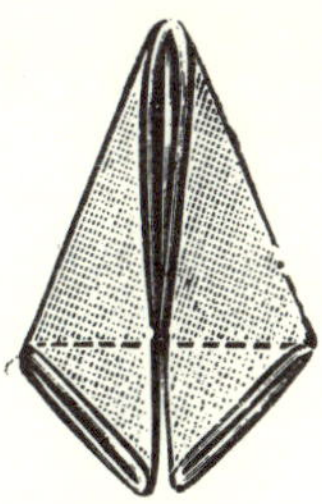

Fig. H.

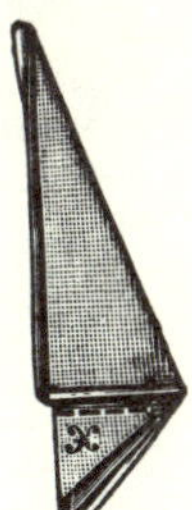

Fig. I.

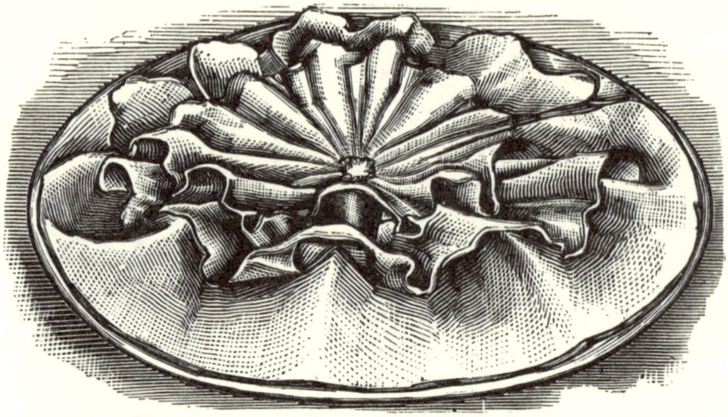

Fig. 63: **Krauskohl.** Komp. v. L. Fritzsche.

Fig. 65: **Schwanenhals.** Komp. v. L. Fritzsche.

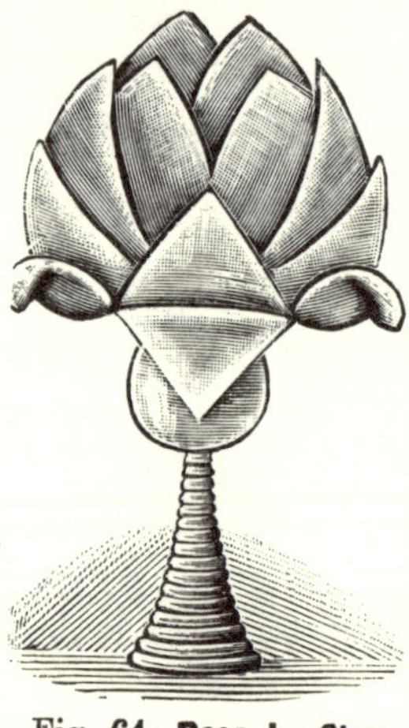

Fig. 64: **Rose im Glas.** Komp. v. L. Fritzsche.

Fig. 63. Lege eine vierfach zusammengelegte Serviette *A* noch einmal der Länge nach zusammen, gibt Fig. *B.* Die zwei Saumseiten müssen oben liegen. Schiebe die Lage in viele Falten, Fig. *C,* und binde einen Faden darum, der später wieder entfernt wird, wie Figur *D* zeigt. Ziehe nun die Saumseiten - Kanten nach oben, wie aus Fig. *C* im Beginnen ersichtlich, und schliesse die Lage rund und flach auf einem Teller.

Fig. 64. Forme nach **Tafel III.** Schlage die Ecken viermal hintereinander nach der Mitte ein, gibt der Reihe nach Fig. *A, C, E* u. *H.* Wende, gibt Fig. *I.* Schlage die Ecken wieder ein, gibt Fig. *M.* Stülpe die Ecken sämtlich nach oben. Stelle die Lage in ein Wasserglas, weil zu dick, gibt Fig. *E* rechts. Ziehe die äusseren vier Ecken herab und stecke diese in ein Weinglas, gibt Fig. *F.* Öffne die oberen Spitzen zur Hauptfigur. Es lassen sich verschiedenartige Blumen aus dem Spitzenkopf formen.

Fig. 65. Lege eine offene Serviette kreuzweise zu einem Dreieck, Figur *G.* Hefte die Lage bei *a* mit einer Stecknadel fest an die Brust und rolle die Ecken *b b* gestreckt nach *c* zu, wie Fig. *H* veranschaulicht, und weiter zusammen zu Fig. *I.* Wickle die Spitze etwas ein, winde die Lage in die nötige Form und stelle sie in ein Glas.

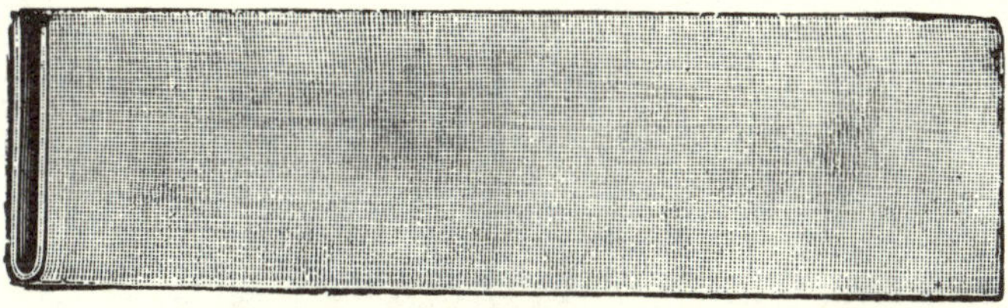

Fig. A.

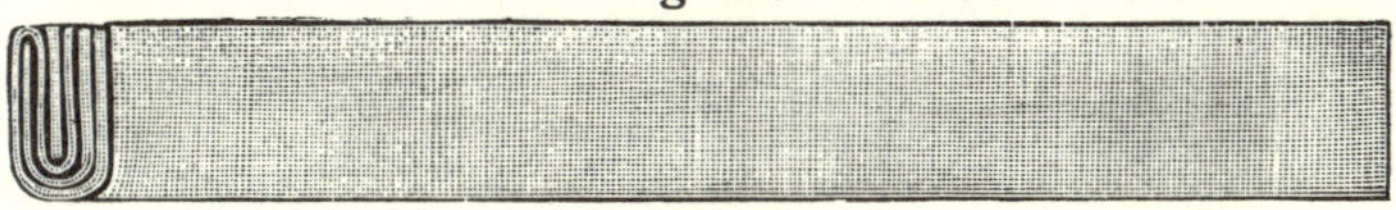

Fig. B

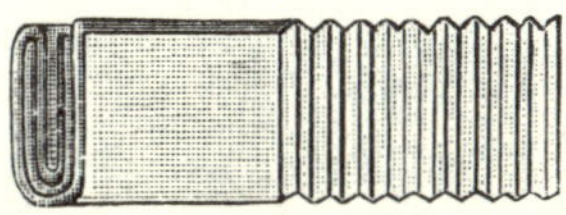

Fig. C.

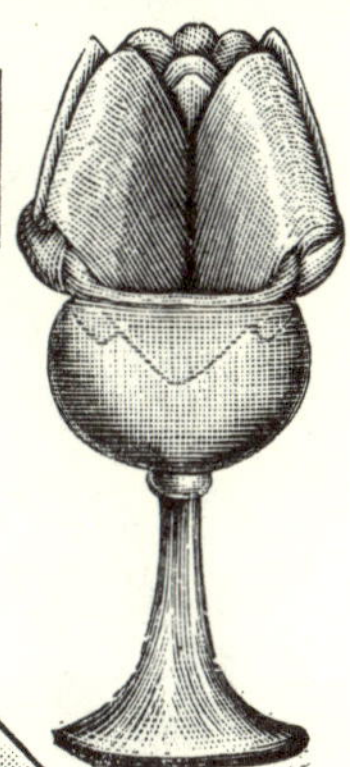

Fig. F.

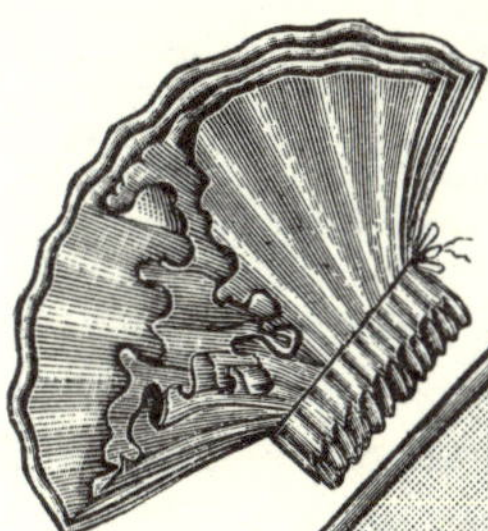

Fig. D.

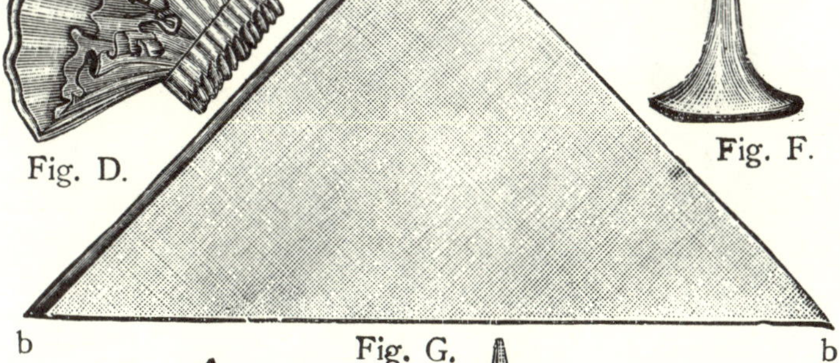

Fig. G.

Fig. H.

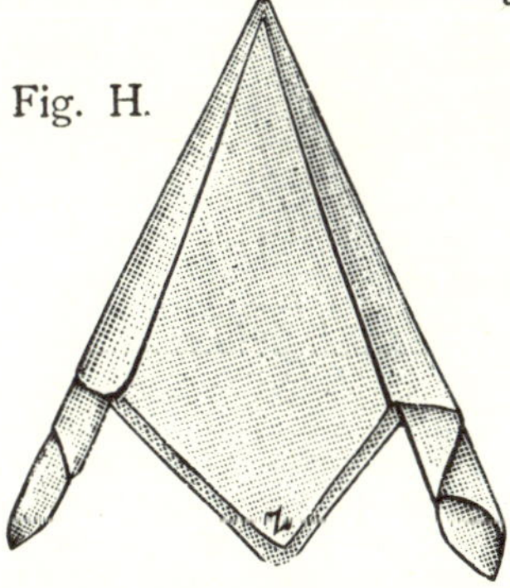

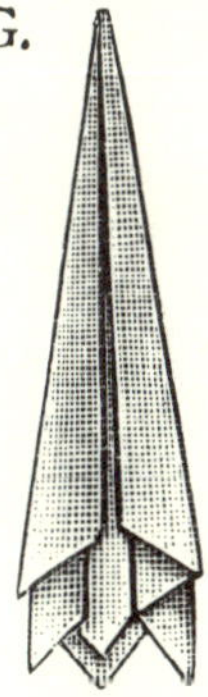

Fig. I.

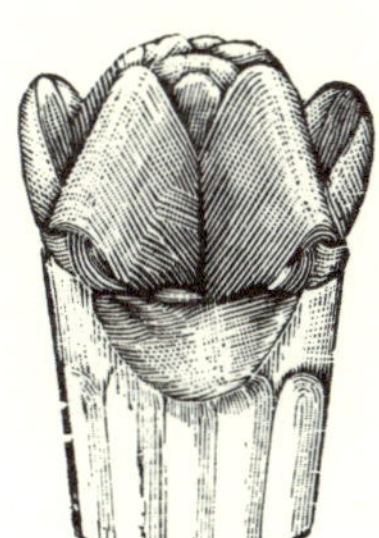

Fig. E.

Fig. 66: **Pantoffel.**

Fig. 67: **Pfau.**
Komp. von L. Fritzsche.

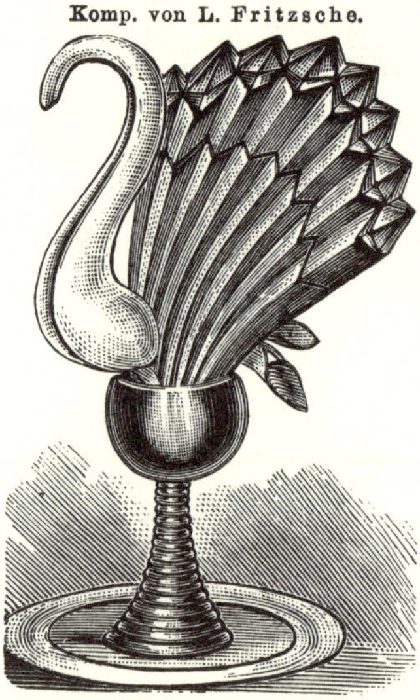

Fig. 68: **Schwan,** schwimmend.
Komp. von K. Feldmann.

Fig. 66. Nimm eine der Länge nach vierfach zusammengelegte Serviette quer vor, Fig. *A.* Schlage die vorderen beiden Ecken nach dem Körper zurück, gibt Fig. *B.* Schlage die dem Körper nächst liegenden mittleren Ecken halbrechts vorwärts, wie Fig. *C* zeigt. Überschlage die entstandenen Spitzen wieder nach vorn, wie Fig. *D* zeigt (nicht weiter), gibt Fig. *E.* Nun erst überschlage noch einmal über das Dreieck hinaus, wie Figur *E* zeigt. Wende von vorn nach dem Körper zu, gibt Fig. *F* Ziehe die Spitze *a* auf die Spitze am Körper, gibt Fig. *G.* Desgleichen die andere Spitze, gibt Fig. *H.* Wende, gibt Fig. *I.* Hebe die Klappe *K* auf und lege ein Brötchen darunter.

Fig. 67. Forme einen Schwanenhals nach Fig. *65* und stelle ihn in ein Weinglas, u. einen Fächer nach Fig. 85 und stecke diesen dazwischen. Demnach aus 2 Servietten zu formen.

Fig. 68. Forme einen Schwanenhals nach Fig. *65* und stelle diesen in ein Wasserglas. Brich sodann die Fünffalten-Serviette (oder auch in mehr Falten), Fig *16*, und hänge diese dem Schwanenhals sozusagen als Mantel um. Die Spitze bildet das Schwanzstück; die vordere Kante wird kragenartig um den Hals gehängt und in das Glas befestigt. Weitere Verwendung dieser hübschen Figur siehe Nr. 122 „Schwanen-Familie“.

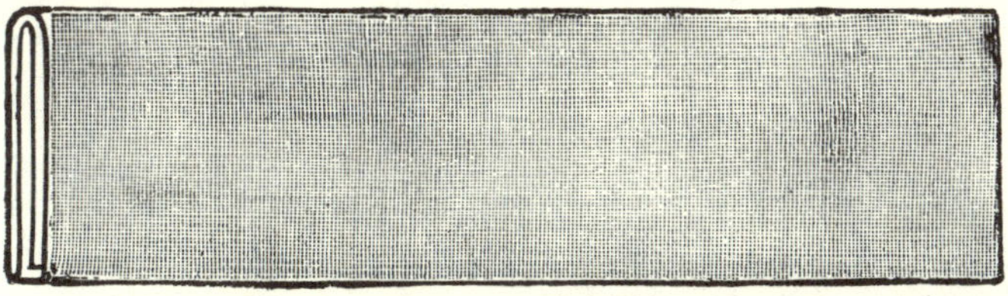

Fig. A.

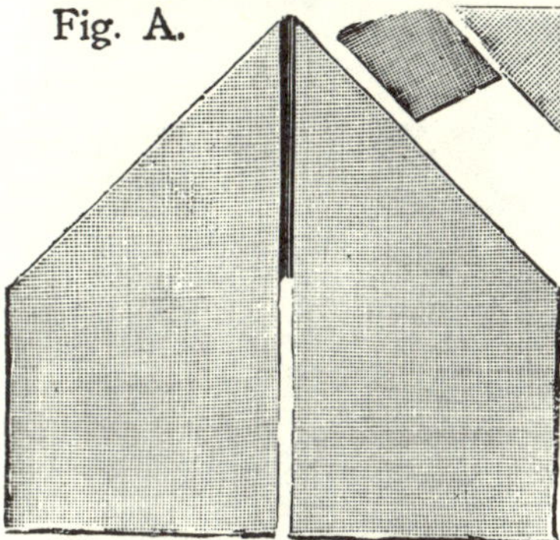

Fig. B.

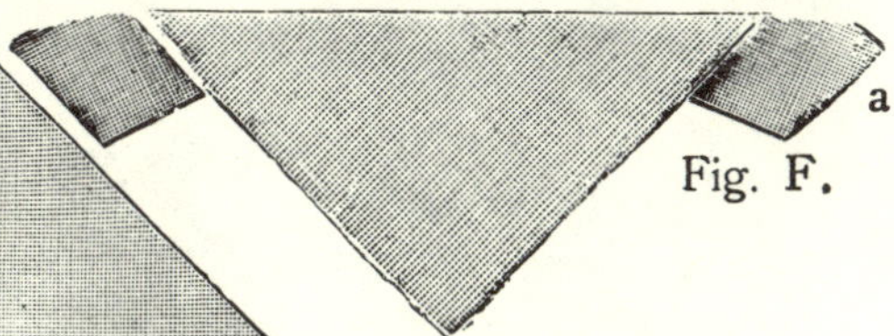

Fig. F.

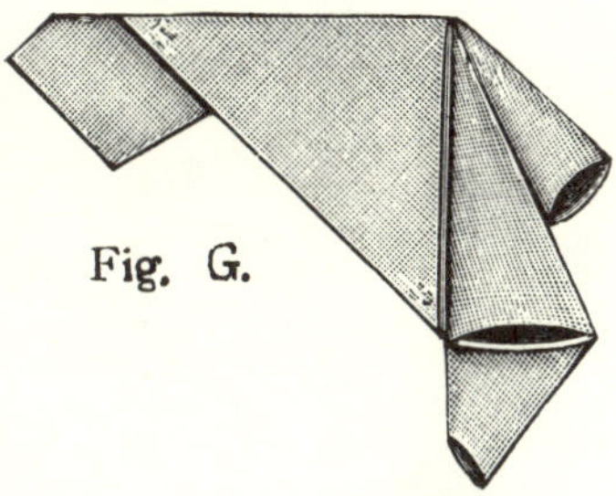

Fig. G.

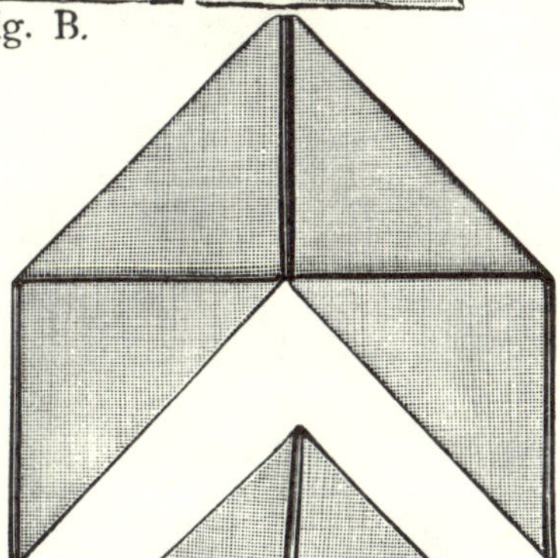

Fig. C.

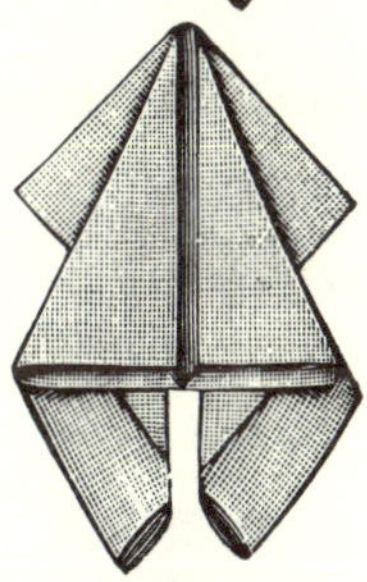

Fig. H.

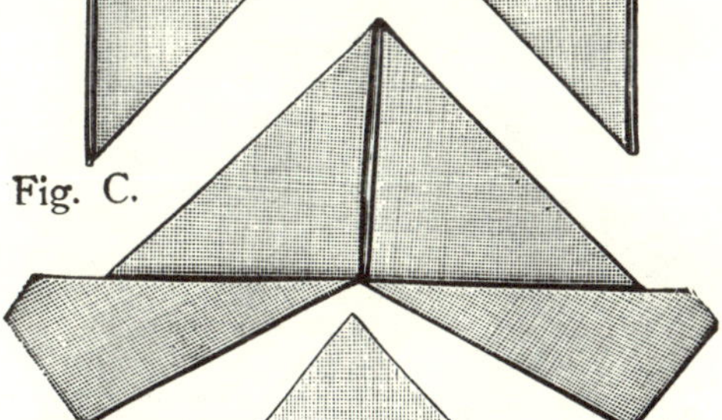

Fig. D.

Fig. I.

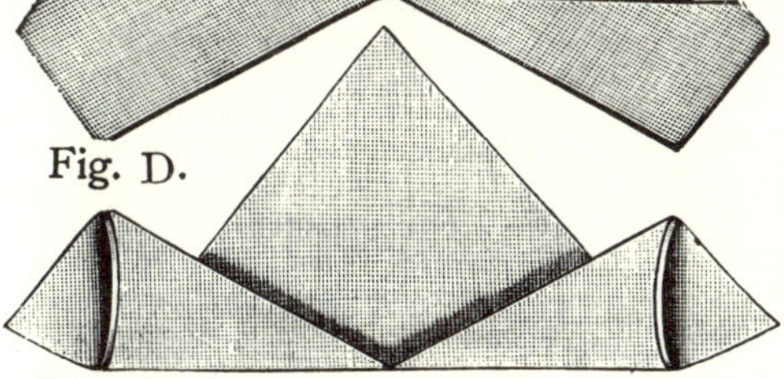

Fig. E.

Fig. 69: **Tulpe.**
Komp. v. F. Pürling.

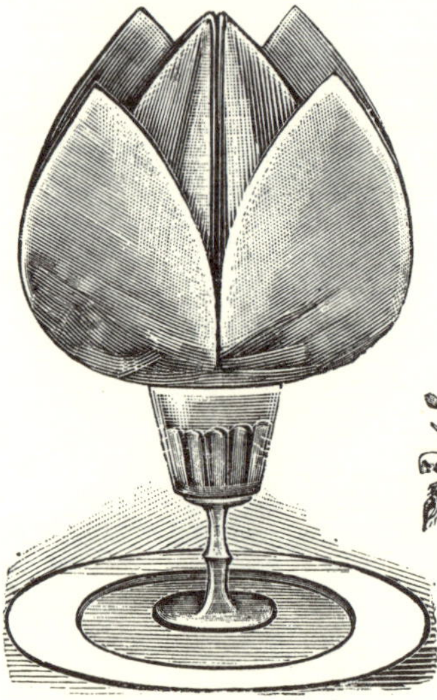

Fig. 69 Forme eine Serviette nach **Tafel III**. Lege die vier Ecken dreimal hintereinander nach der Mitte zu ein, gibt *A*, *C*, dann *E* Wende. Schlage die Ecken wieder ein und wende wieder. Stülpe die unten liegenden 12 Ecken auf und drücke die mittleren unten durch, wie bei der Rose, Fig. *36*.

Fig. 70: **Blumen-Ständer.**
Komp. v. L. Fritzsche.

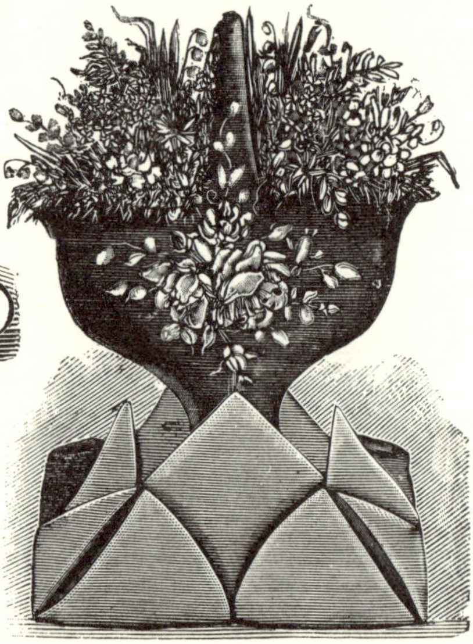

Fig. 70. Verfahre wie vorher bis *E*. Wende. Schlage die Ecken wieder ein Wende. Ziehe alle Ecken flach auf den Tisch nach aussen, wie Fig. *F* und *G*, dann *H* zeigt Steht ein Blumenkorb, Blumentopf, Torten-Ständer usw. in der Serviette, dann lege die Spitzen leicht an den Gegenstand an.

Fig. 71: **Pfaffen Mütze.**

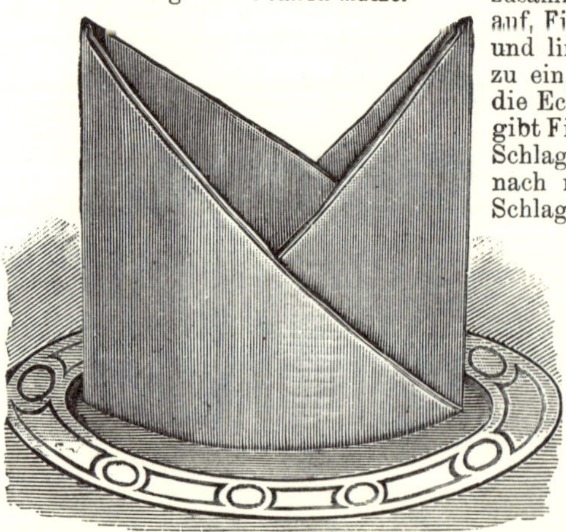

Fig 71. Lege eine vierfach zusammengelegte Serviette quer auf, Fig *A* Schlage die rechte und linke Seite nach der Mitte zu ein, gibt Figur *B*. Schlage die Ecke *a* auf *b* und *c* auf *d*, gibt Fig. *C*. Wende, gibt Fig. *D*. Schlage die vordere Längshälfte nach rückwärts, gibt Fig *E*. Schlage den rechten Flügel bis zur punktierten Linie vorn herum, den linken rückwärts ein, u. stecke die Spitzen zwischen die Kanten, wie Hauptfigur zeigt. Dieselbe Figur kann man auch aus einer dreifach zusammen gelegten Serviette machen. Schlage anstatt wie bei *B* zwei Seiten, nur eine Seite ein Drittel ein.

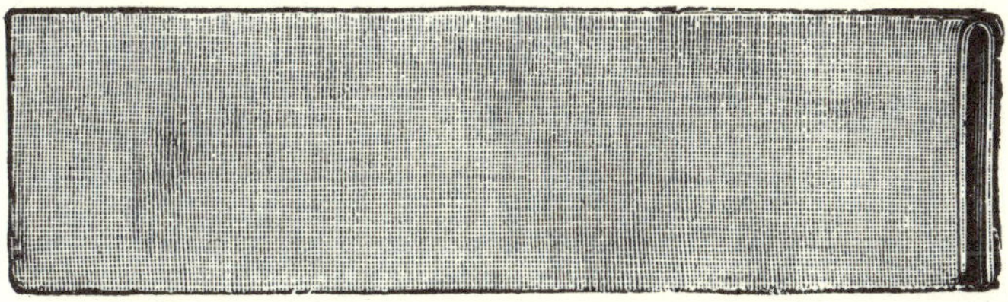

Fig. A.

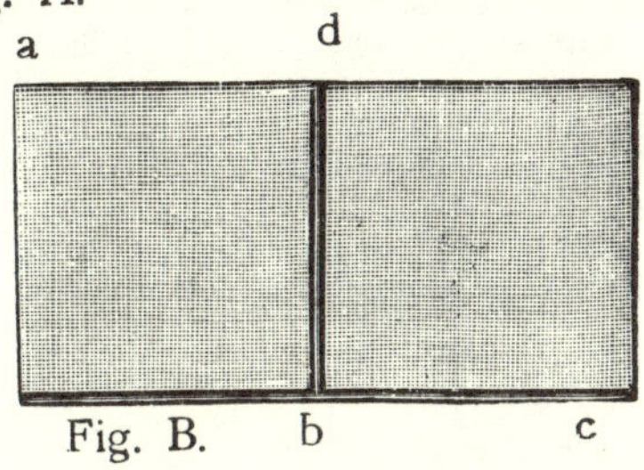

Fig. B.

Fig. H

Fig C.

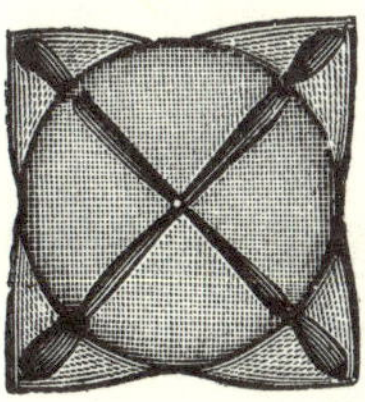

Fig. G.

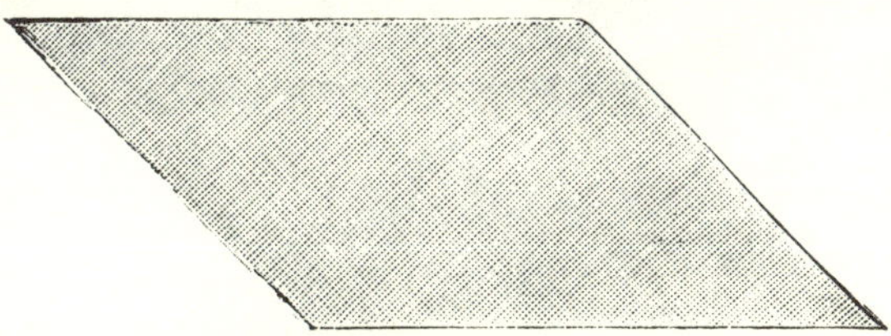

Fig. D.

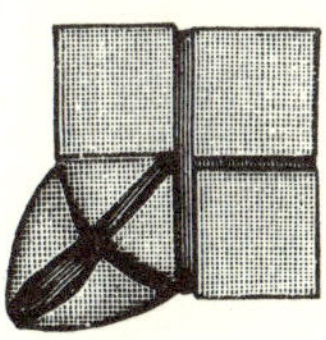

Fig. F.

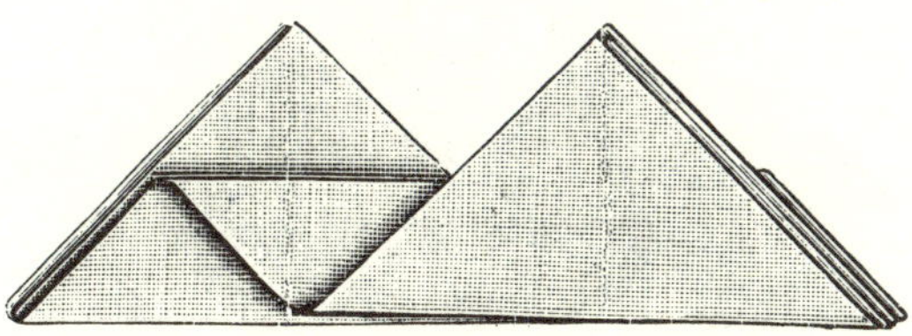

Fig. E.

Fig. 72. Lege eine doppelt zusammengelegte Serviette, Fig. *A*, nochmals zusammen, wie Fig. *B* zeigt. Schlage die rechte und linke Seite nach der Mitte ein, gibt Fig. *C*. Schlage die vorderen beiden Ecken nach der hinteren Mitte, gibt Fig *D*. Wende, gibt Fig. *E*. Lege einen Finger auf die vordere Ecke und ziehe die beiden Ecken rechts und links nach dem Körper zu (nach der Mitte) zurück, soweit es geht, gibt Fig. *F*. Schlage eine Hälfte nach rückwärts unter, gibt Fig. *G*. Klopfe recht fest und schlage die Spitzen *H* zu Füssen auseinander. Stelle die Serviette auf. Oben befinden sich 3 Spitzen. Lege die rechte und linke behutsam nach rechts und links nieder. In die mittlere Spitze, welche stehen bleiben muss, laufen hinten 2 Kanten ein; diese ziehe (lege, streiche) parallel neben einander von der Spitze bis auf den Boden; sie geben so die Stütze für die mittlere Spitze, welche stehen bleiben muss u. in die sie auslaufen. Fertig.

Fig. 73. Wird genau geformt wie Fig. 72. Nur wird die Spitze nach vorn niedergelegt, und die vorher beschriebenen parallel laufenden Kanten werden rechts u. links etwas ausgeknickt (gezogen), wie Hauptfigur

(Fortsetzg. rechts)

Fig. 74:
Kreiswinkel.
Komp. v. L. Fritzsche.

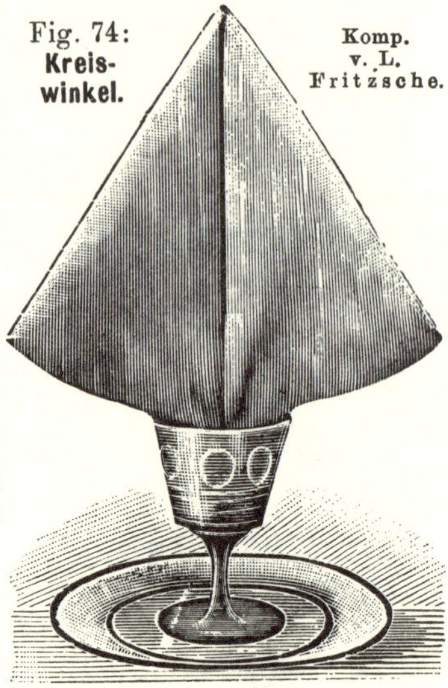

Fig 72:
Der Schild.
Komp. v. Max Lebe.

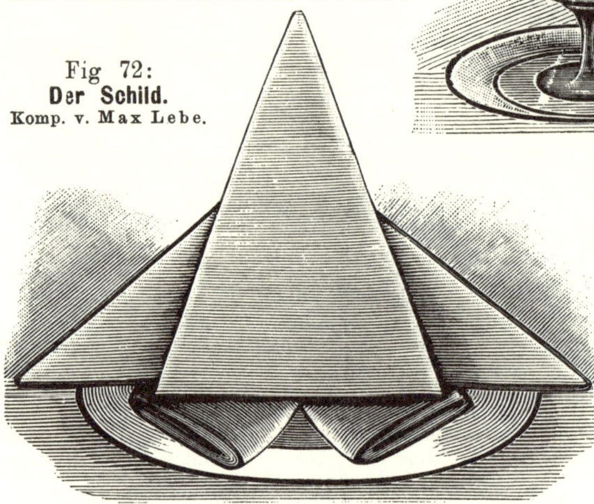

Fig. 73:
Das Wappenschild.
Komp. v. Max Lebe.

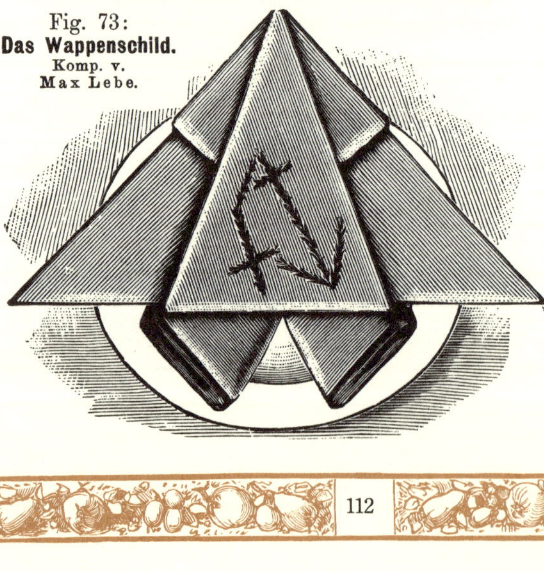

Fig. A.

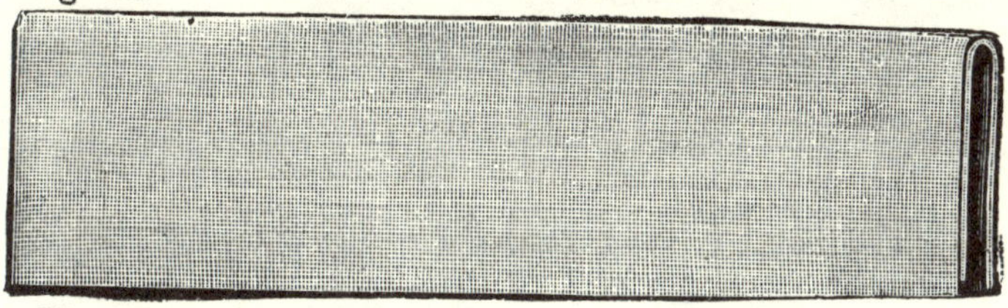
Fig. B.

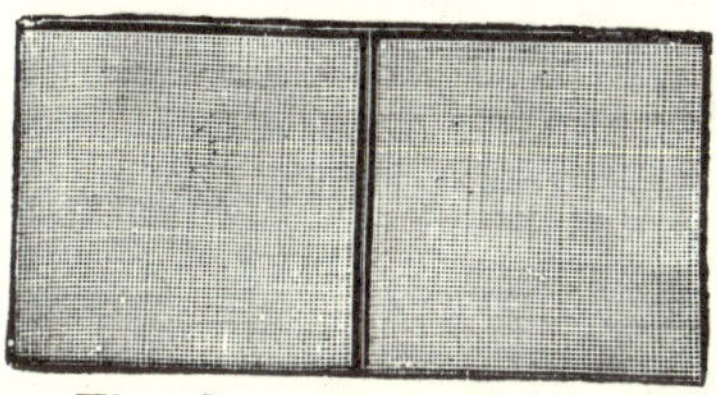
Fig. C.

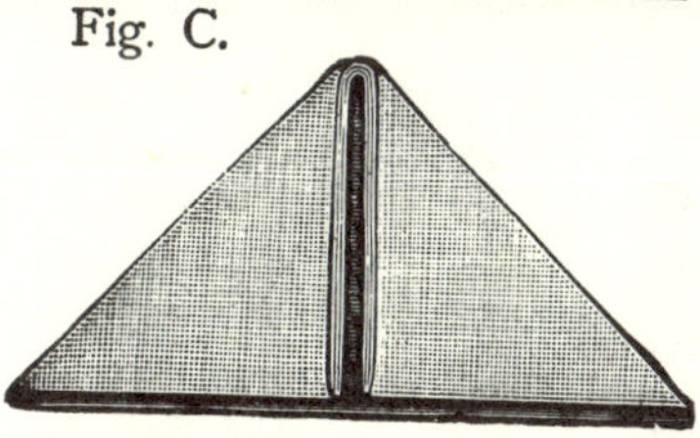
Fig. D.

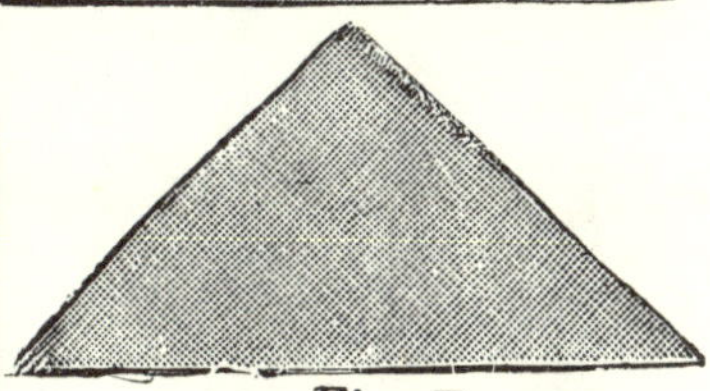
Fig. E.

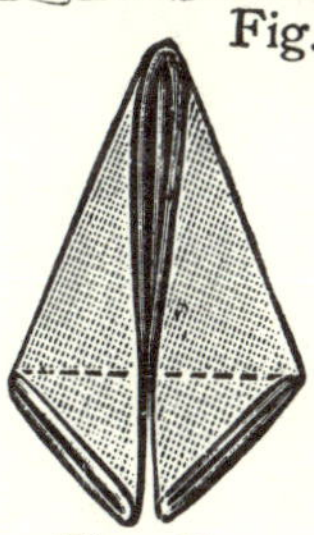
Fig. F.

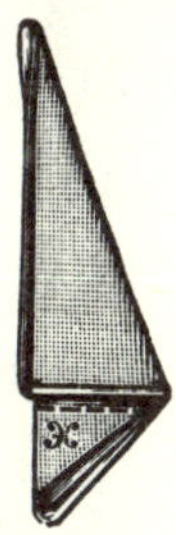

Fig. G

zeigt. Man kann vorher ein Wappen oder Monogramm in die Stelle, welche das eigentliche Schild bildet, hineinfälteln, wie im „Fälteln" beschrieben. — *Fig. 74.* Nimm eine dreifach oder vierfach vollständig zusammengelegte Serviette über's Kreuz vor, ohne sie aufzumachen. Schlage die rechte und linke Ecke nach der Mitte ein, gibt fast Fig *F*. Schlage wieder die Hälfte unter, gibt Fig. *G*. Stelle die Spitzen *x* in ein Glas, die Flügel gehen von selbst auseinander.

Fig. 75:
Belegkarten-Halter,
auch **Menü-Halter.**
Komp. v. Max Lebe.

Fig. 75. Von einer vierfach der Länge nach zusammengelegten Serviette schiebe die obere Lage 2—3 cm nach vorn und den unten liegen gebliebenen hinteren Rand auf den vorgeschobenen über, wie Fig *A* zeigt. Aus diesem so entstandenem Band entsteht der Anschlag, in welchen man, wie die Hauptfigur zeigt, die Karten steckt. Hat man nur wenig Gäste und vorher Zeit, so kann man, wie Fig. *A* zeigt und in Nr. 74 schon erwähnt ist, kleine Eckfältchen hinein machen, in diesem Falle, wenn man die Sitzeinteilung genau kennt, den Anfangs-Buchstaben vom Namen des Gastes, welcher den Platz erhalten soll.

Fig. 76, 77 u. 78. Das Formieren ist bei allen gleich, nur die Spitzen erhalten, je nachdem was die Fig. vorstellen soll, eine andere Biegung. Man lege eine offene Serviette über Kreuz auf den Tisch. Schlage die hintere und vordere Ecke nach der Mitte, gibt Fig. *B* Schlage den hinteren und vorderen Rand nocheinmal nach der Mitte, gibt Fig. *C* Wiederhole dies, gibt Fig. *D*. Schlage die vordere Längshälfte zurück auf die hintere und rolle beide Spitzen genau bis zur Mitte fest ein, wie Fig. *E* u. *F* zeigt. Die Spitzen müssen gleich bei Beginn des Einrollens etwas herausragen. Ziehe nun die Spitzen einzeln heraus, und biege sie, wie die Figuren zeigen.

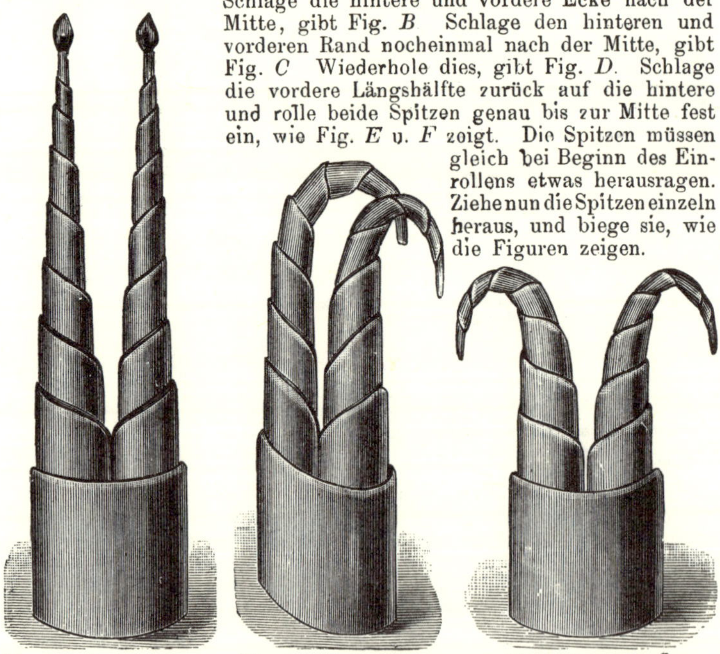

Fig. 76. **Doppel-Kerze.** Fig. 77: **Gemshörner.** Fig. 78: **Widder.**
Kompositionen von L Fritzsche.

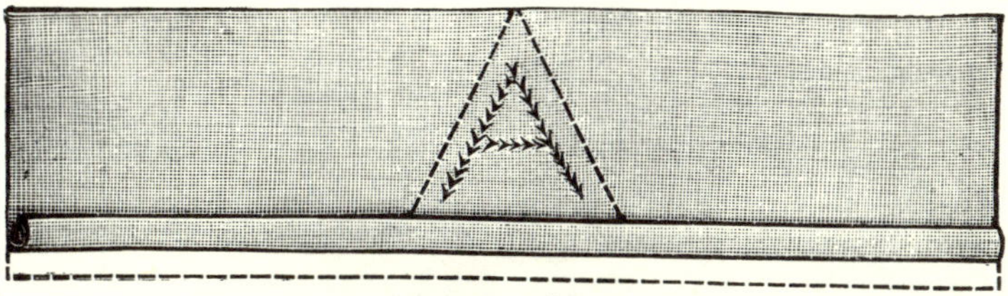

Fig. A.

Fig. B.

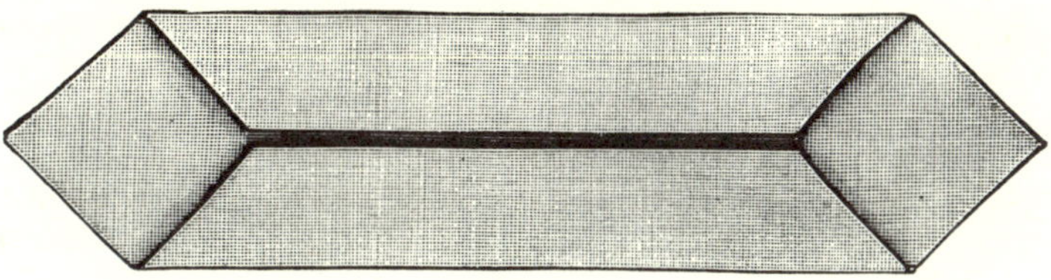

Fig. C.

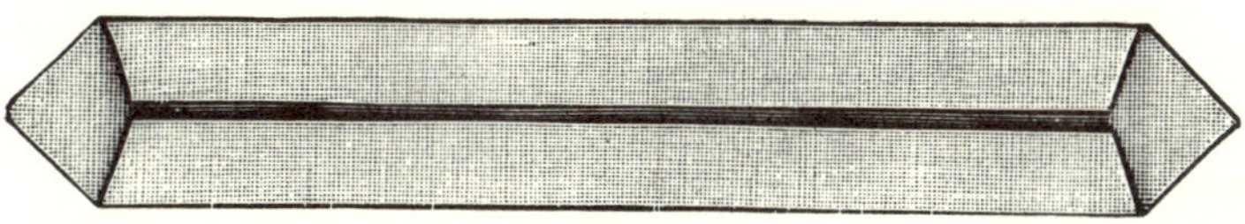

Fig. D.

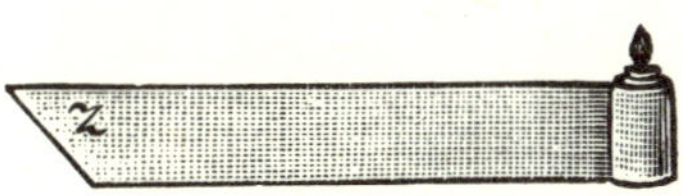

Fig. E.

Fig. F.

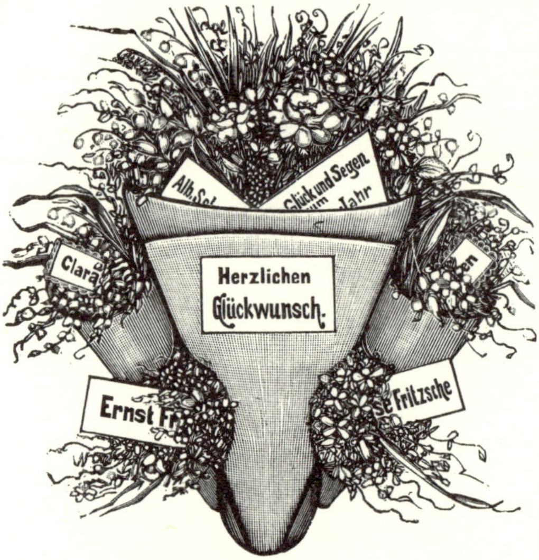

Fig. 79: Glückwunsch-Serviette. Komp. v. L. Fritzsche.

Fig. 79 Forme genau Fig. 75. Belegkarten-Halter Lege die stehende Spitze nach vorn nieder, gibt Fig. *M* rechts. Ziehe die beiden Spitzen *s* unten herum in der Pfeilrichtung ein, gibt Fig. *N* mit 5 Füllhörnern. Diese Figur kann bei allen Gratulations-Gelegenheiten verwendet werden. Sind reichlich Blumen vorhanden, um die fünf Füllhörner zu füllen, und bei grösseren Gelegenheiten, forme man diese Figur aus einem kleinen Tischtuche. Diese mit Blumen gefüllte Servietten-Figur muss die Mitte des Gratulations-Tisches einnehmen. Weiteres siehe Hauptfigur.

Fig. 80: **Blumen-Kissen.** Komp. v. L. Fritzsche.

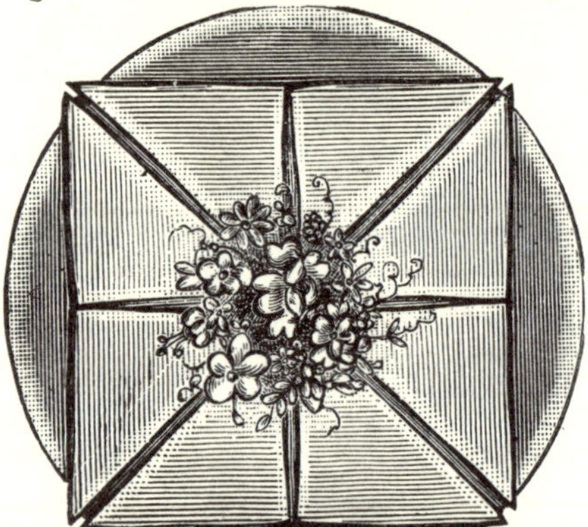

Fig. 80. Forme nach **Tafel III.** Lege die vier Ecken einer Serviette 3-mal hintereinander, ohne zu wenden, nach der Mitte ein, gibt Fig. *A*, *C*, dann *E* Wende, gibt Fig. *F*. Lege die Ecken wieder ein und Blumen darauf.

Fig. 81. Nimm eine der Länge nach vierfach zusammengelegte Serviette, Fig. *A*. Lege einen Finger auf die Mitte des vorderen Randes und ziehe die rechten Seiten nach dem Körper zu, sodass es Fig. *B* gibt. Schlage die rechte und linke Seite nach der Mitte, etwas zum Körper zurückziehend, ein, gibt Fig. *C*. Schlage eine Hälfte unter die andere, gibt Fig. *D* Ziehe nun die Ecke *a* unten herum nach rechts durch, gibt Fig. *E*. Schlage die liegen gebliebene Ecke *b* nach *c* und stecke die Spitze in die Falte, Fig. *F*.

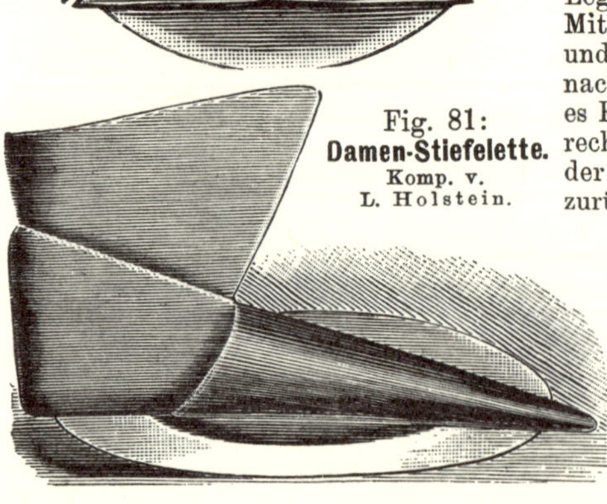

Fig. 81: **Damen-Stiefelette.** Komp. v. L. Holstein.

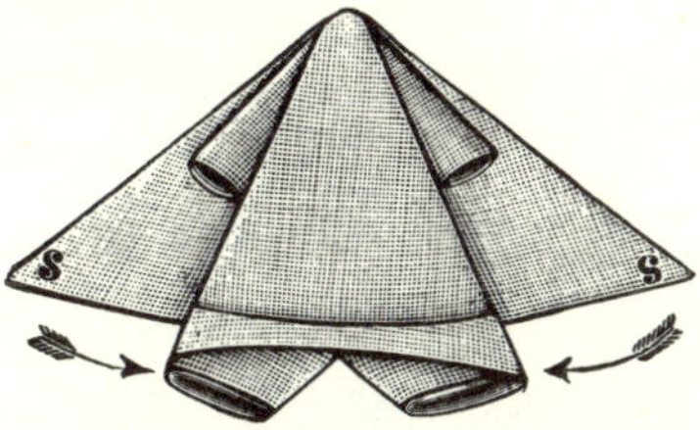

Fig M.

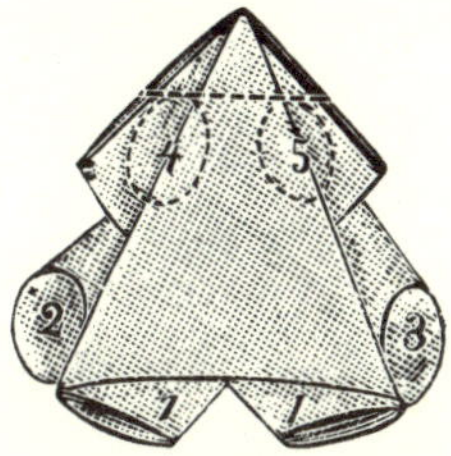

Fig. N

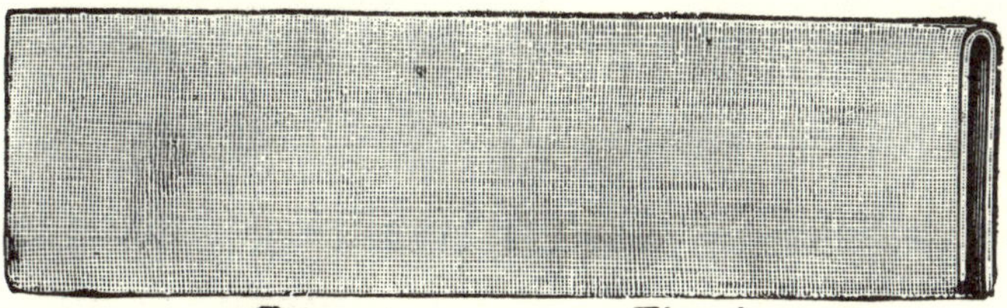

Fig. A.

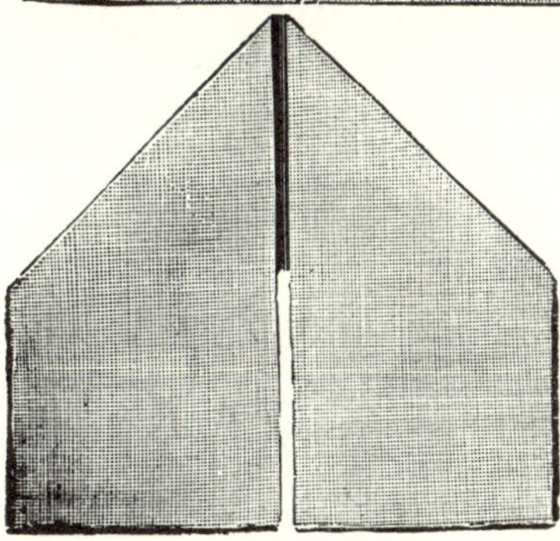

Fig. B

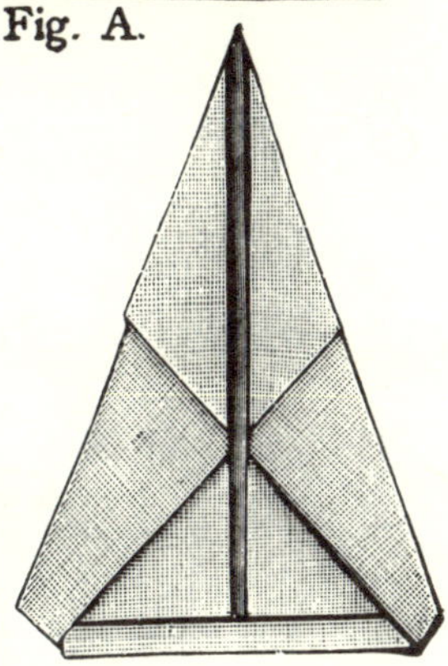

Fig. C.

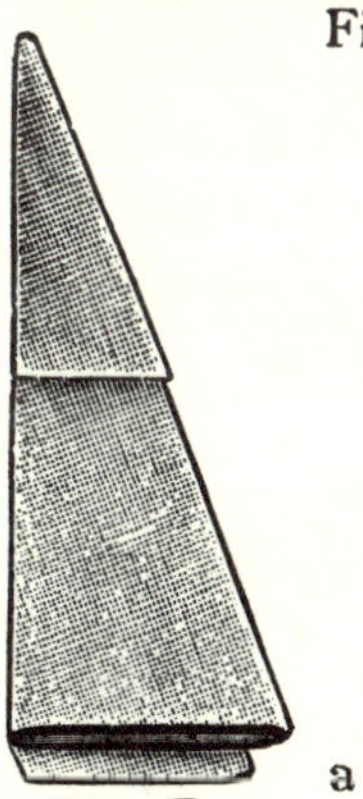

Fig. D.

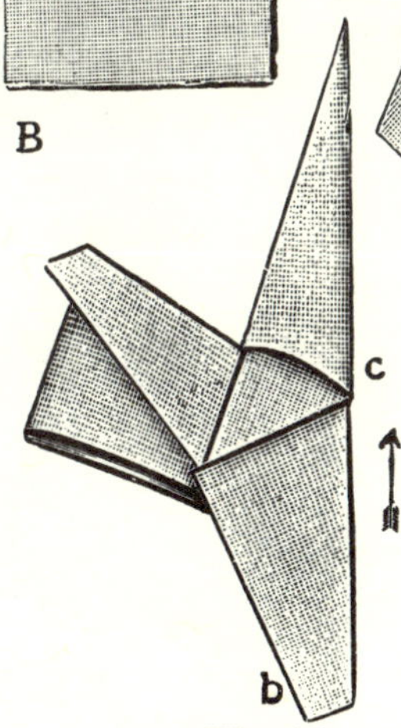

Fig. E.

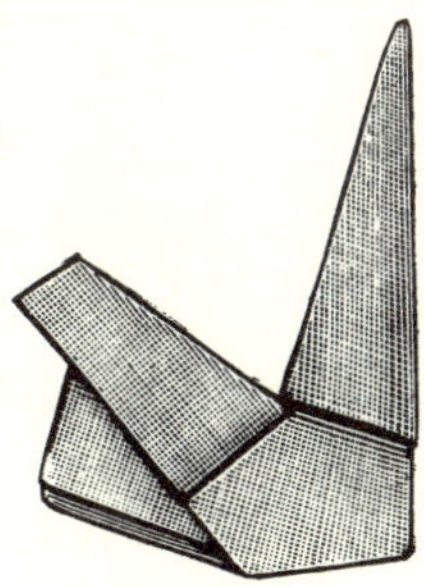

Fig. F.

Fig. 82. Lege eine ausgebreitete Serviette über Kreuz zusammen, Fig. *A.* Schlage die hinteren 2 Ecken auf die vorderen, gibt Fig. *B.* Schlage die hintere Hälfte zu einem Dreieck auf die vordere, gibt Fig. *C.* Wende, gibt Fig *D.* Schliesse die Ecken ineinander, wie Fig. *E* zeigt. Stelle die Mütze auf, ziehe die vorderen drei Spitzen herab und stecke die zwei mittleren halb rechts, halb links in die Falte, wie Hauptfigur zeigt.

Fig. 83. Nimm eine vierfach im Quadrat zusammengelegte Serviette, Fig. *F* Schlage die linke rückwärtsliegende Ecke halbrechts vorwärts auf die anderen vier Ecken, gibt Fig. *G.* Schiebe dieses Dreieck in fünf Falten, wovon die mittlere in die Spitzen auslaufen muss, und biege die vier Ecken leicht abwärts.

Fig. 84. Wird gefertigt wie 83, doch schlägt man von den vier übereinander liegenden Ecken zwei oben und zwei unten herum zu einem Dreieck . Dann verfahre man wie vorher, lasse die mittlere Spitze stehen und ziehe zwei rechts, zwei links heraus.

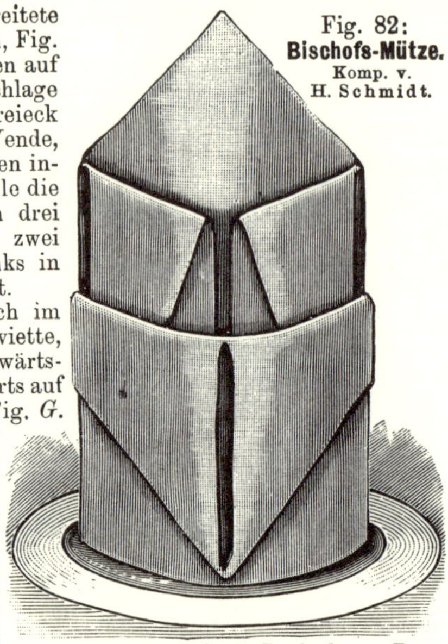

Fig. 82: **Bischofs-Mütze.**
Komp. v. H. Schmidt.

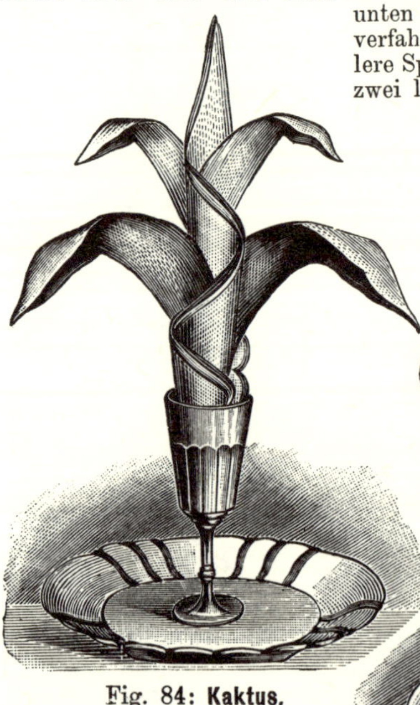

Fig. 84: **Kaktus.**
Komp. v. L. Fritzsche.

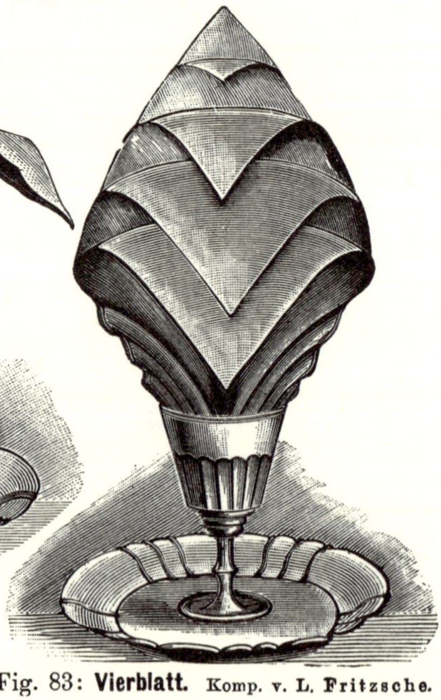

Fig. 83: **Vierblatt.** Komp. v. L. Fritzsche.

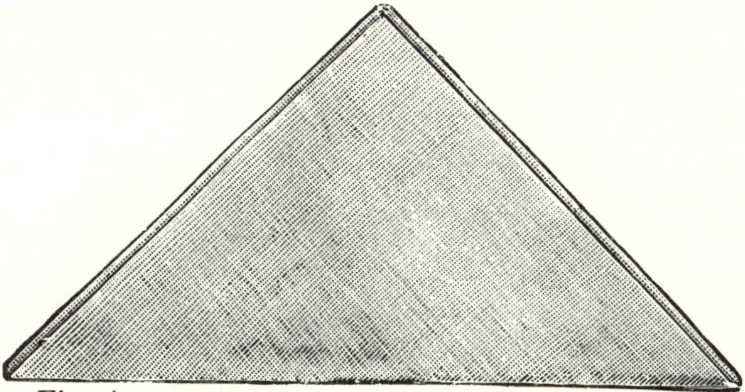

Fig. A.

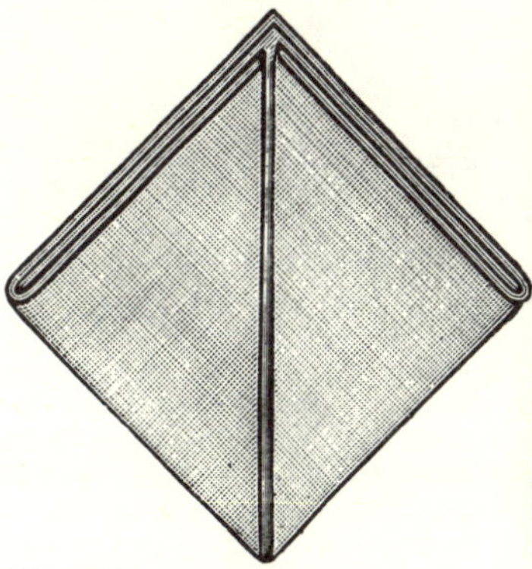

Fig. B.

Fig. F.

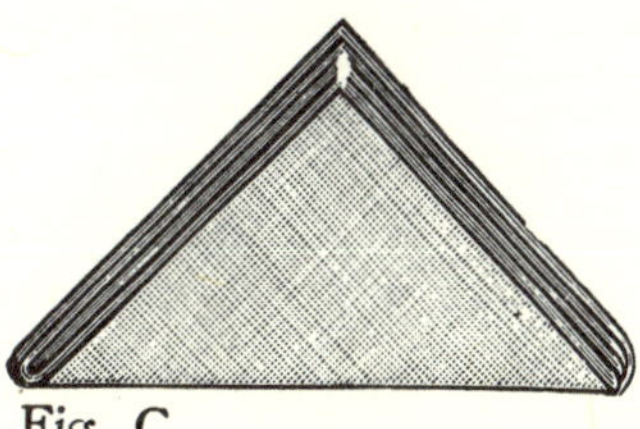

Fig. C.

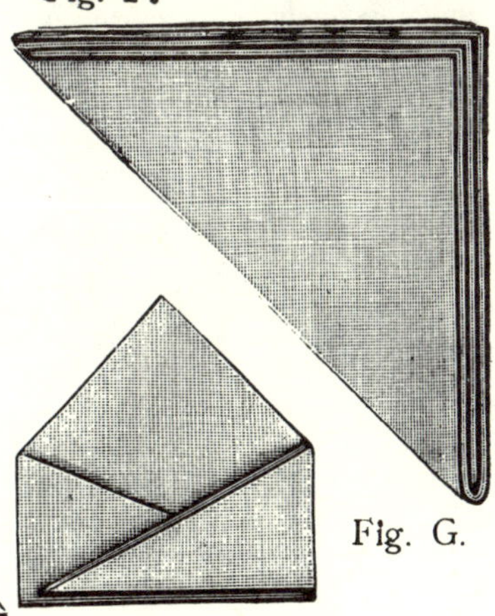

Fig. G.

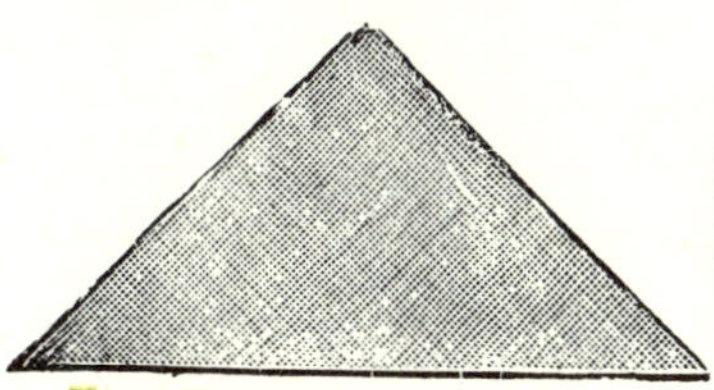

Fig. D.

Fig. E.

Fig. 85. Lege eine Serviette nach Fig. *B*, **Tafel II,** zusammen und quer auf den Tisch. Schlage die hintere Längskante mit 3 Ctm. Abstand bis zur vorderen Längskante, aus der Saumseite Fig. *A* rechts ersichtlich.

Fig. 85: **Fächer.** Komp. v. L. Fritzsche.

Schiebe die Lage in etwa zehn Falten und brich in den oberen Rand Eckfältchen nach oben, in den unten liegenden nach unten.

Fig. 86: **Vierkelch-Rose.** Komp. v. L. Fritzsche.

Fig. 86. Forme nach **Tafel III.** Schlage die vier Ecken einer ausgebreiteten Serviette viermal nach der Mitte ein, doch muss hierbei die Lage jedesmal gewendet werden, gibt Fig. *K* mit 8 Ecken in der Mitte. Breite die unteren vier Ecken aus, wie Fig. *O* zeigt; es wird daraus ein etwas anders zusammengelegtes Doppelkreuz entstehen, als in Fig. 30 beschrieben. Zupfe nun bei *v* den inneren Serviettenstoff heraus, wie bei den Manschetten, Fig. 40. Sind alle vier Ecken ausgezupft, so vereinige dieselben hochziehend, leicht fassend, in die rechte Hand. Dadurch senkt sich die Mitte nach unten, welche in ein Glas gestellt wird. Ordne nun die oberen ausgezupften Ecken regelmässig, wie Hauptfigur zeigt. Es werden hierbei auch die vier äussersten Ecken der ausgebreiteten Serviette wieder zum Vorschein kommen.

Fig. 87: **Rollen.**

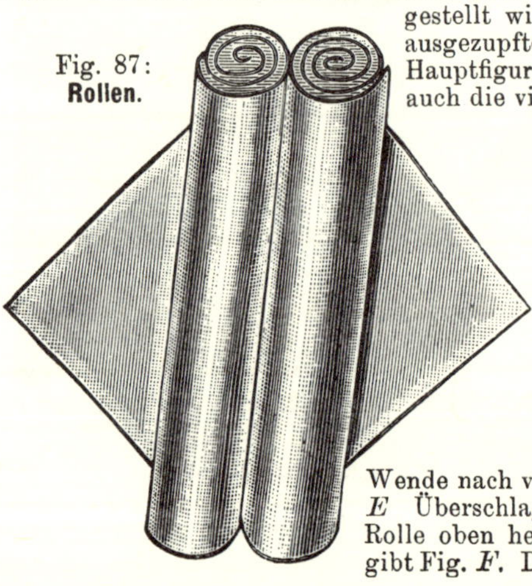

Fig. 87 Nimm eine vierfach zusammengelegte Serviette quer vor, Fig. *B*. Lege auf die Mitte der vorderen Kante einen Finger und ziehe die rechte und linke Seite, an den Vorderecken fassend, nach der Mitte zurück, gibt Fig. *C*. Wickle die hinteren Enden nach vorn, so weit Fig. *D* zeigt. Wende nach vorn überschlagend, gibt Fig. *E* Überschlage die rechts unten liegende Rolle oben herüber auf die andere Spitze, gibt Fig. *F*. Desgleichen die andere Rolle.

Fig. A.

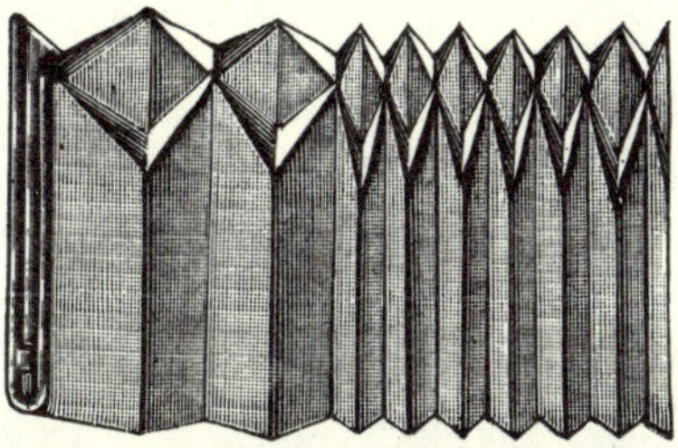

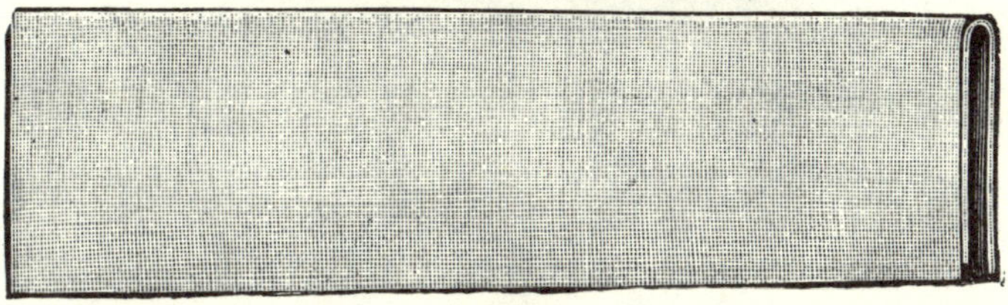

Fig. B.

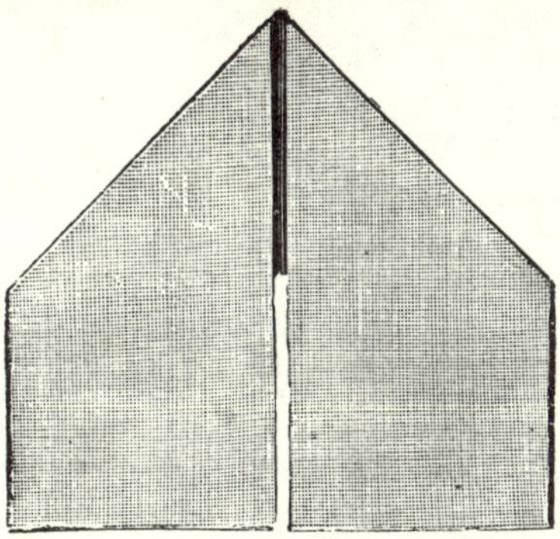

Fig. C

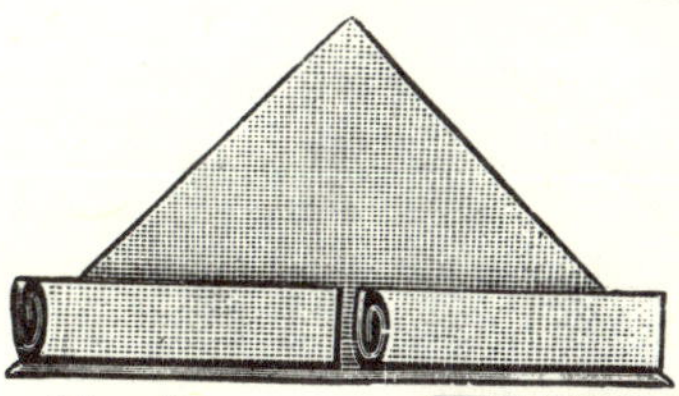

Fig. D.

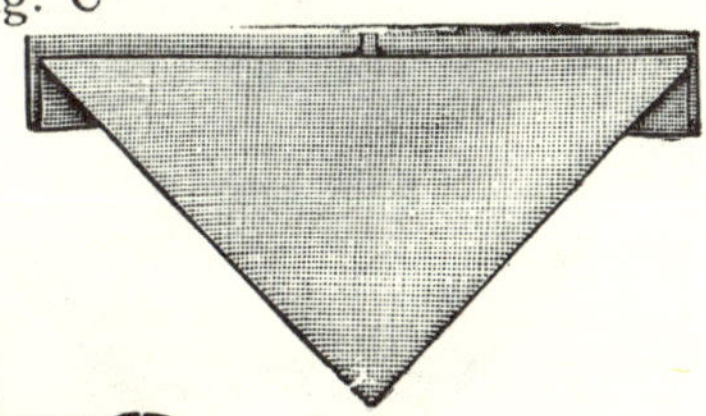

Fig. E.

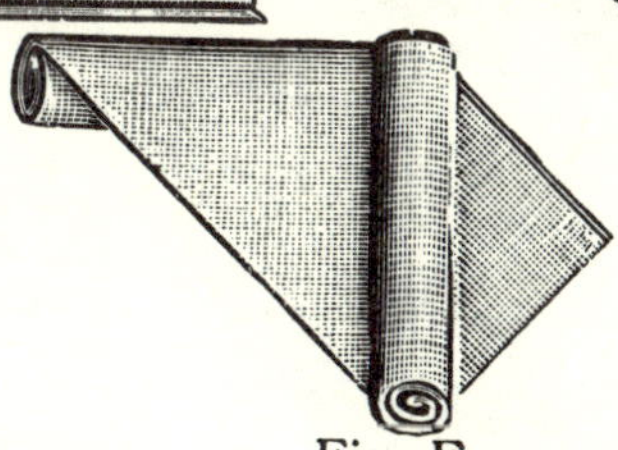

Fig. F.

Fig. 88· **Stiefmütterchen.**
Komp. v. E. Müller.

Fig. 88. Lege eine ausgebreitete Serviette über Kreuz zusammen, Fig. *A.* Schlage die rechte und linke Ecke auf die vordere, gibt Fig. *B.* Überschlage die hintere linke Ecke auf die vorderen drei, gibt Fig. *C.* Schiebe diese Lage in etwa fünf leichte Falten, wie *D* zeigt, gibt Fig. *E.* Stelle die Lage in ein Glas mit der zuletzt übergeschlagenen Ecke nach hinten. Ziehe die jetzt vorn stehenden 2 Ecken nach unten rechts und links auseinander. Die nächsten beiden Ecken ziehe nur nach rechts und links, breite aber die Spitzen-Säume etwas flach auseinander. Die obere (mittlere) Spitze biege nur ein wenig nach vorn.

Fig. 89: **Nelke.**
Komp. v. L. Fritzsche.

Fig. 89. Forme nach **Tafel III.** Schlage die 4 Ecken viermal hintereinander ein, ohne zu wenden, gibt Fig. *H.* Wende nun, gibt Fig *I.* Schlage die Ecken wieder ein, gibt Fig. *M.* Verfahre weiter, wie in Fig. 36 und 37. Die äusseren Ecken werden herabgezogen.

Fig. 90. Forme wieder nach **Tafel III.** Schlage die vier Ecken 3-mal hintereinander ein, ohne zu wenden, gibt Fig. *E.* Wende, gibt Fig. *F.* Schlage die Ecken wieder ein, gibt Figur *K.* Wende, gibt Figur *L.* Stülpe die unteren Ecken herauf, wie Fig. *F* rechts zeigt, u. lege die Figur über Kreuz auf den Teller.

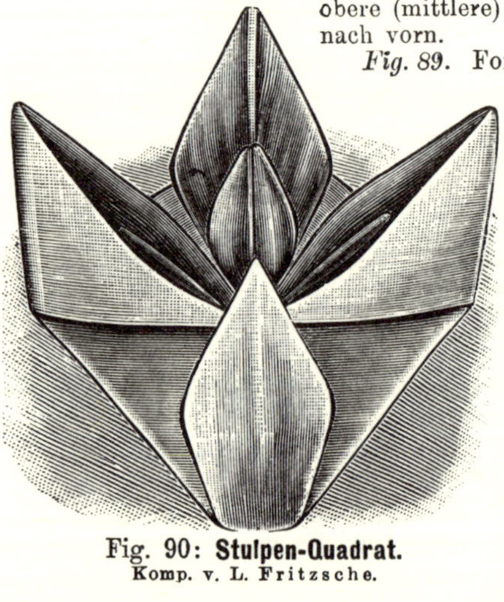

Fig. 90: **Stulpen-Quadrat.**
Komp. v. L. Fritzsche.

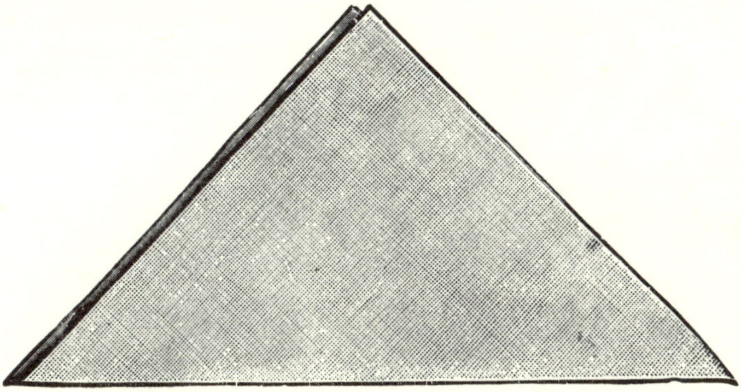

Fig. A.

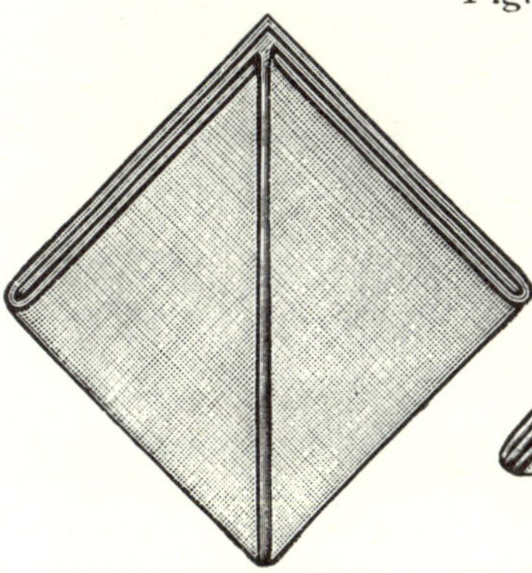

Fig. B.

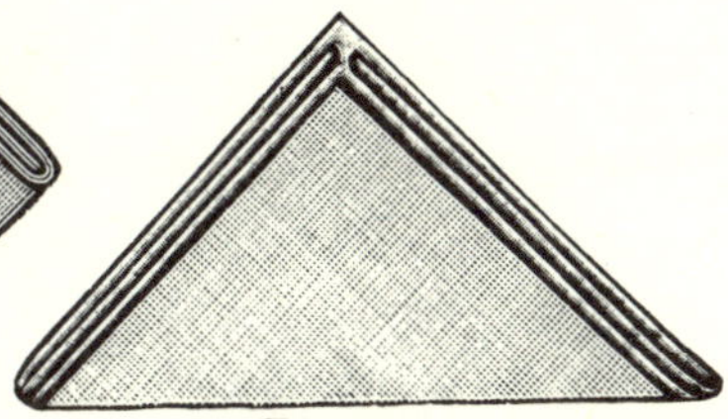

Fig. C.

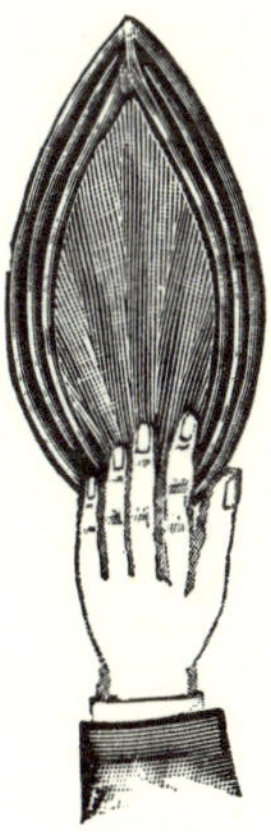

Fig. D.

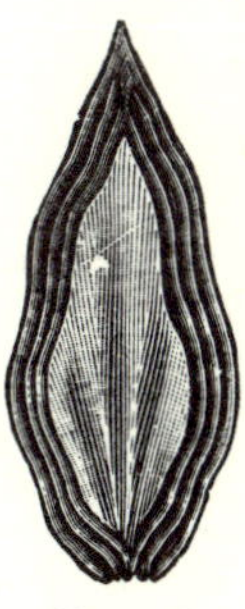

Fig. E.

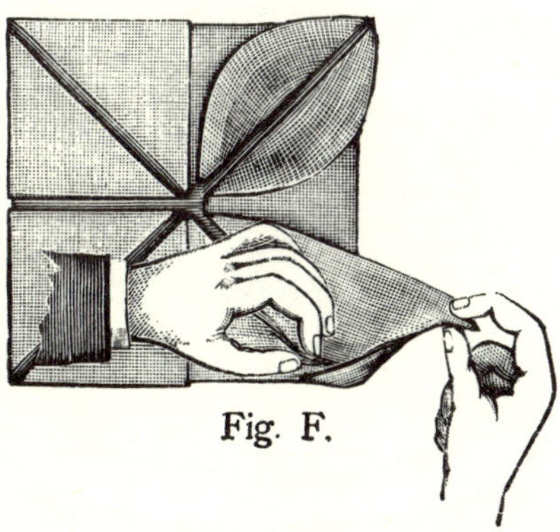

Fig. F.

Fig. 92: **Dreikarten-Fächer.**
Komp. v. L. Fritzsche.

Fig. 91 Nimm eine der Länge nach dreifach zusammengelegte Serviette, Fig. *A*, quer vor. Lege einen Finger auf *m* und ziehe die Ecken *n n* nach dem Körper zu zurück. Gibt Umriss Figur ***B***. Schlage die Enden *k k* auf *f f*. Überschlage dieses Band noch einmal nach vorn, gibt Fig. *C*. Schlage die rechte und linke Seite übereinander und schliesse die Enden ineinander, wie Fig. *D*

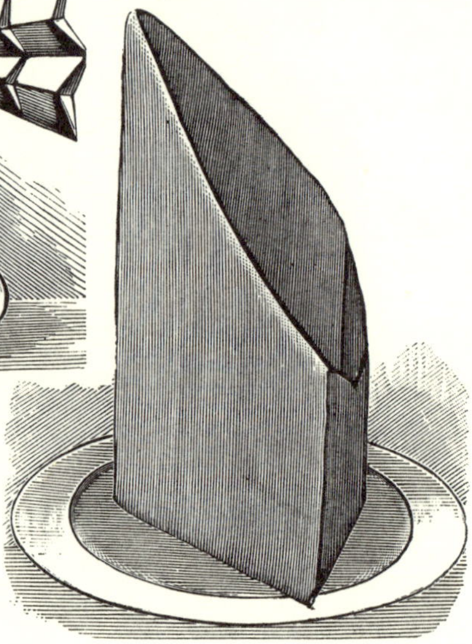

Fig. 91: **Garde-Mütze.**
Komp. v. G. Brunngräber.

zeigt. Diese Figur ist vorzugsweise verwendbar an den Tafeln höchster Herrschaften. Stelle die Serviette so auf, dass der Grundriss ein rechtwinkliches Dreieck bildet. Demgemäss müssen auch die Seiten so eingeschlagen sein, was man abmessen muss, indem man die ineinander zu schlagenden Ecken-Teile gerade so lang macht, als der liegenbleibende Teil mit der Spitze.

Fig. 92 u. 93. Lege eine Serviette nach Fig. 2, **Tafel II,** quer auf, lege die hintere Kante nach der vorderen zu, etwa 4—5 cm zurückstehend Wiederhole dies mit der neuen Kante nochmals, wie Fig. *E* zeigt. Lege die Lage in etwa zehn Falten. Brich Eckfältchen in alle drei Kanten. Stelle die Serviette in ein Glas, Fig. 92, oder in einem Kreis um einen Blumentopf, Fig. 93.

Fig. 93: **Blumentopf-Hülle.**
Komp. v. L. Fritzsche.

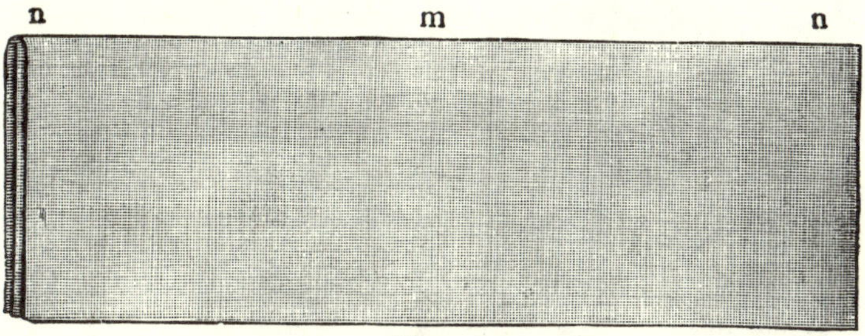

Fig. A.

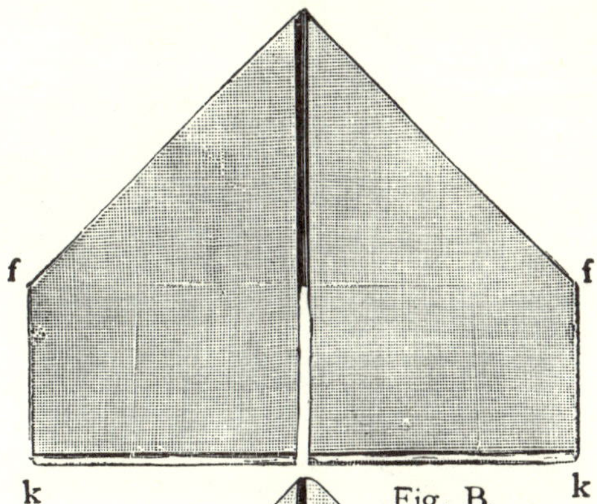

Fig. B.

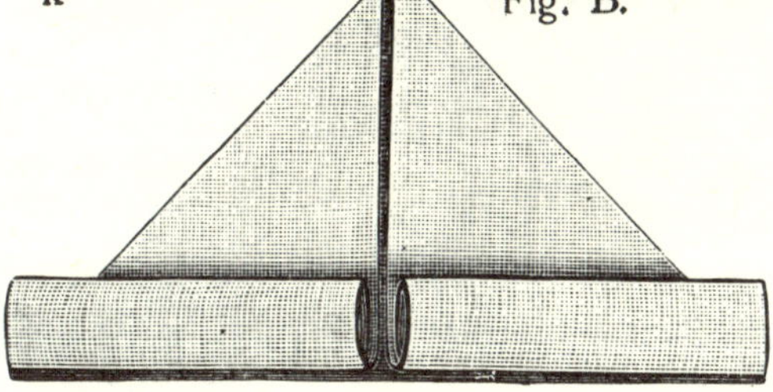

Fig. C.

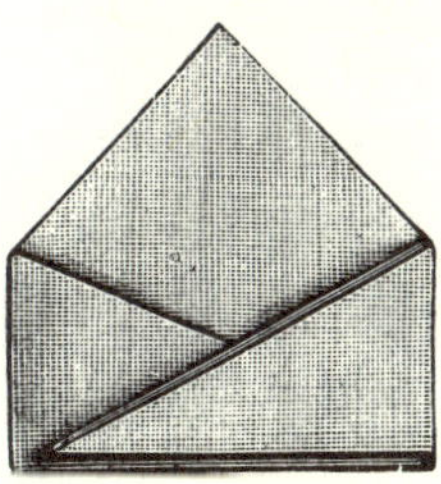

Fig. D.

Fig. E.

Fig. 94: **Table-d'hôte-Serviette.**

Alle vier Figuren erfordern gleiche Behandlungsweise, wobei es nur darauf ankommt, aus welcher Lage sie gebrochen werden.

Zu Fig. 94. Nimm eine 3-fach vollständig zusammengelegte Serviette und schlage eine Lage zurück, Fig. *A*.

Zu Fig. 95. Nimm eine vierfach der Länge nach zusammengelegte Serviette quer vor und schlage die beiden rechten und linken Seiten nach der Mitte ein, gibt Fig. *B*.

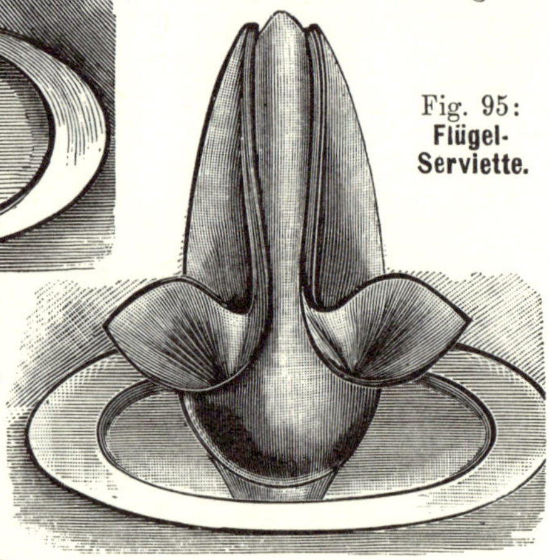

Fig. 95: **Flügel-Serviette.**

Zu Fig. 96 u. 97. Lege eine Serviette nach **Tafel II,** Fig. *B*, zusammen und schlage die rechte und linke Seite nach der Mitte ein, gibt Fig. *C* rechts. Schlage die hintere Hälfte nach vorn, gibt Fig. *D*. Die weitere Beschreibung ist für alle vier Lagen. Schlage die vorderen Ecken rückwärts auf den mittleren hinteren Rand der Serviette, sodass ein Dreieck, Fig. *E*, entsteht Wende, gibt Fig. *F*. Wickle die eine Hälfte, ein kleines Dreieck von dem Dreieck, um die linke Hand, und die andere Hälfte darüber, wie Fig. *G* und *H* zeigt Nun ziehe die oben oder unten liegenden Spitzen und Ecken nach Belieben heraus und gieb auch der Fig. ein beliebiges Aussehen, bei Fig. 94 jedoch keine, bei Fig. 95 nur je eine Ecke.

Fig. 96: **Fliege.**

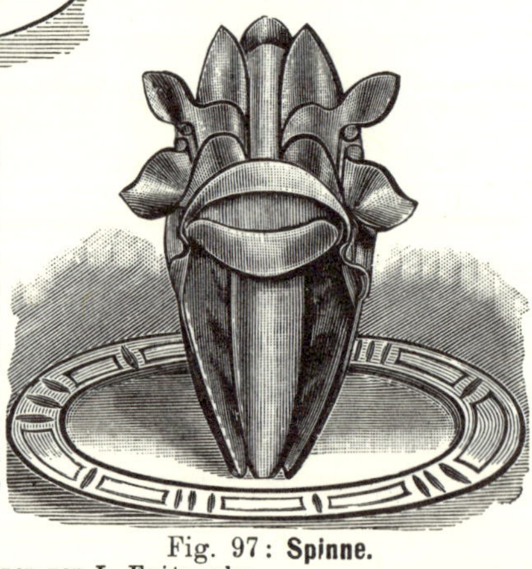

Fig. 97: **Spinne.**

Kompositionen von L. Fritzsche.

Fig. A.

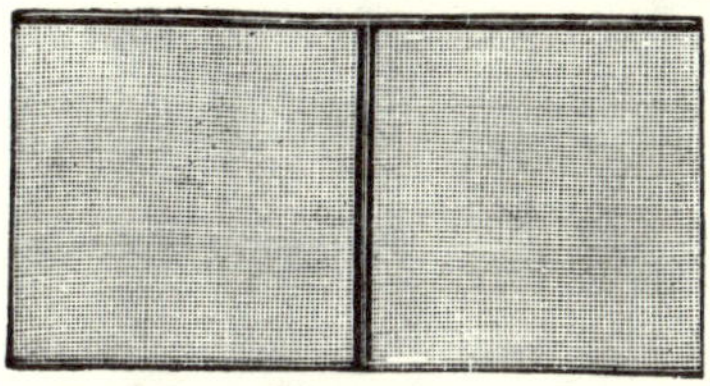

Fig. B.

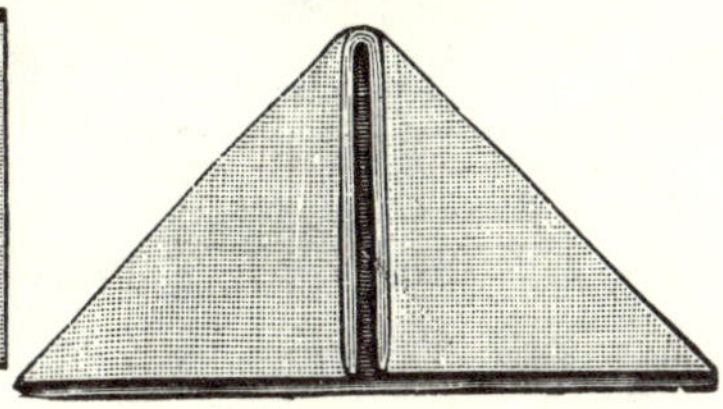

Fig. E.

Fig. C.

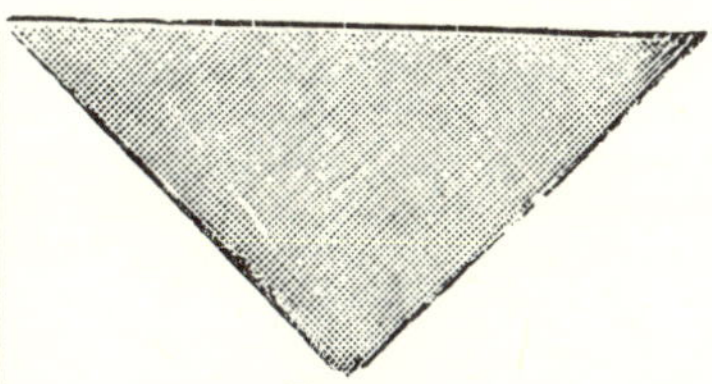

Fig. F.

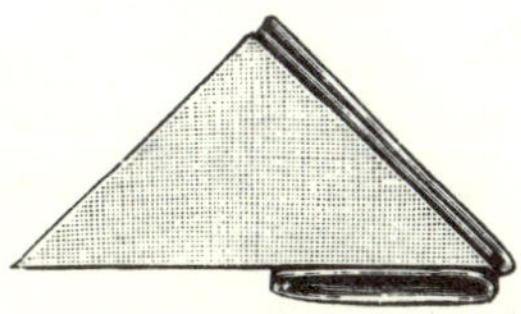

Fig. G.

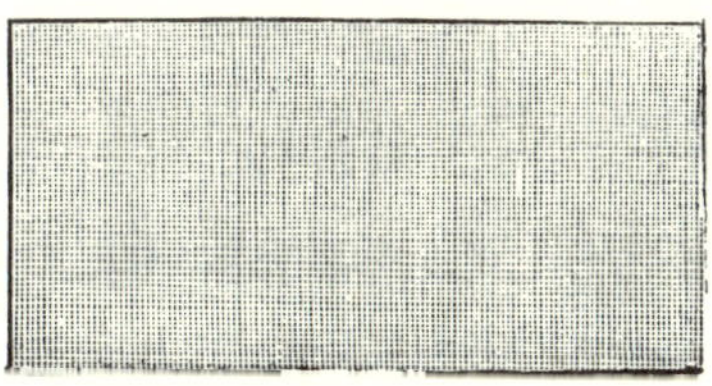

Fig. D.

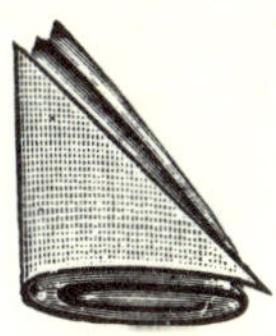

Fig. H.

Fig. 98 **Garnier-Serviette.**
Komp. v. L. Fritzsche.

Fig. 98. Nimm eine vierfach im Quadrat zusammengelegte Serviette und verdopple die Lage, die vier Saumseiten nach vorn überschlagend, welche oben liegen müssen, wie Fig. *A* zeigt. Schlage die vorderen Ecken rückwärts auf die Mitte, gibt Fig. *B*. Verfahre nun weiter wie auf vorhergehender Seite zu Fig. 94—96 beschrieben. Ist die Form vollendet, so ziehe die Säume einzeln nach oben.

Fig. 99. Forme nach **Tafel IV** bis *F*, Fig. *C* rechts. Brich ein kleines Quadrat in die niedere mittlere Spitze, wie Fig. *D* zeigt, gibt *E* Schlage das obenaufliegende Dreieck *y* zurück, gibt Fig. *F* Nun ziehe die rechte Ecke ganz gerade nach links bis beinahe zur Mitte, wie Fig *G* zeigt Brich dieselbe Ecke wieder zurück nach rechts, wie *H* zeigt und streiche die bezeichnete Ecke bis zur punktierten Linie unter dieselbe hinein, sodass sie verschwindet. Verfahre genau so mit der linken Seite, gibt Fig. *I*. Wende, ziehe das obenaufliegende Dreieck zurück und verfahre mit der rechten und linken Seite wie vorher, gibt Fig. *K*. Breite die unteren Spitzen zum Stehen auseinander und biege im oberen Quadrat die Ränder etwas ein.

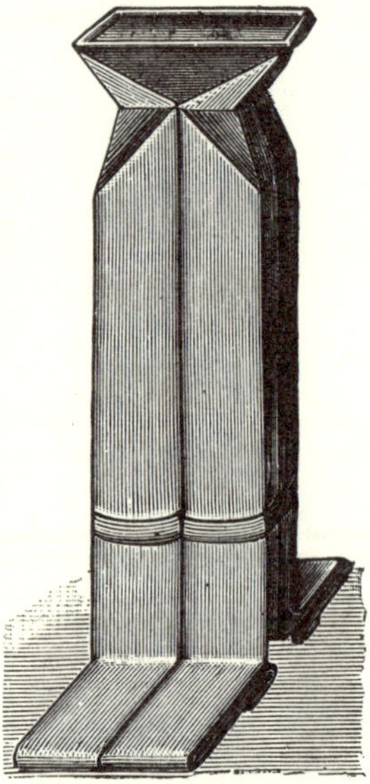

Fig. 99: **Aussichtsturm.**
Komp. v. L. Fritzsche.

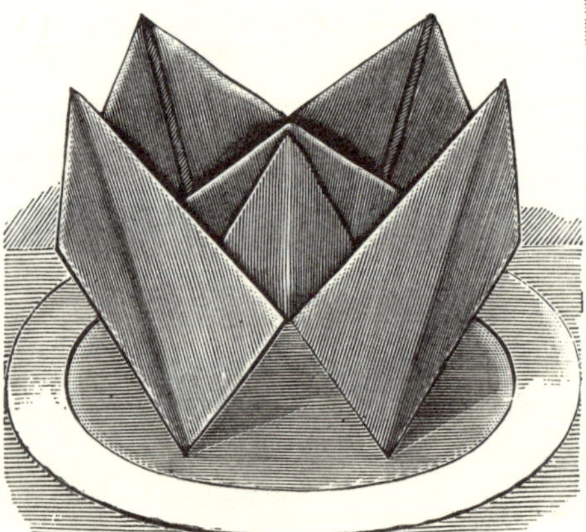

Fig. 100: **Krone.**
Komp. v. H. Schmidt.

Fig. 100. Forme nach **Tafel III.** Lege die vier Ecken zweimal hintereinander nach der Mitte und wende, Fig. *D*. Schlage die Ecken wieder ein, gibt Fig *G*. Wende, gibt Fig. *F*. Schlage die Ecken wieder ein, gibt Fig. *K*. Biege die vier äusseren Ecken nach oben, wende und stelle die Serviette auf die 4 Ecken, wie Hauptfigur zeigt

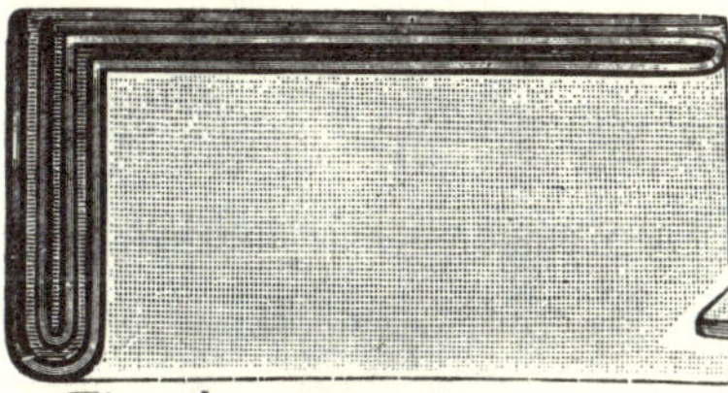

Fig. A.

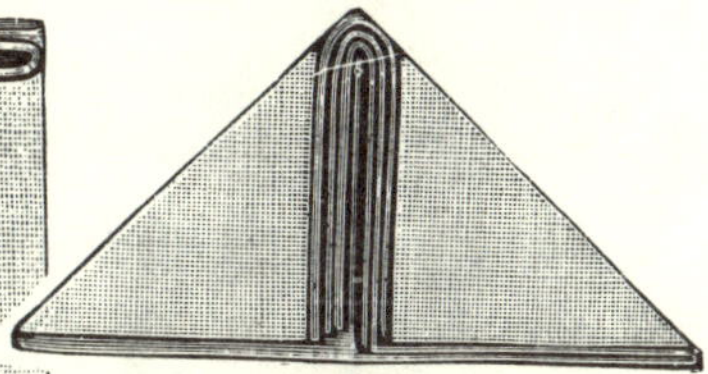

Fig. B.

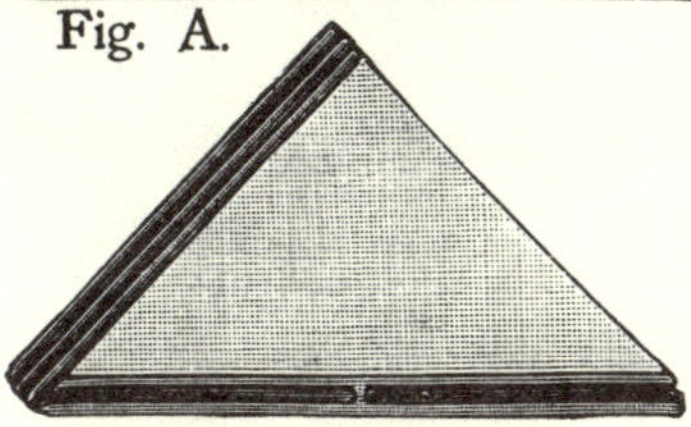

Fig. C.

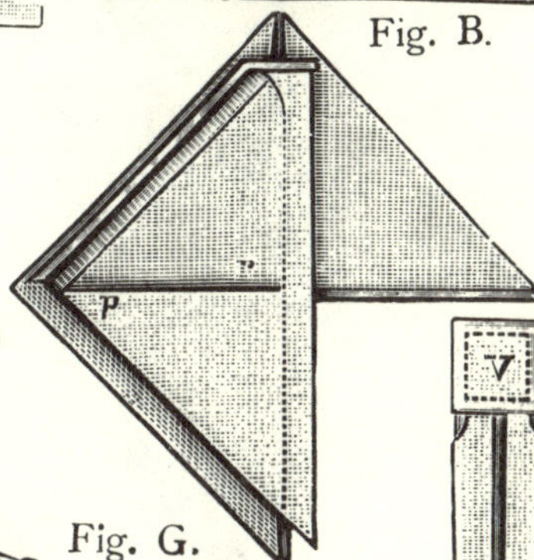

Fig. G.

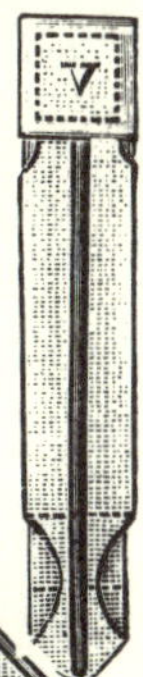

Fig . K .

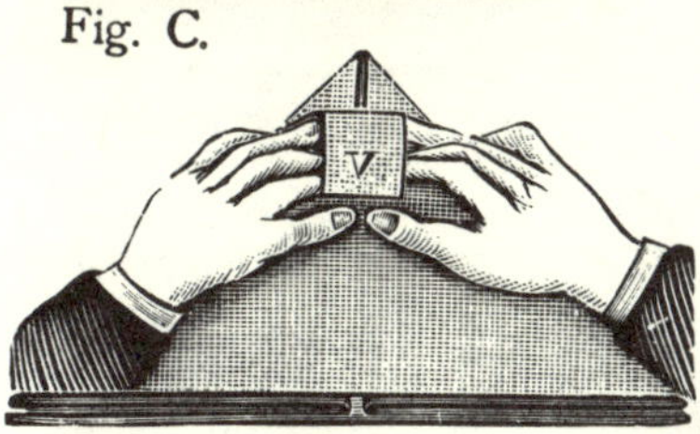

Fig. D.

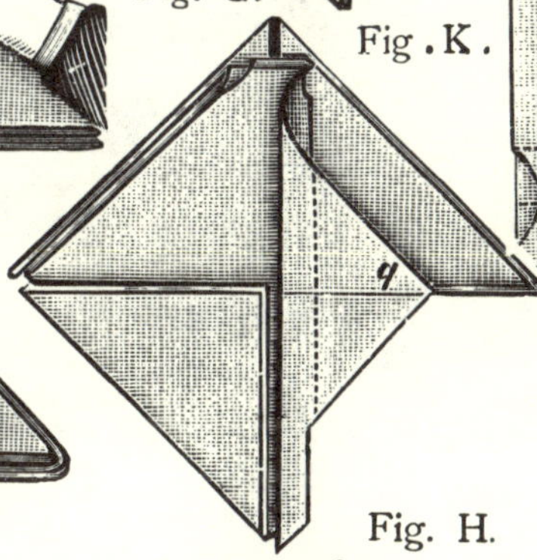

Fig. H.

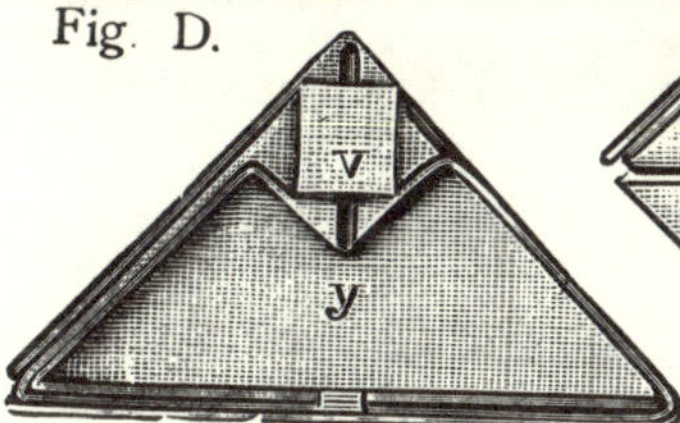

Fig. E.

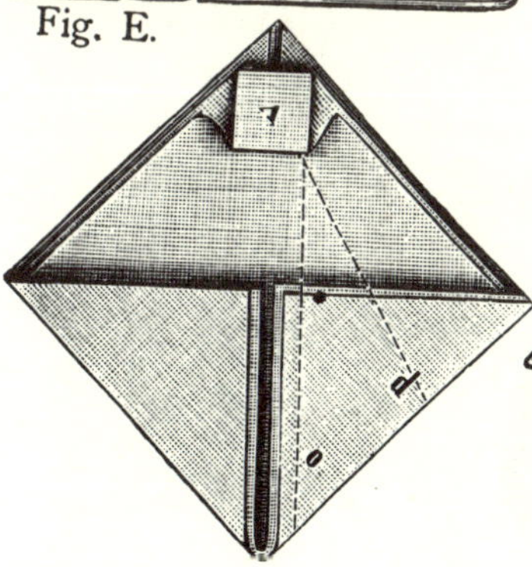

Fig. F.

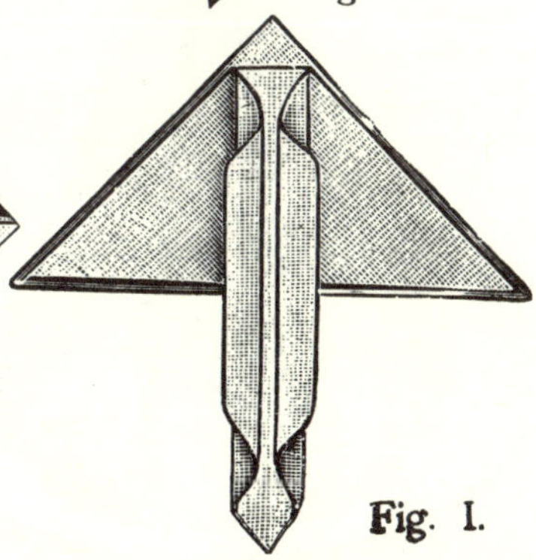

Fig. I.

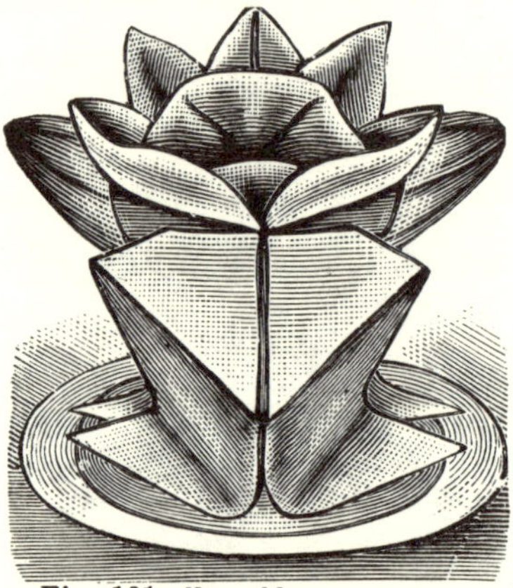

Fig. 101: **Kreuzblume.** Komp. v. K. Hübener.

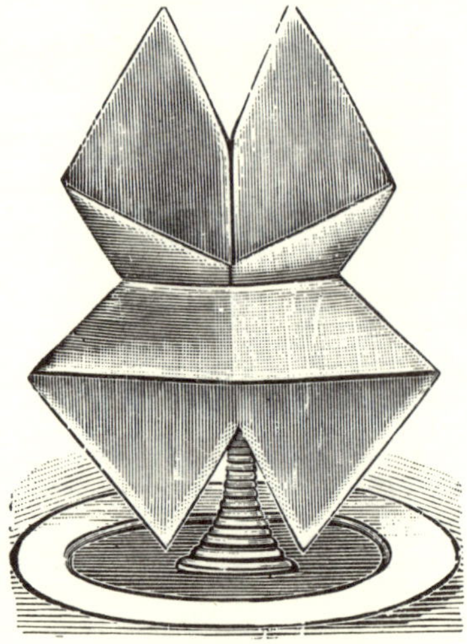

Fig. 102: **Schmetterling.** Komp. v. L. Fritzsche.

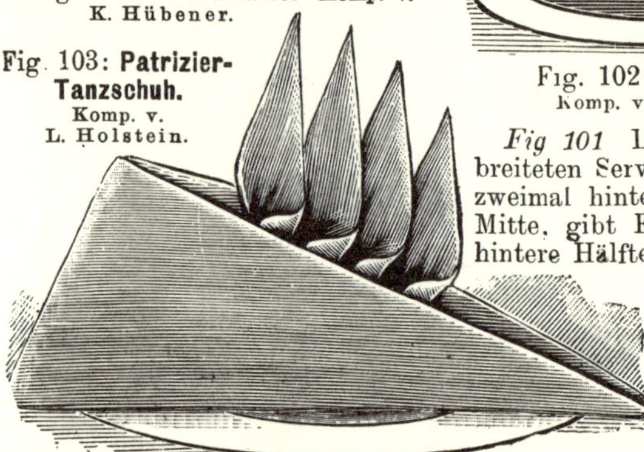

Fig. 103: **Patrizier-Tanzschuh.** Komp. v. L. Holstein.

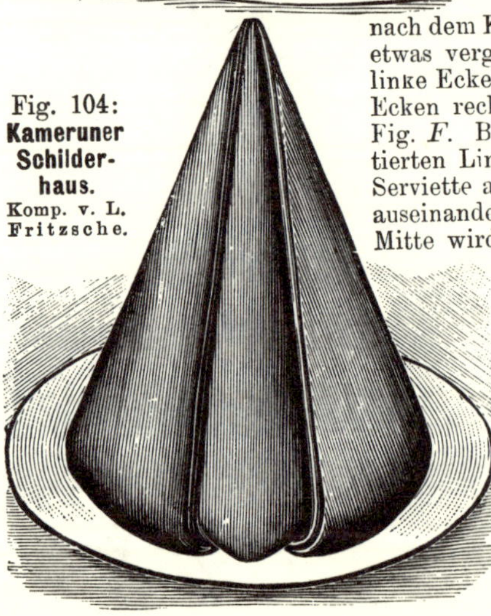

Fig. 104: **Kameruner Schilderhaus.** Komp. v. L. Fritzsche.

Fig. 101. Lege von einer ausgebreiteten Serviette die vier Ecken zweimal hintereinander nach der Mitte, gibt Fig. *A*. Schlage die hintere Hälfte unter die vordere, Fig. *B*. Ziehe die rechte obere Ecke nach der Mitte rückwärts ein, gibt Fig. *C*. Desgleichen die linke, gibt Fig. *D*. Ziehe d. rechte Ecke nach dem Körper zu rückwärts, wie Fig. *E* etwas vergrössert zeigt. Desgleichen die linke Ecke. Wende und ziehe die beiden Ecken rechts und links auch zurück, gibt Fig. *F*. Breite die Spitzen bis zur punktierten Linie zu Füssen aus. Stelle die Serviette auf und breite oben die 8 Ecken auseinander, wie Hauptfigur zeigt. Die Mitte wird etwas niedergedrückt.

Fig. 102. Stelle Fig. 101 verkehrt, mit dem oberen Teil nach unten, in ein Glas, gibt den Schmetterling.

Fig. 103. Nimm eine vierfach im Quadrat zusammengelegte Serviette, Fig. *G*. Überschlage die rechts hinten liegende Ecke untenherum unter die 4 vorderen, gibt Fig. *H*. Ziehe die rechte u. linke Ecke nach d. Körper zu rückwärts, Fig. *I*. Schlage eine Hälfte

(Fortsetzung rechts.)

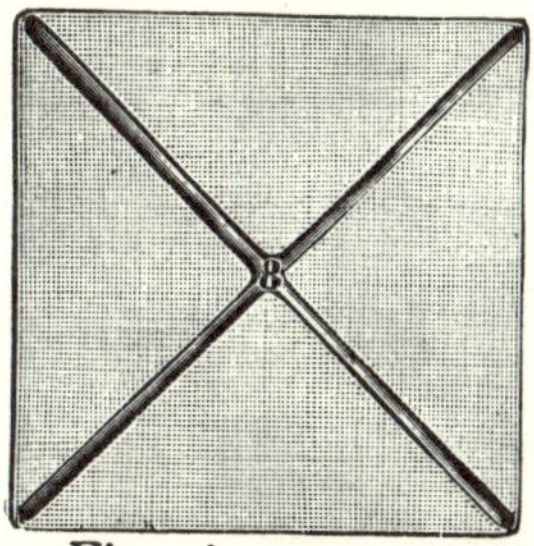

Fig. A

Fig. G

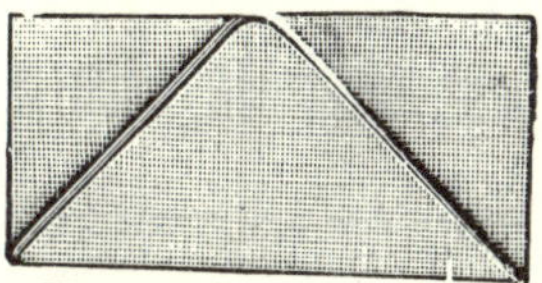

Fig. B.

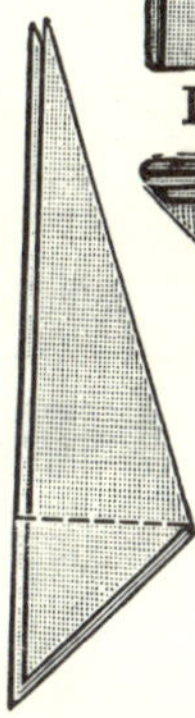

Fig. K.

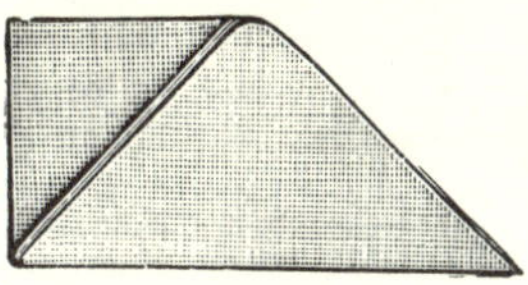

Fig. C.

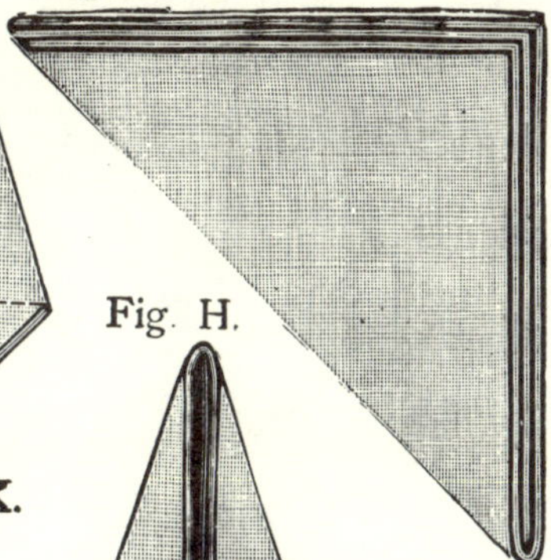

Fig. H.

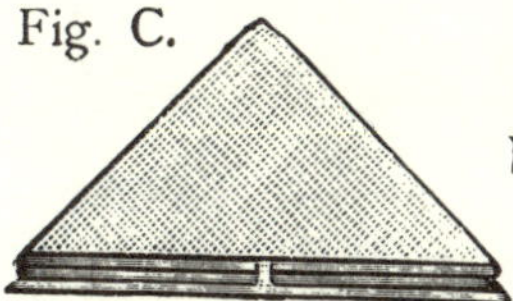

Fig D.

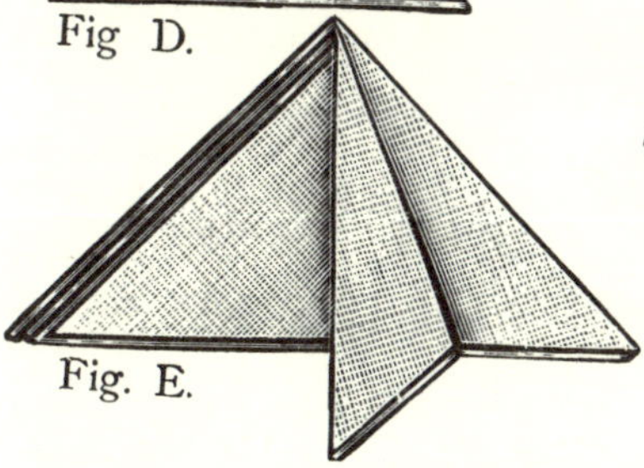

Fig. E.

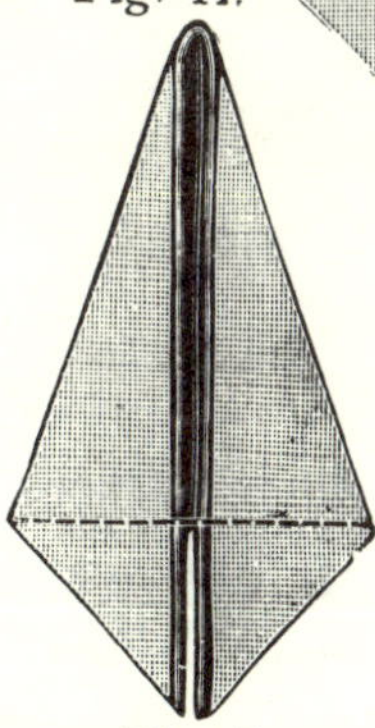

Fig. I.

unter die andere, gibt Fig. *K*. Schlage die inneren Spitzen bis zur punktierten Linie nach unten ein und ziehe die vier Spitzen einzeln aufwärts. — *Fig. 104.* Forme wie 103, bis *K*. Schlage auch hier die untersten Spitzen ein und stelle die Serviette auf diese.

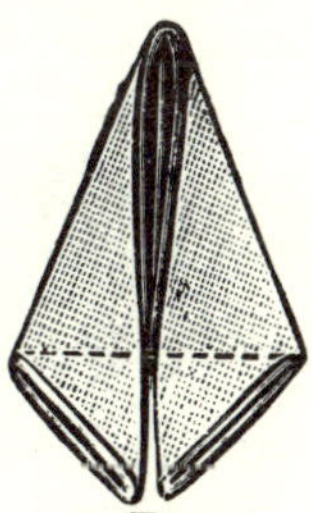

Fig. F.

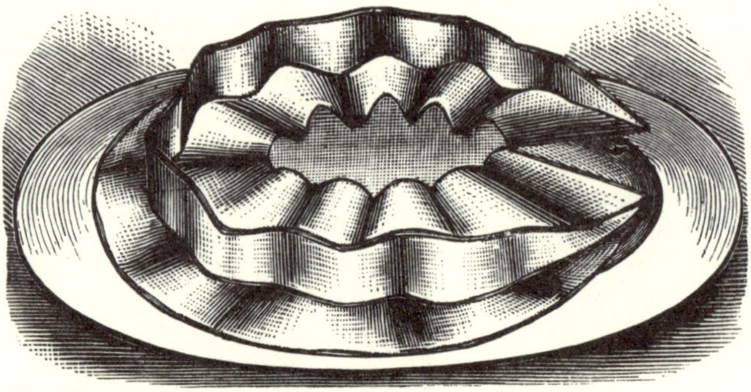

Fig. 105: **Kragen.**
Von L. Fritzsche.

Fig. 105. Lege eine der Länge nach vierfach zusammengelegte Serviette quervor, genau wie Fig. *A*, mit den Saumseiten am Körper oben. Überschlage die hintere Längshälfte auf die vordere, gibt Fig. *B*. Schiebe die Lage in Falten, wie Fig. *C* zeigt. Brich den obenaufliegenden vorderen Rand faltenweise nach oben, wie in Figur *D* begonnen, und schliesse die Lage in einen Kreis, wie Hauptfigur zeigt.

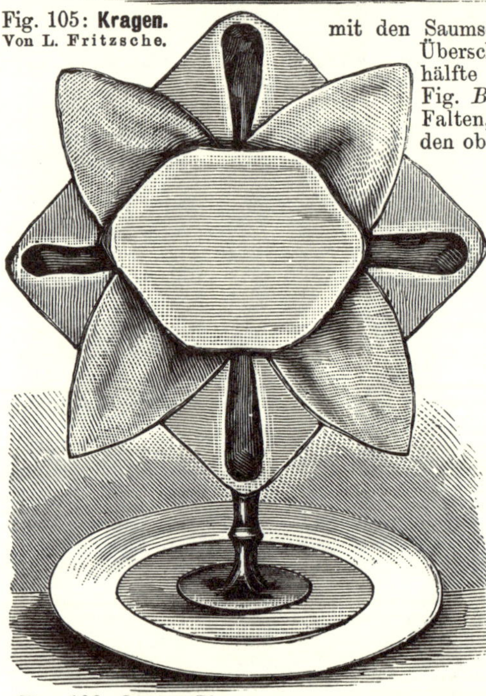

Fig. 106: **Sonnen-Blume.** Komp. v. L. Fritzsche.

Fig. 106. Schlage die 4 Ecken einer Serviette zweimal hintereinander nach der Mitte ein. ohne zu wenden, gibt Fig. *E*. Schlage die vordere Hälfte unter die dem Körper zunächst liegende, gibt Fig. *F*. Ziehe die vorderen Ecken nach der hinteren Spitze ein, gibt Fig. *G* vergrössert. Fasse nun die hintere Ecke etwa bis an die punktierte Linie m. der vollen linken Hand u. ziehe die vorderen 8 Spitzen auseinander, d. Mitte flach drückend.

Fig. 107. Nimm eine drei- oder vierfach vollständig zusammengelegte Serviette. Überschlage diese Lage zu einem Dreieck und drehe die Spitzen bretzelförmig einwärts, wie die Hauptfigur zeigt.

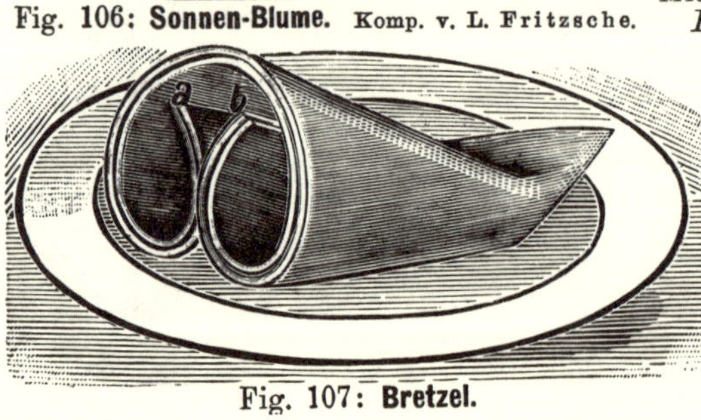

Fig. 107: **Bretzel.**

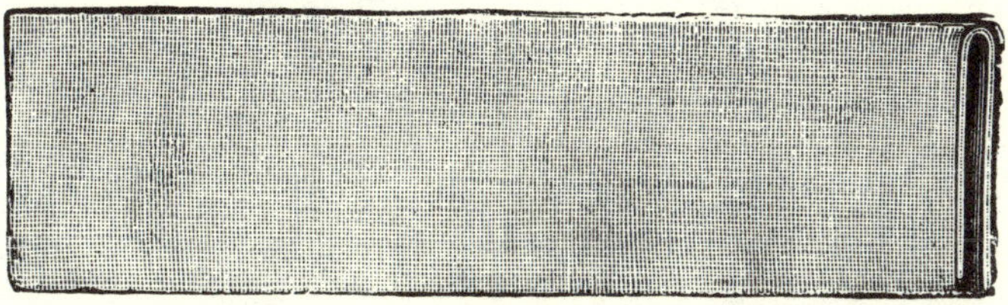

Fig. A.

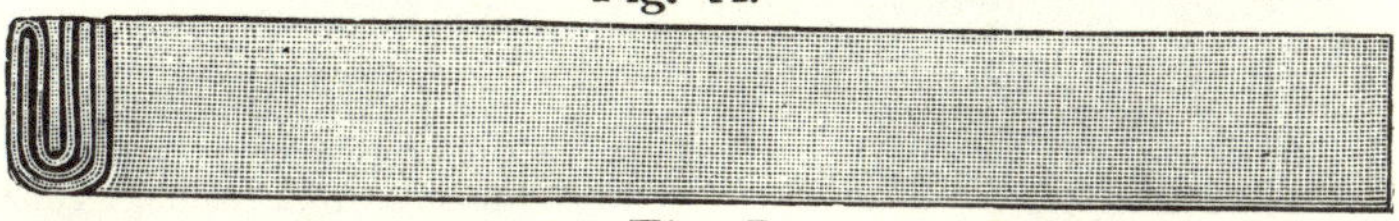

Fig. B.

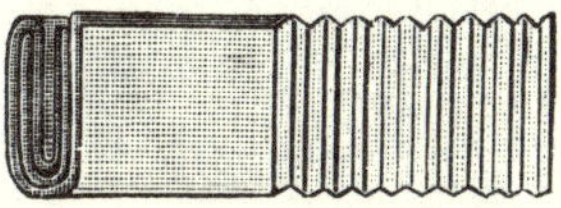

Fig. C

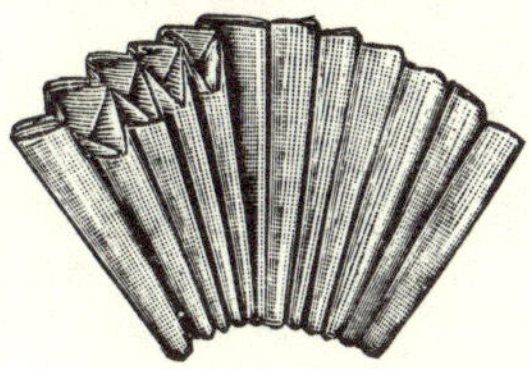

Fig. D

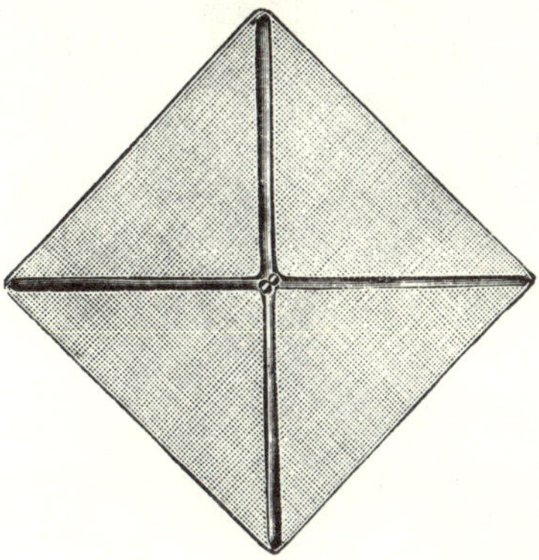

Fig. E.

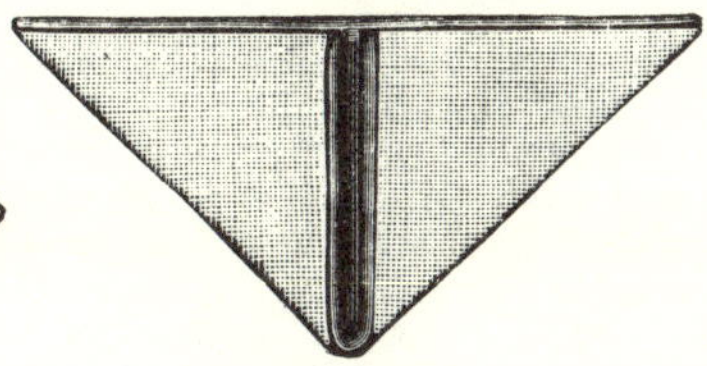

Fig. F.

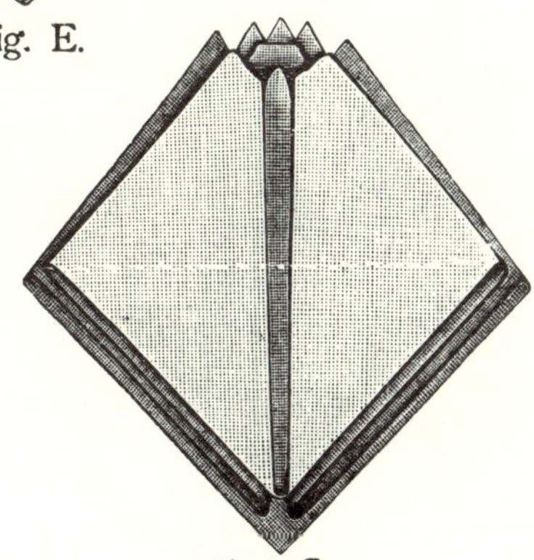

Fig. G.

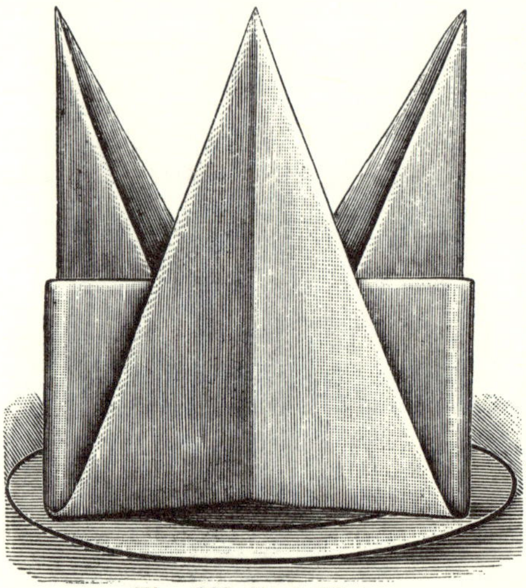

Fig 108: **Drei Türme.**

Fig. 108. Forme nach **Tafel IV** bis *F*, ist Fig. *A* rechts. Schlage das obenaufliegende Dreieck zurück, gibt Figur *B*. Führe die rechte Ecke nach der Mitte rückwärts, wie Fig. *C* zeigt. Verfahre desgleichen mit der linken Ecke. Wende und schlage die rechte und linke Ecke wieder ein, gibt Fig. *D*. Schlage die hintere obenaufliegende Ecke bis zur punktierten Linie *r* auf die vordere, gibt Fig *E*. Wende und schlage auch die Flügel *f* nach vorn. Schlage nun die 4 Seiten-Ecken noch bis zu den punktierten Linien in Fig. *E* nach der Mitte ein, gibt Figur *F*. Stelle die Lage auf, wie Hauptfigur zeigt.

Fig. 109 wird geformt wie Fig. 108, doch werden die unteren Ecken in *D* nur bis zur punktierten Linie *s* überschlagen, gibt Fig. *G*.

Fig. 110. Lege eine offene Serviette nach **Tafel II,** Fig. *B*, zusammen u. schlage die dem Körper zunächst liegende Längshälfte unter die vordere, aus der Kanten-Seite Figur *H* rechts unten ersichtlich. Schiebe die Lage in grössere Falten und brich an den oberen Kanten nach vorn und hinten Eckfältchen. Fig *I* zeigt die Seiten-Ansicht Man kann die oberen Kanten, wie Figur *K* zeigt, etwas auseinander ziehen.

Fig. 110: **Fächer.** Komp. v. K. Hübener.

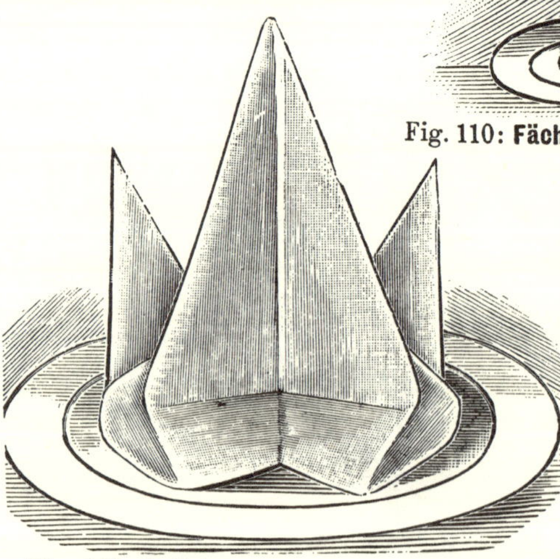

Fig. 109: **Spitzbergen.** Komp. v. L. Fritzsche.

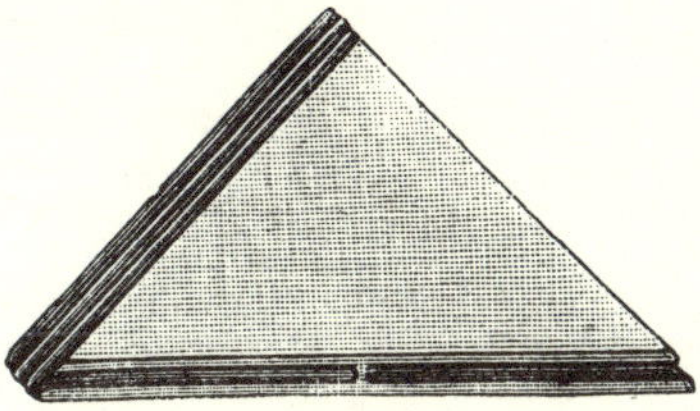

Fig. A.

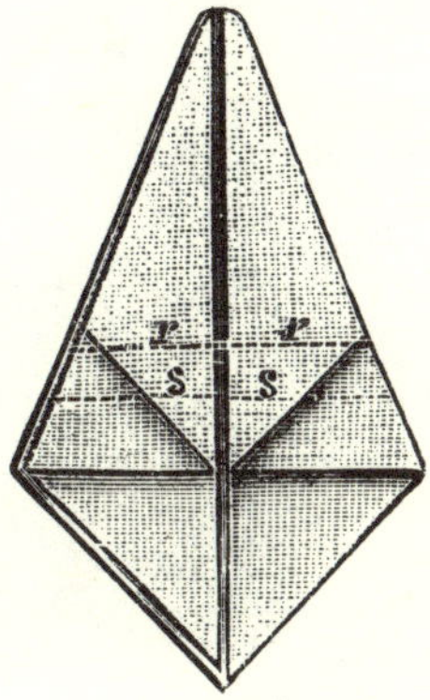

Fig. D.

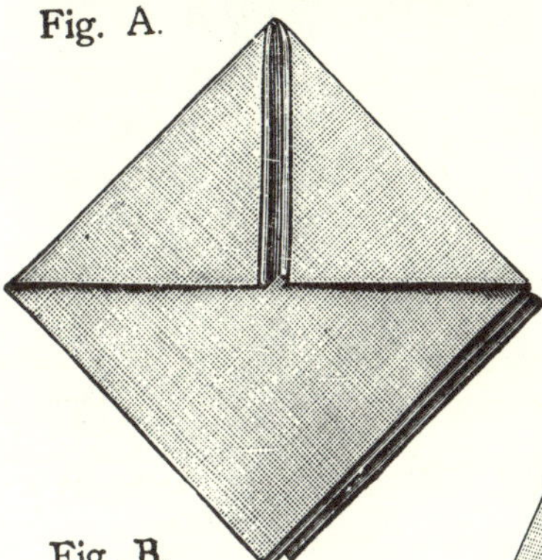

Fig. B.

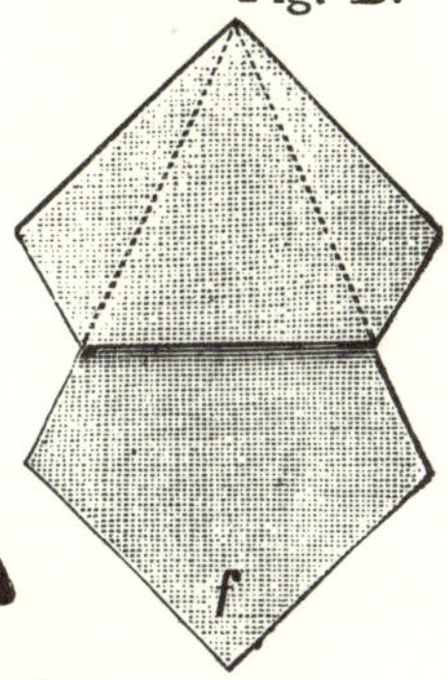

Fig. E.

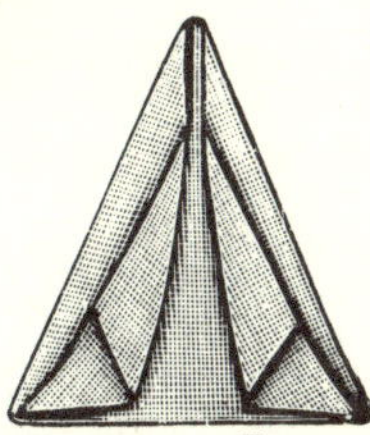

Fig. G.

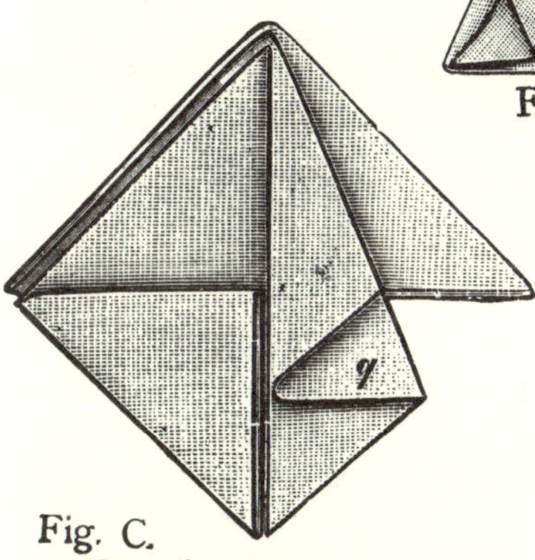

Fig. C.

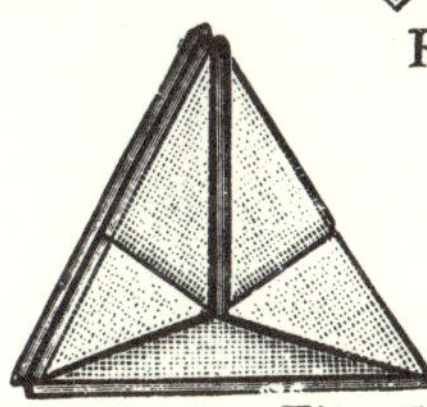

Fig. F.

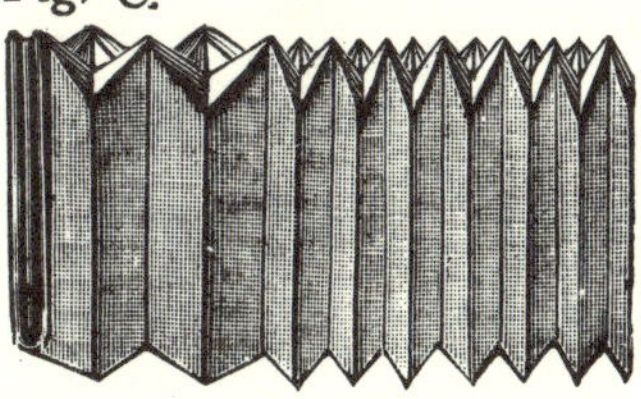

Fig. H.

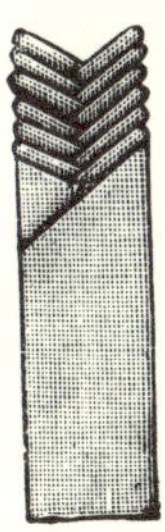

Fig. I.

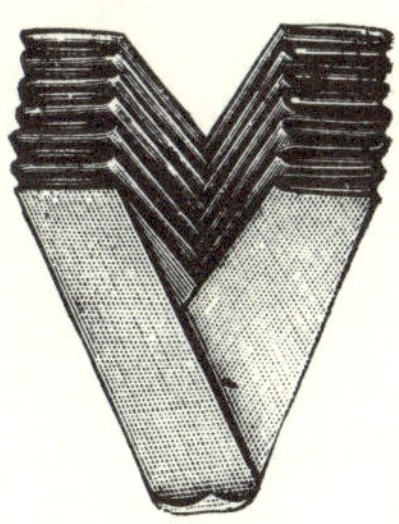

Fig. K.

Fig. 111: **Stern.** Komp. v. K. Hübener.

Fig. 111. Lege die Serviette wie **Tafel II,** Fig *B*, zusammen. Schlage die eine oder die andere Längshälfte über oder unter die andere, wie Fig. *A* rechts zeigt. Schiebe die Lage in 6 Falten. Brich Eckfältchen nach hinten und vorn in die oberen beiden Kanten. Stelle die Lage auf einen Teller, worauf sie sich von selbst zur Sternform rechts und links herab legt. Die beiden oberen Kanten werden etwas auseinander gezogen.

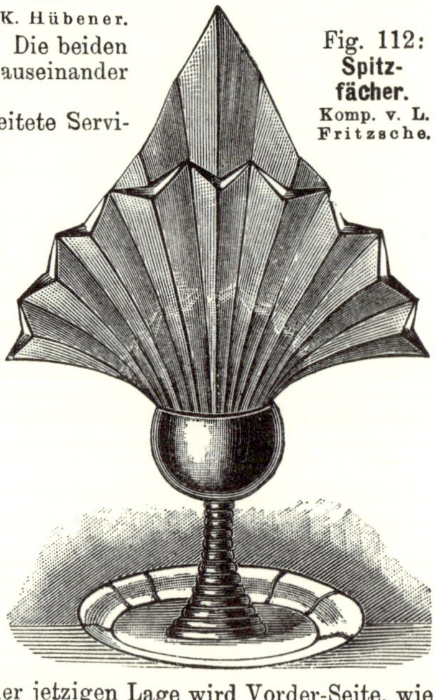

Fig. 112: **Spitzfächer.** Komp. v. L. Fritzsche.

Fig. 112. Lege eine ausgebreitete Serviette zu einem Dreieck zusammen. Schlage die vorderen Spitzen zurück und eine der beiden wieder nach vorn hinaus, wie Fig. *B* zeigt. Die Spitze kann kürzer oder länger über den vorderen Rand hinausragen. Schlage die rechte und linke Ecke rechts und links nach der Mitte zu ein, sodass die Spitzen bei *j* zusammenstossen. Die Linie *s* hat hier nichts zu bedeuten. Schiebe die Lage in etwa 8 Falten und stelle sie in ein Glas. Die Rückseite der jetzigen Lage wird Vorder-Seite, wie Hauptfigur zeigt.

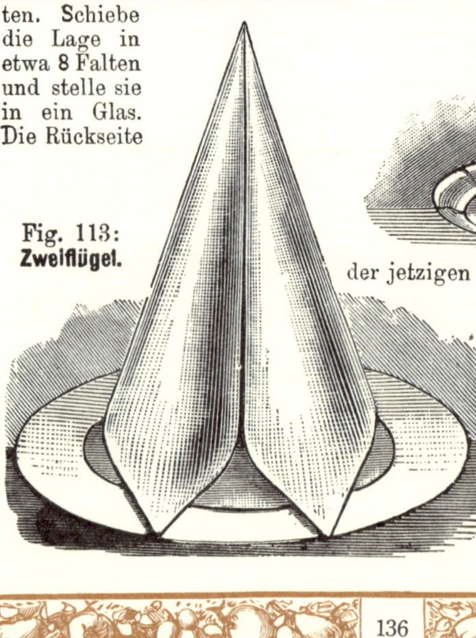

Fig. 113: **Zweiflügel.**

Fig. 113 Schlage von einer drei- oder vierfach zusammengelegten Serviette, Fig. *C* oder *D*, eine Lage zurück, wickle die vorderen Ecken nach der hinteren Mitte zu ein, wie *E* zeigt, gibt Fig *F*. Stelle die Lage auf die untere Kante, wie Hauptfigur zeigt.

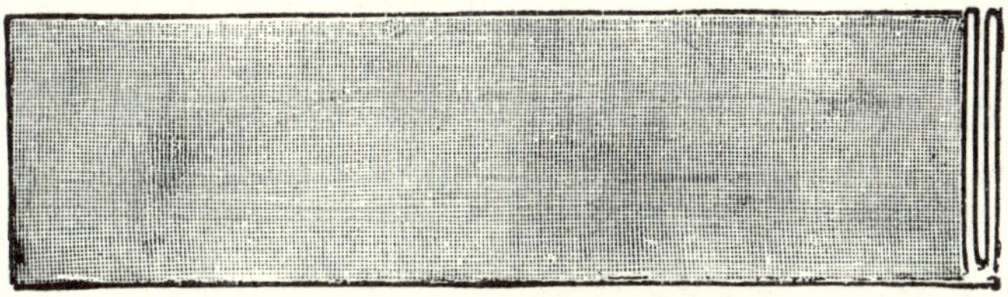

Fig. A.

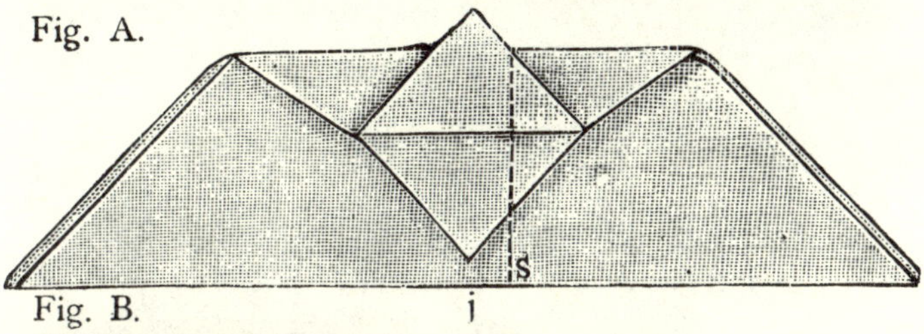

Fig. B.

Fig. C.

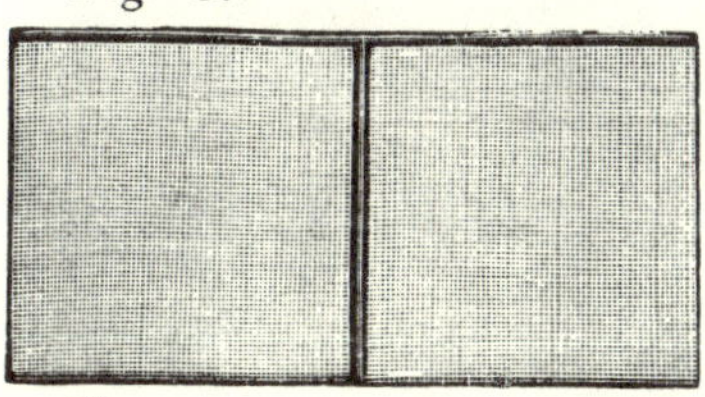

Fig. D.

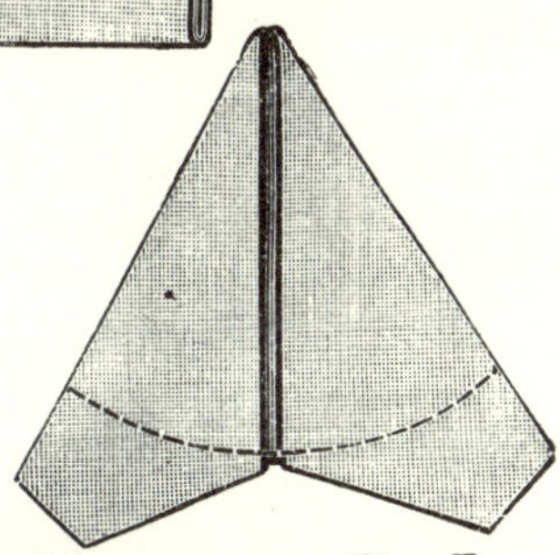

Fig. F.

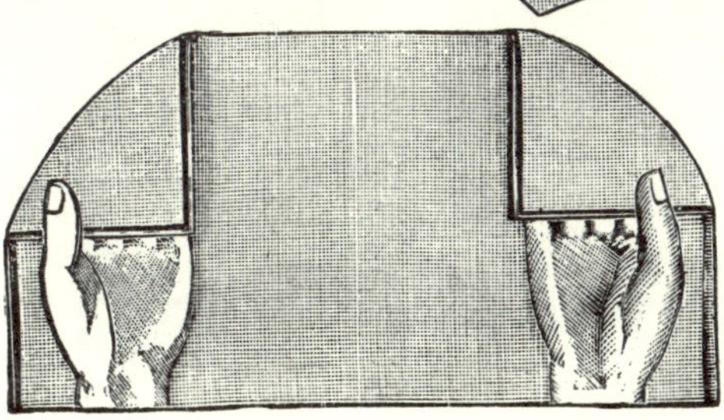

Fig. E.

Fig. 114. Lege eine ausgebreitete Serviette über Kreuz zusammen, mit gleichmässig langen Vorderspitzen, wie Fig. *A* zeigt. Überschlage die hintere Hälfte nach vorn, sodass die Spitzen noch hervor schauen, gibt Fig. *B*. Schiebe die Lage in Falten, wovon zwei in die mittleren Spitzen auslaufen müssen.

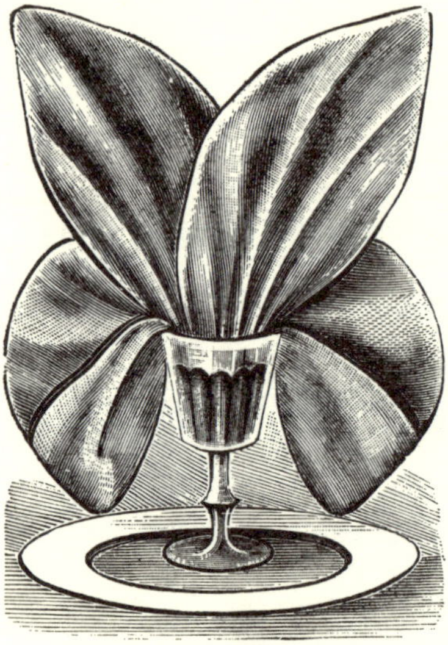

Fig. 114: **Vierblatt-Fächer.**
Komp. v. L. Holstein.

Fig. 115. Lege eine ausgebreitete Serviette über Kreuz mit den beiden übereinander liegenden Ecken nach dem Körper zu. Überschlage die am Körper zunächst liegenden beiden Ecken nach vorn, über den vorderen Rand hinaus, wie Fig. *C* zeigt, und zwar die untere Ecke unten, die obere oben herum. Schiebe die Lage in Falten, in der Mitte beginnend, stelle sie in ein Glas, worauf sich die äusseren Ecken von selbst abwärts neigen.

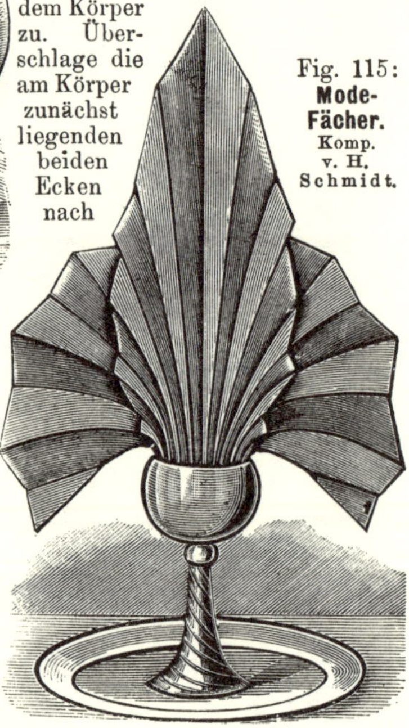

Fig. 115: **Mode-Fächer.**
Komp. v. H. Schmidt.

Fig. 116. Schlage die vier Ecken einer ausgebreiteten Serviette zweimal hintereinander nach der Mitte ein, gibt Figur *D* Überschlage die vordere Hälfte über die andere rückwärts, gibt Fig. *E*. Ziehe die rechte und linke Ecke ein, gibt Fig *F*. Ziehe das Dreieck an der vorderen Spitze hoch u. breite die vier Ecken auf dem Teller gleichmässig auseinander.

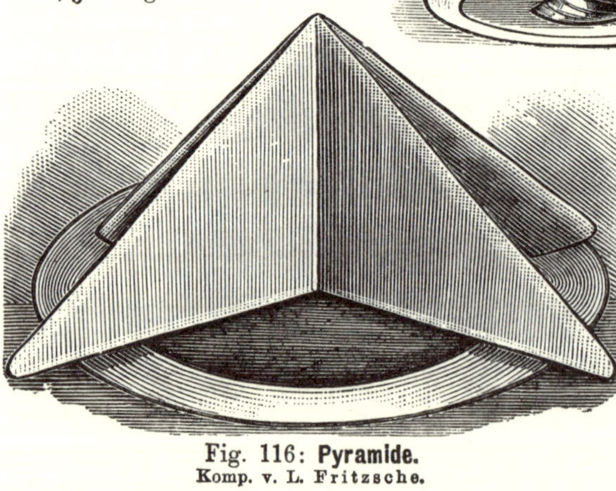

Fig. 116: **Pyramide.**
Komp. v. L. Fritzsche.

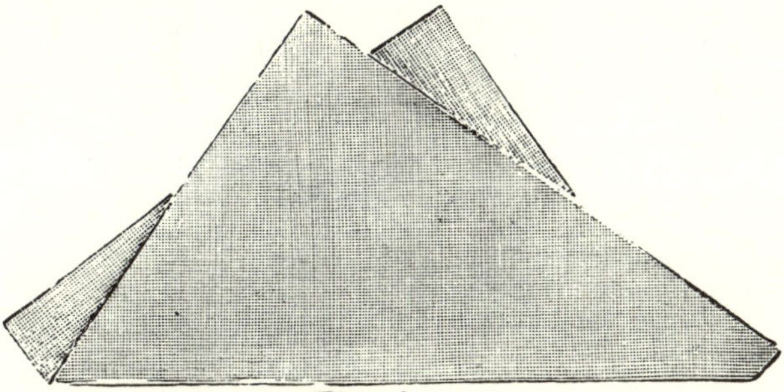

Fig. A.

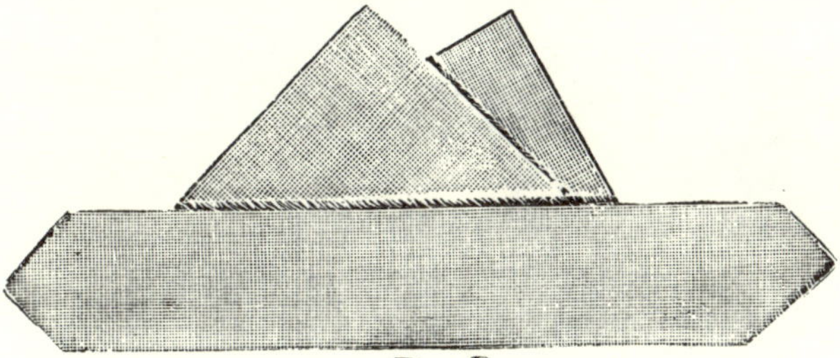

Fig. B.

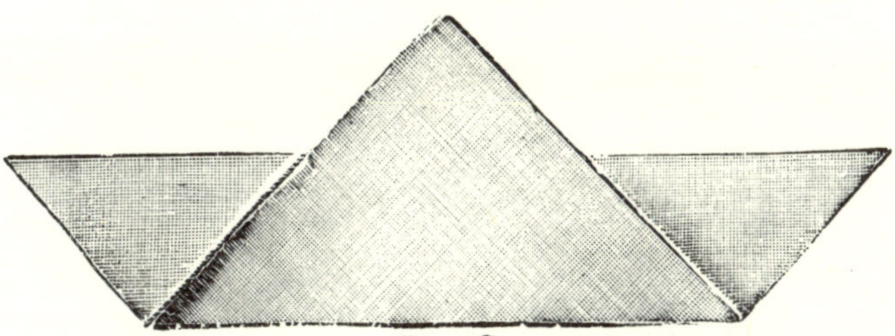

Fig. C.

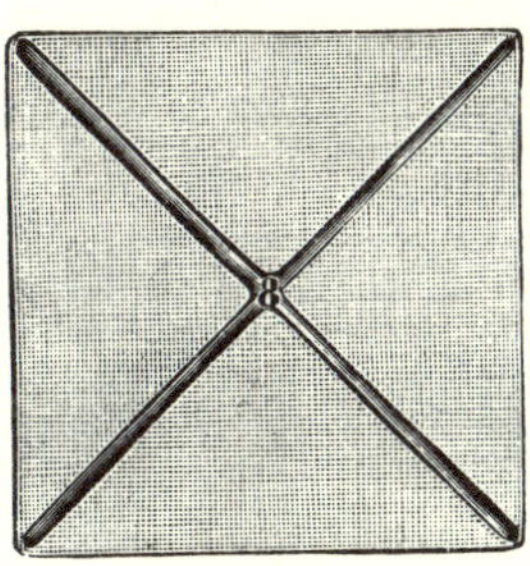

Fig. D

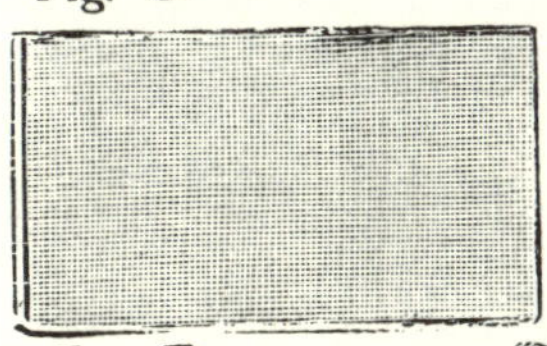

Fig. E.

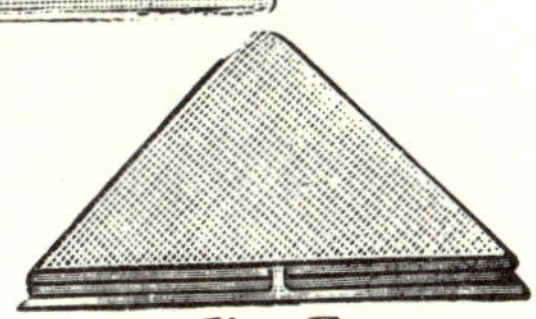

Fig. F

Fig. 117. Lege eine offene Serviette über Kreuz zusammen, Fig. *A.* Schlage die beiden Ecken rechts und links auf die vorderen, gibt Fig. ***B.*** Überschlage die neuentstandene hintere Ecke wieder auf die vorderen, gibt Figur *C.* Schlage nun die eben nach vorn geschlagene obere Ecke wieder etwas zurück, wie *D* zeigt. Nun lege die hintere

Fig. 117: **Russische Mütze.**

Komp. v. L. Fritzsche.

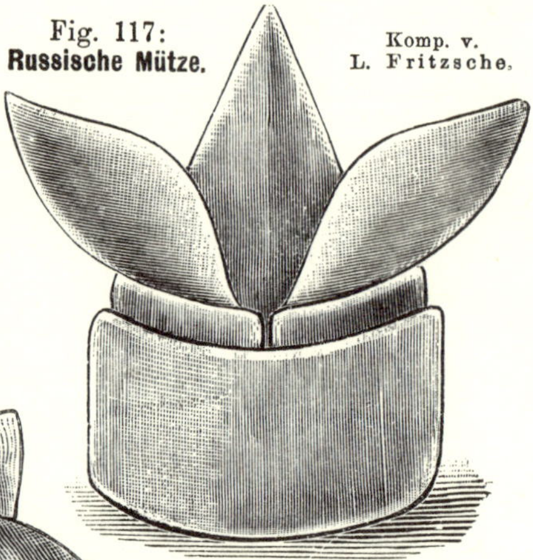

Fig. 118: **Spitzen-Fächer.**
Komp. v. L. Fritzsche.

Kante noch ein Stück nach vorn, wie *E* zeigt; schliesse die rechte und linke Spitze hinten zusammen. Stelle die Lage auf und biege die beiden Spitzen rechts und links aus. Die mittlere bleibt stehen, wie die Hauptfigur zeigt.

Fig. 118 Lege eine ausgebreitete Serviette über Kreuz zusammen, wie *F* zeigt, mit gleich grosse Vorder-Spitzen. Nun schlage die rechte u linke Ecke auf die Punkte *a a* und die dadurch neu entstandene Ecke ***b*** auf *c.* gibt Fig. *G.* Lege die Lage in fünf Falten, wovon jede in eine Spitze auslaufen muss. Stelle die Lage in ein Glas und ordne die Spitzen, wie Hauptfigur zeigt.

Fig. 119: **Manschetten-Quadrat.**
Komp. v. L. Fritzsche.

Fig. 119. Forme nach **Tafel III.** Schlage die vier Ecken einer offenen Serviette dreimal hintereinander nach der Mitte ein, gibt Fig. *A, C,* dann *E.* Wende, gibt Fig. *F* Schlage die Ecken wieder ein, gibt Figur *K* Stülpe nun die vier Ecken hervor, wie Hauptfigur zeigt, und ziehe auch die 4 dazwischen und darunter liegenden vier Eckchen heraus.

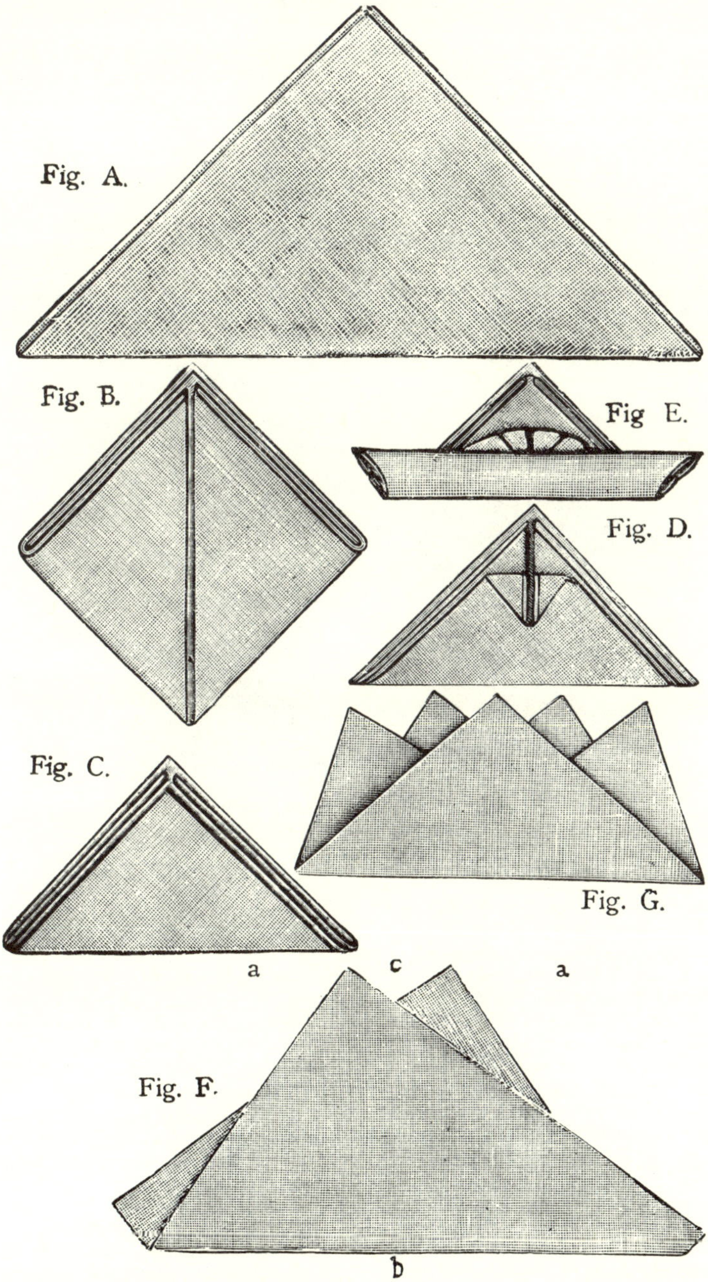
Fig. A.
Fig. B.
Fig E.
Fig. D.
Fig. C.
Fig. G.
a
c
a
Fig. F.
b

Figur 120: **Monogramm,** rechts.
Komp. v. L. Fritzsche.

Das hierzu nötige „Fälteln“ ist schon auf Seite 58 beschrieben. Man legt eine so gefältelte Serviette flach auf das Tafeltuch unter das Gedeck eines solchen Gastes, welchen man besonders ehren will, oder zwischen zwei Gedecke bei Brautpaaren zu Hochzeiten usw. Dasselbe gilt für

Figur 121: **Respekt-Serviette,** rechts
Komp. v. E. Schwindt.

Man schlägt die vier Ecken einer ausgebreiteten Serviette nach der Mitte ein und wieder zurück, fältelt die Ränder und ein Monogramm hinein, wie Hauptfigur zeigt Diese Serviette kann man bei kleinen feinen Essen unter die Gedecke aller Gäste legen. Beim Abservieren des Desserts werden die vier Ecken zusammen in eine Hand genommen und diese mit den daraufliegenden Brotkrumen usw. wieder entfernt; so wird der Tisch wie frisch gedeckt erscheinen.

Figur 122: **Schwanen-Familie.**
Komp. v. L. Fritzsche.

Schau-, Mittel- oder Dekorationsstück für die Mitte der Tafel. Die Figur besteht aus sechs grossen und einer Anzahl Theeservietten, so viele als man Schwänchen in das Nest setzen will und kann.

Zunächst schiebe man eine offene Serviette in sechs grosse Falten, welche das Wasser markieren sollen. In der Mitte müssen die Falten, drei rückwärts und drei vorwärts, auseinander geschoben werden, um Raum zu schaffen für den Untersetzer Fig. 70, welcher das Nest bildet. Sodann forme man zwei schwimmende Schwäne nach Fig. 68 und stelle diese rechts und links vom Neste auf die Serviette. Endlich forme man noch kleine Schwänchen, wie umseitig unter „Schwänchen im Nest“ beschrieben, aus Theeservietten. Solche Dekorations-Stücke zieren die ganze Tafel und sollten stets verwendet werden, wenn noch viel Raum auf der Mitte des Tisches vorhanden ist, oder wenn die Tafel mit wirklich Geniessbarem etwas mager gehalten ist. Die Herstellung ist auch äusserst leicht.

Durch Zusammenstellen obigen Dekorations-Stückes ist jedem Servietten-Künstler Gelegenheit gegeben, noch andere Schaustücke mit anderen Figuren aus dem Album harmonisch zu vereinigen, man braucht nur etwas nachzudenken, dann wird man noch viele Dekorations-Stücke auf die Mitte der Tafel stellen können, falls man Gefallen daran findet.

Monogramm.

Respekt-Serviette.

Schwänchen im Nest.

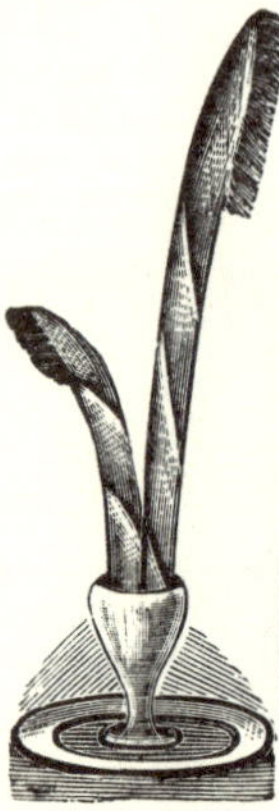

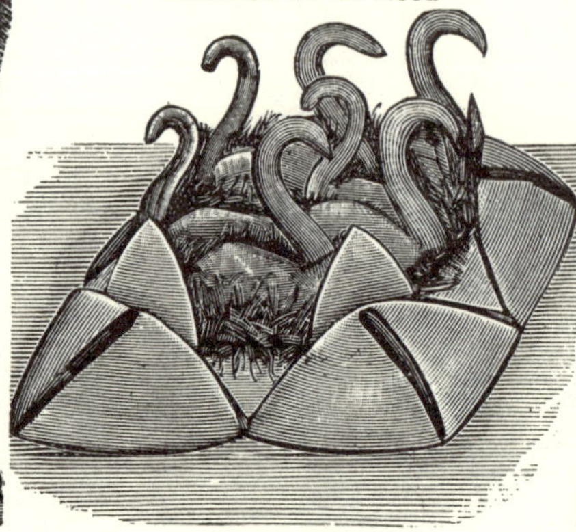

Fig. 124. Fig. 123. Fig. 125.

Serviette „Lucie". Fig. 123—125 komp. von L. Fritzsche. Serviette „Hannah".

Brechen von Theeservietten.

Eine niedliche Neuerung für Abwechslungliebende! So ein kleiner Frühstückstisch mit den sehr leicht und rasch herzustellenden Figürchen sieht allerliebst aus. Benennung derselben mit Kinder-Namen soll Heiterkeit erregen, die man in den ernsten Lebens-Jahren sehr oft nötig hat.

Die **kleinen Schwänchen** formt man entweder aus einer doppelt oder aus einer im Dreieck zusammengelegten Theeserviette, wie beim Formen des Schwanenhalses, welcher schon einmal unter Servietten-Brechen vorkommt. Die Fransen machen sich allerliebst als Flaum des kleinen Gefieders sichtbar, ja selbst als Heu und Stroh im Neste.

Schwänchen im Nest.

Lege eine offene Theeserviette doppelt zusammen; gibt Fig. *A*. Hefte die Lage bei *a* an die Brust und rolle die Ecken *b b* nach *c* zu (gibt Fig *B*), und wenn sie ganz zusammengerollt ist, Fig *C*. Lege Fig. *C* flach auf den Tisch, mit der jetzt sichtbaren Seite nach unten. Halte die Enden *d* fest und biege die lange Spitze (den Hals) bis zu der punktierten Linie ganz zurück; gibt Fig. *D*. Rolle nun die äusserste Spitze von *p* nach rechts und lass dann los. Hierdurch erhält man den nötigen Bogen. Richte den letzteren nach Belieben.

Mit einer Serviette. welche vorher im Dreieck gelegt war, wie Fig. *F*, verfahre desgleichen, wie vorher beschrieben. Dieselbe erhält dann fast die gleiche Form; Fig. *G* als Bild.

Serviette „Lucie".

Lege eine offene Theeserviette zu einem Dreieck; gibt Fig. *F*, rolle die Spitze *k* nach *h* (gibt Fig. *H*), dann *K* Knicke diese bei der punktierten Linie (gibt Fig *C*), und stelle sie mit dem Knick in einen Eierbecher.

Serviette „Hannah".

Rolle die Serviette entgegengesetzt wie vorher; gibt Fig. *J*, dann *M*. Knicke bei der punktierten Linie (gibt Fig. *N*), und stelle sie mit dem Knick in den Eierbecher.

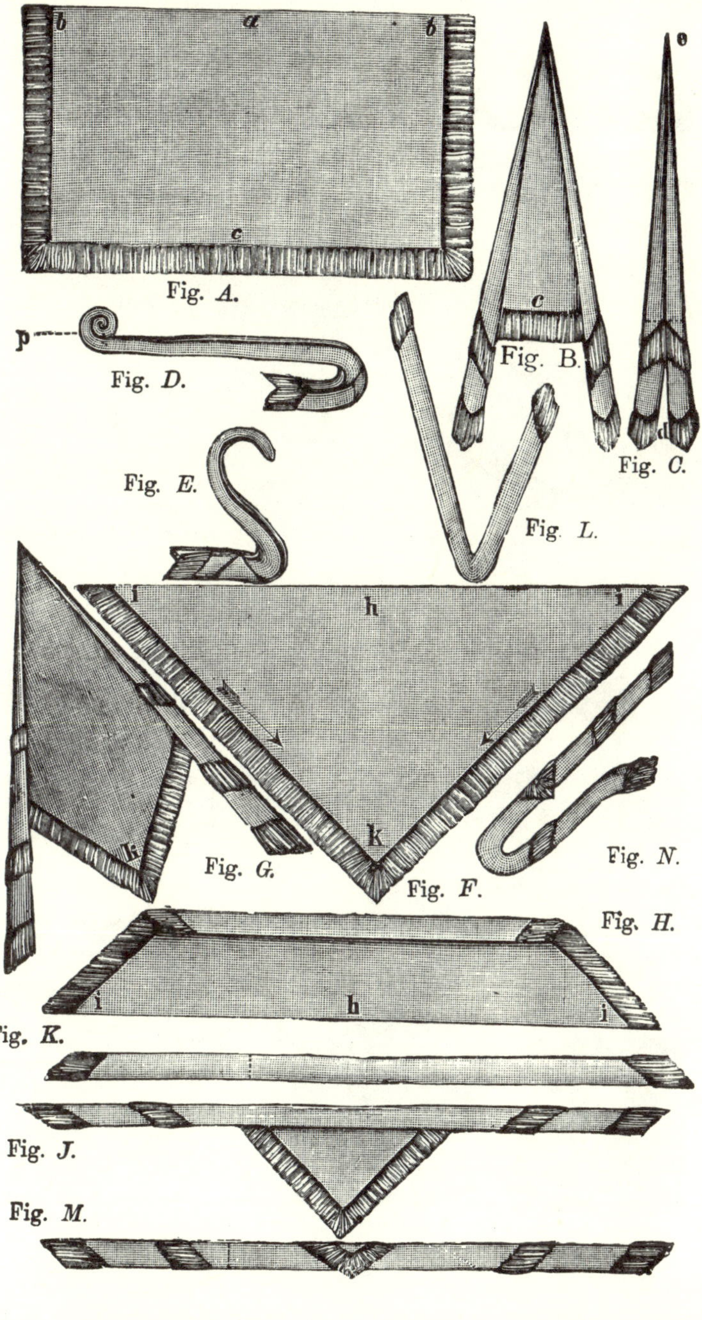

Fig. *A.*
Fig. B.
Fig. *C.*
Fig. *D.*
Fig. *E.*
Fig. *L.*
Fig. *G.*
Fig. *F.*
Fig. *N.*
Fig. *H.*
Fig. *K.*
Fig. *J.*
Fig. *M.*

Serviette „Erna".

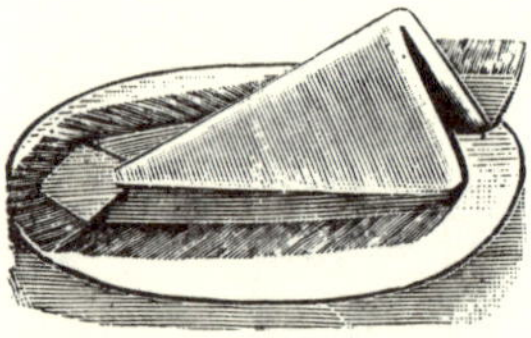

Fig. 126. Komp. v. L. Fritzsche.

Lege eine offene Theeserviette zu einem Dreieck, Fig. *A*. Falte die Ecken *a a* auf *b*; gibt Fig. *B*. Lege Ecke *h* auf *i*; gibt Fig *C*. Schiebe dieses kleine Dreieck wie Fig. *D* zeigt zusammen und setze es auf den Frühstücks-Teller.

Serviette „Klara".

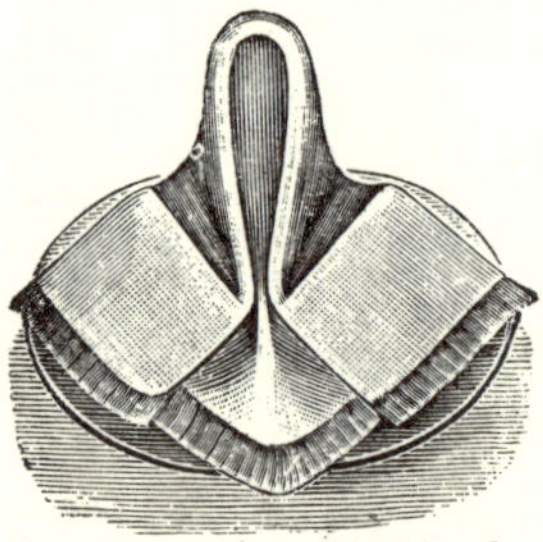

Fig. 127. Komp. v. L. Fritzsche.

Lege eine offene Theeserviette zu einem Dreieck, Fig. *A* Falte die Ecken *a a* auf b; gibt Fig. *B*. Wende die Lage; gibt Fig. *E*. Drehe die Lage so, dass Ecke *c* rechts zu liegen kommt. Ziehe die Ecke *c* mit der linken Hand wie Fig. *F* zeigt nach oben, lass die Ecke *d* liegen und schiebe die beiden anderen Ecken mit der rechten Hand längs der punktierten Linie zusammen. Man kann auch vorher die Quadrat-Lage *B* noch zu einem Dreieck *C* falten; dies gibt dann eine ähnliche Figur.

Serviette „Edgar".

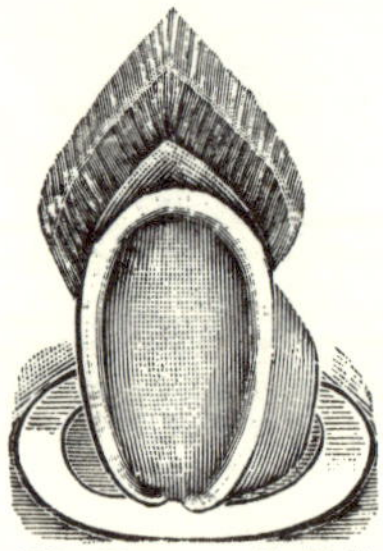

Fig. 128. Komp. v. L. Fritzsche.

Lege eine offene Theeserviette zu einem Dreieck, Fig. *A*. Falte die Ecken *a a* auf *b*; gibt Fig *B*. Wende die Lage; gibt Fig. *E*. Schlage Ecke *c* auf *d*; gibt Fig. *L*. Wende die Lage und schlage die Ecken *e e* gegen einander zusammen; gibt Fig. *M*. Schlage die *f*-Hälfte auf die *g*-Hälfte und stelle die Figur auf den Teller.

Serviette „Rosa" und „Magdalena".

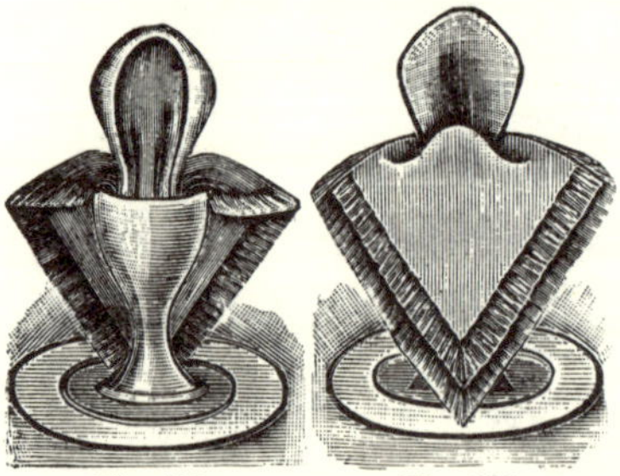

Fig. 129. Fig. 130.

Komp. von L. Fritzsche.

Beide sind einunddieselbe Figur, nur von zwei Seiten aus gesehen verschieden. Lege eine offene Theeserviette zu einem Dreieck, Fig. *A*. Falte die Ecken *a a* auf *b*; gibt Fig. *B*. Wende die Lage; gibt Fig. *G*. Falte *k* auf *l*; gibt Fig. *H*. Schiebe die Lage in etwa fünf Falten, wie Fig. *J* zeigt; gibt Fig. *K*. Stelle diesen kleinen Spitzfächer in einen Eierbecher und ziehe die Fransen-Ecken nach unten.

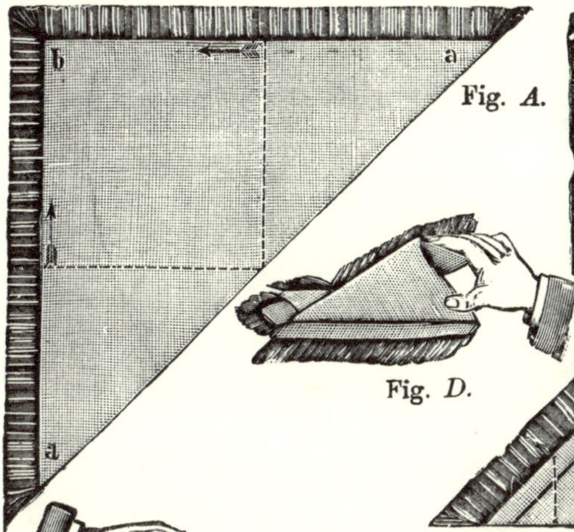

Fig. A.

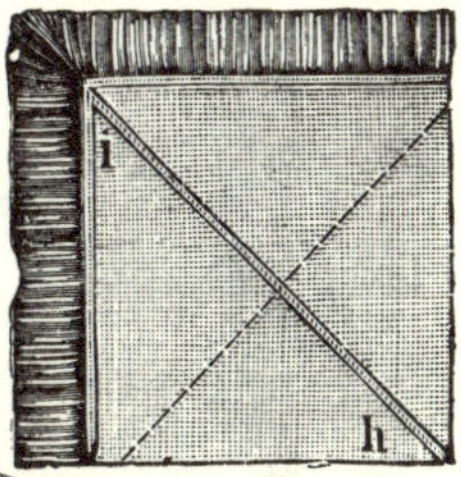

Fig. B.

Fig. D.

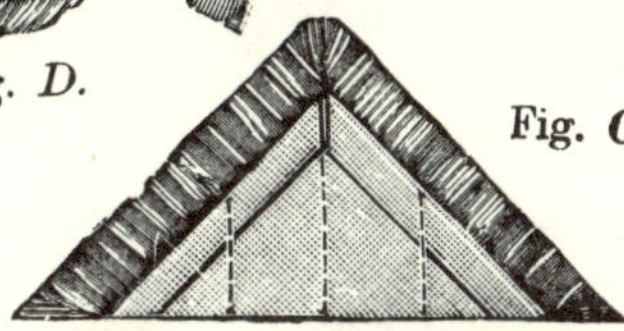

Fig. C.

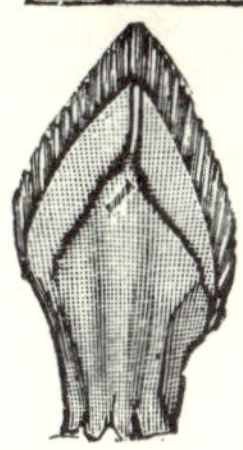

Fig. K.

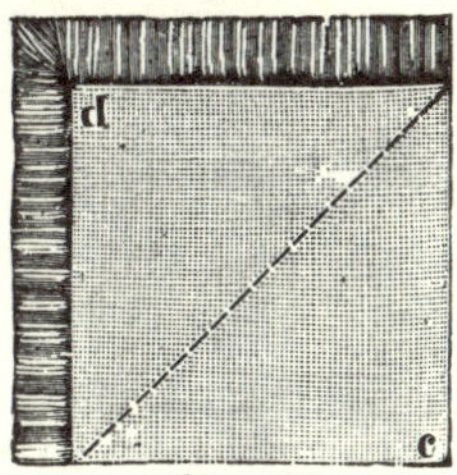

Fig. F.

Fig. E.

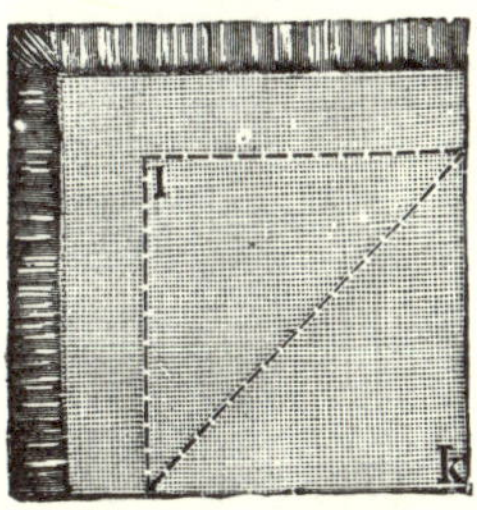

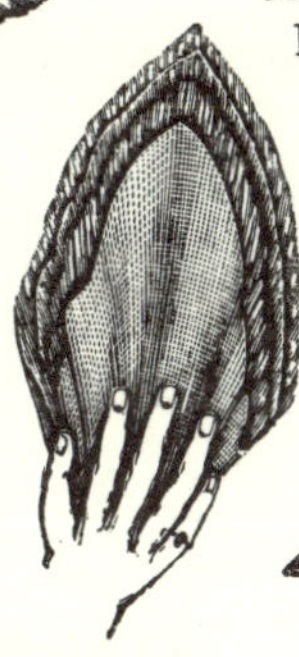

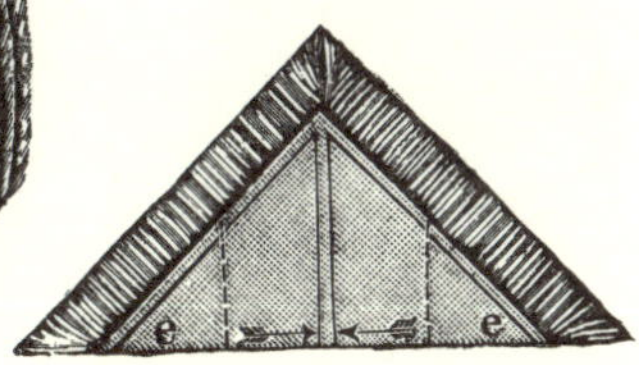

Fig. L.

Fig. G.

Fig. J.

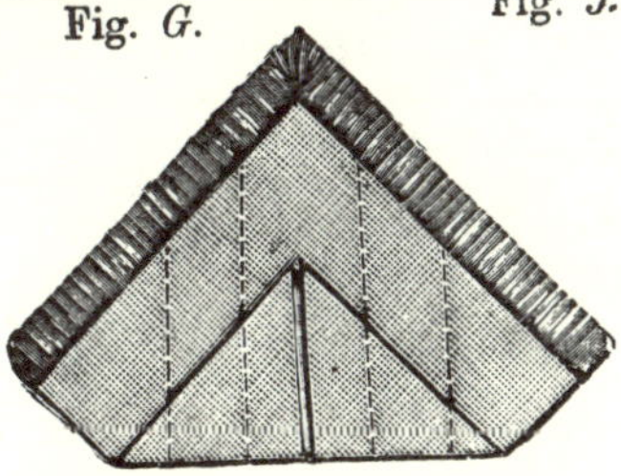

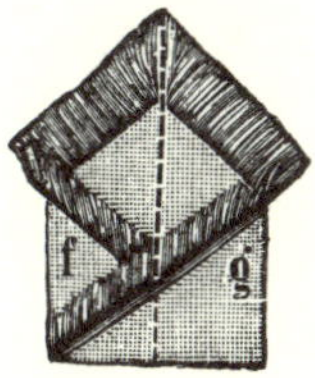

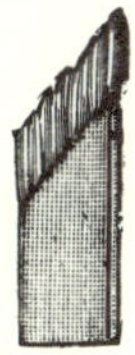

Fig. N.

Fig. M

Fig. H.

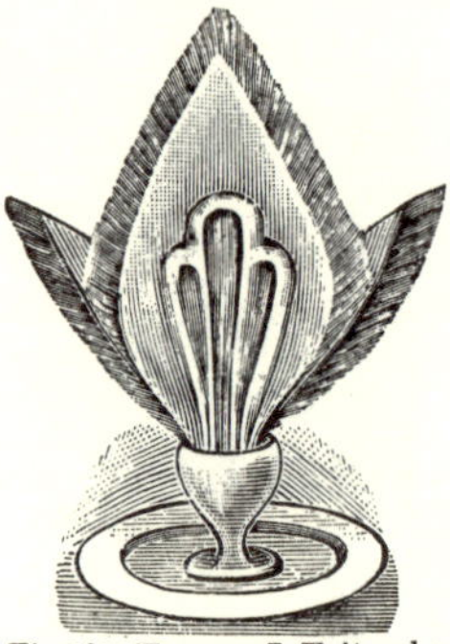

Fig.131. Komp. v. L. Fritzsche.

Serviette „Meta".

Lege eine offene Theeserviette zu einem Dreieck; Fig. *A*. Führe die Ecken *c* und *d* in der Pfeilrichtung auf *g*; gibt Fig. *B*. Wende die Lage; gibt Fig. *C*. Schlage die Ecke *k* auf *l*; gibt Fig. *D*. Schiebe die Lage in etwa vier Falten, stelle die Serviette in einen Eierbecher und ordne die Spitzen auseinander nach der Hauptfigur.

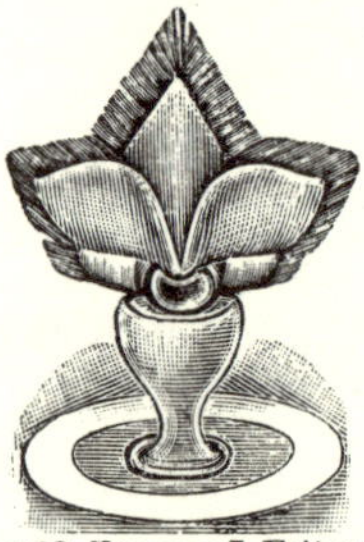

Fig.132. Komp. v. L. Fritzsche.

Serviette „Adolf".

Lege eine offene Theeserviette zu einem Dreieck; Fig. *A*. Führe die Ecken *c* und *d* in der Pfeilrichtung auf *g*; gibt Fig. *E*. Schlage die Ecke *a* auf *b*; gibt Fig. *F*. Schiebe diese Lage in drei Falten; gibt Fig. *G*. Setze die Serviette in einen Eierbecher, biege die Ecke ohne Fransen zurück und befestige die Spitze davon auch im Eierbecher; dann ordne die übrigen drei Spitzen mit Fransen, wie Hauptfigur zeigt, auseinander.

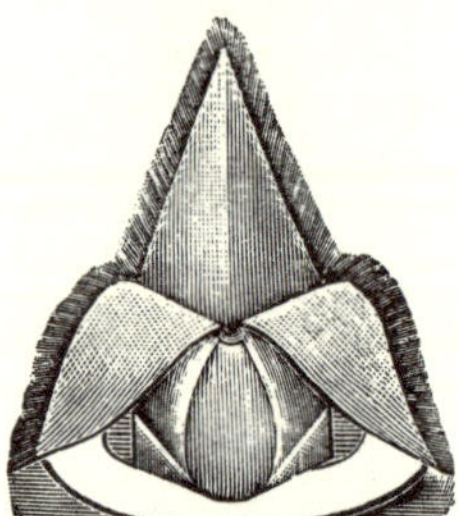

Fig.133. Komp. v. L. Fritzsche.

Serviette „Julius".

Diese Figur wird gerade so geformt, wie die vorhergehende bis zu Fig. *G*. Nimm nun die Lage *G* in die linke Hand, presse die Falten unten fest zusammen, stülpe die Ecke ohne Fransen zurück und nach unten. senke auch die beiden äussersten Spitzen mit Fransen rechts und links nach unten und setze die Serviette auf einen Teller.

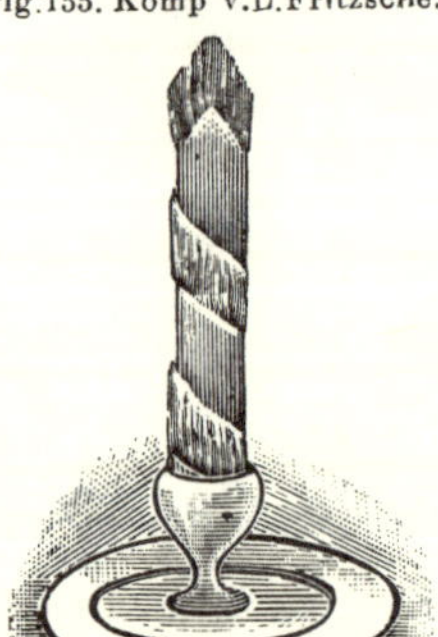

Fig.134. Komp. v. L. Fritzsche.

Serviette „Fritz".

Lege eine offene Serviette zu einem Dreieck; Fig. *A*. Führe die Ecke *c* in der Pfeilrichtung auf *d*: gibt Fig. *H*. Rolle die Seite *e* in der Pfeilrichtung nach links (deutlicher aus Fig. *J* ersichtlich) und stelle die Serviette in einen Eierbecher.

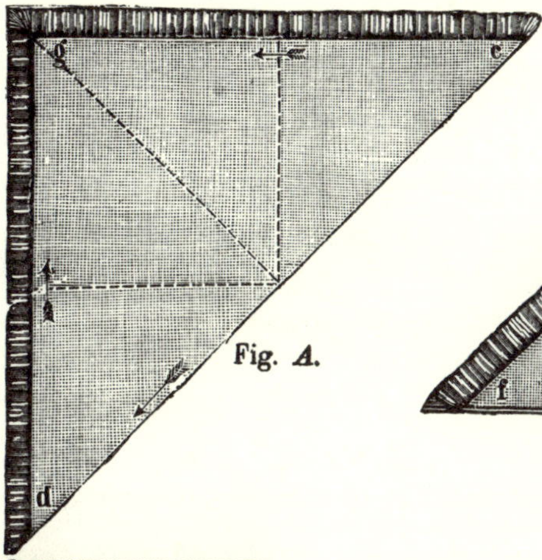

Fig. A.

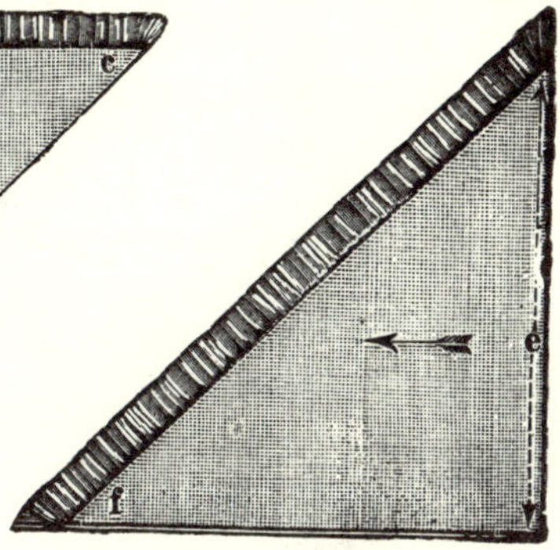

Fig. H.

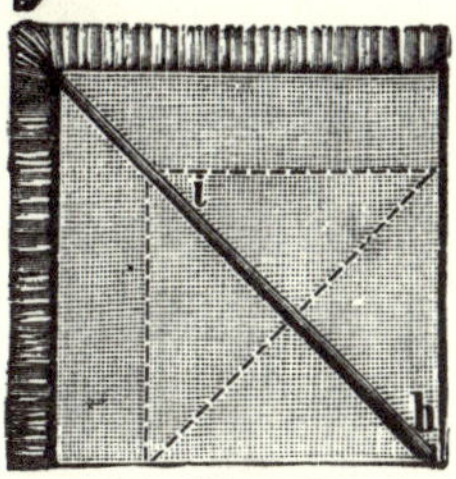

Fig. B.

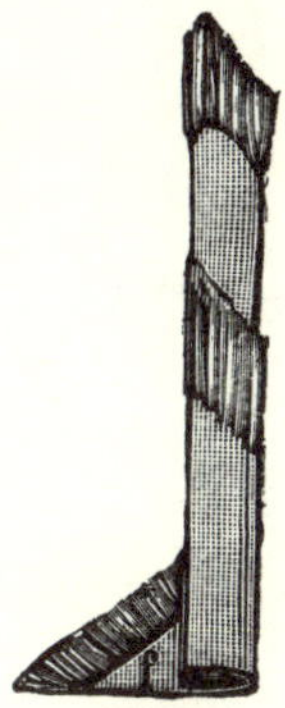
Fig. J.

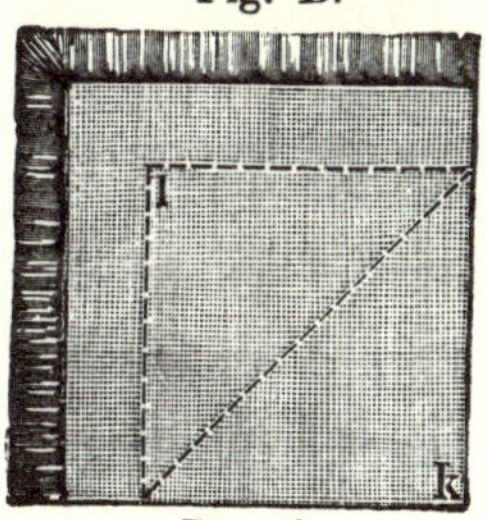

Fig. O.

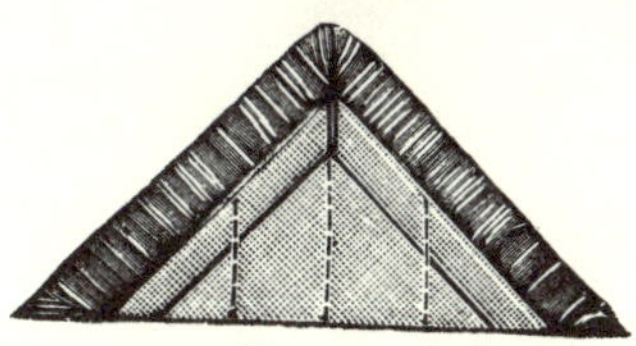
Fig. F.

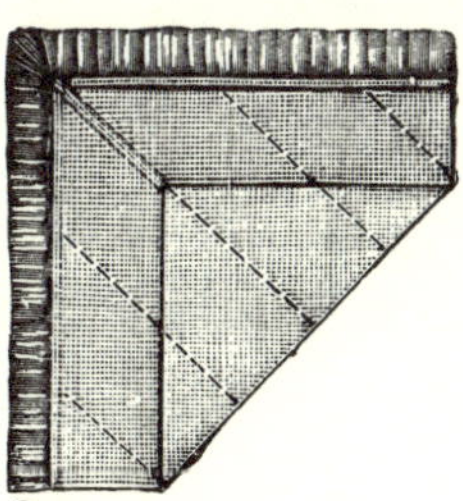
Fig. D.

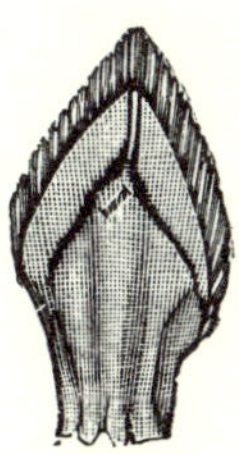
Fig. G.

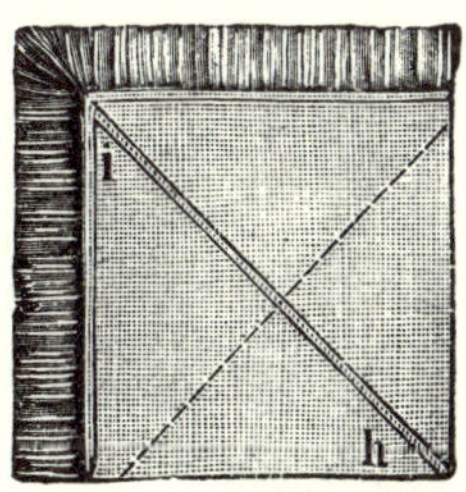

Fig. E.

Serviette „Ernst“.

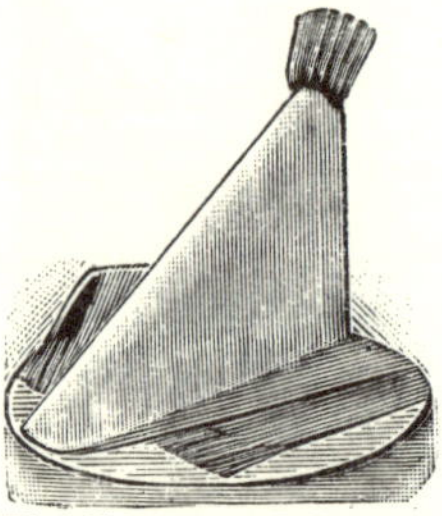

Fig.135. Komp. v.L.Fritzsche.

Lege eine offene Theeserviette einmal zusammen; gibt Fig. *A*. Schlage die Ecken *b b* auf *c*; gibt Fig. *B*. Schlage die neu entstandene Ecke *n n* (also in der Pfeilrichtung) auf *o*; gibt Fig. *C* Schlage nun die Ecken *s s* in der Pfeilrichtung auf *t*; gibt Fig. *D*. Klappe die rechte Hälfte *p* auf die linke; gibt Fig. *E*. Biege die oberen Flügel *u* auseinander und stelle die Serviette auf diese, sodass der untere Fransen-Büschel nach oben kommt, und stelle die Serviette auf einen Teller.

Serviette „Frida“.

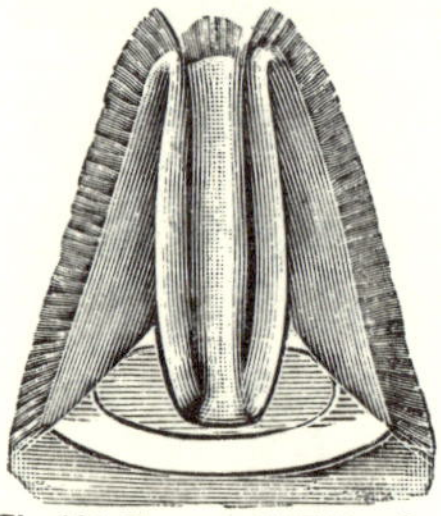

Fig.136. Komp. v.L.Fritzsche.

Lege eine offene Theeserviette einmal zusammen; gibt Fig. *A* Schlage die Ecken *b b* auf *c*; gibt Fig. *B*. Führe die Ecken *m m* in der Pfeilrichtung auf *n n*; gibt Fig *D*. Klappe die rechte Hälfte *p* unter die linke Hälfte *p*; gibt Fig. *F*. Stelle die Serviette mit den Kanten an der punktierten Linie auf einen Teller und breite die beiden Flügel auseinander.

Serviette „Luise“.

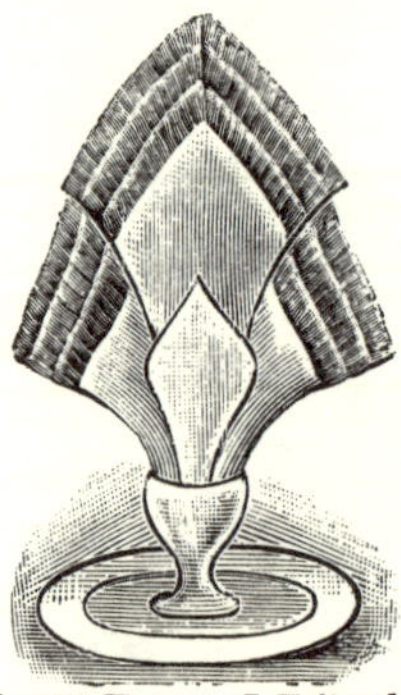

Fig.137. Komp. v.L.Fritzsche.

Nimm eine vierfach im Quadrat zusammengelegte Theeserviette; Fig. *G*. Schlage die Ecke *k* auf *l*; gibt Fig. *H* Lege die Lage in drei oder fünf Falten und stelle sie in einen Eierbecher.

Serviette „Ella“.

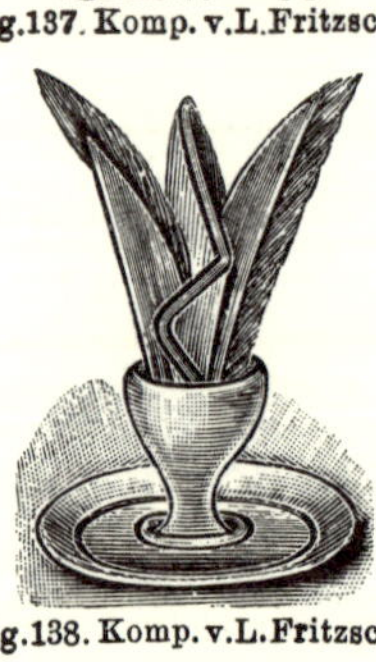

Fig.138. Komp. v.L.Fritzsche.

Nimm eine vierfach im Quadrat zusammengelegte Theeserviette; Fig. *J*. Schlage von den vier übereinanderliegenden Fransen-Ecken *b* die oberen beiden zurück auf *a*, die unteren beiden untenherum unter *a*; gibt Fig *K*. Schiebe die Lage in Falten, stelle sie in einen Eierbecher und ziehe die Spitzen *m* zu dreien, wie Hauptfigur zeigt, oder zu fünfen, da die Fransen-Spitzen doppelt liegen, auseinander.

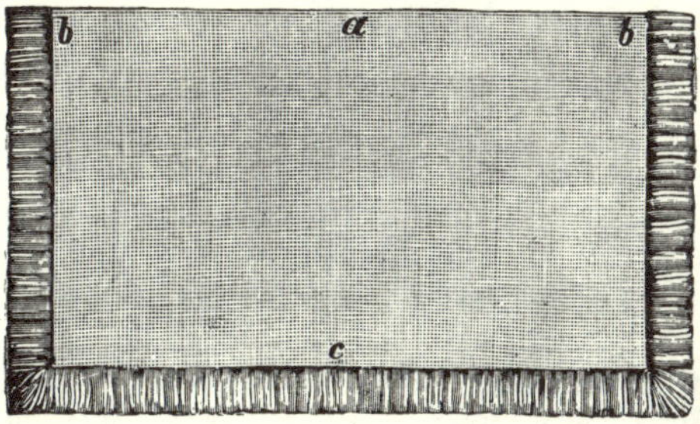

Fig. *A.*

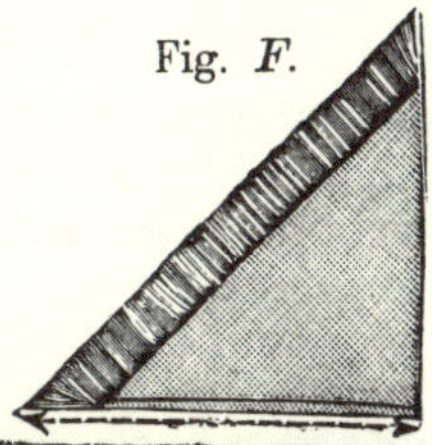
Fig. *F.*

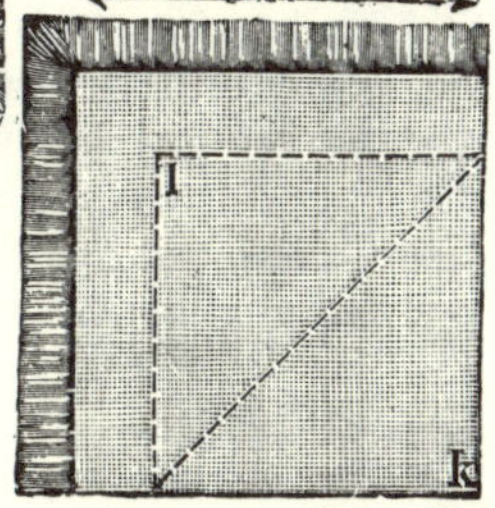

Fig. *G.*

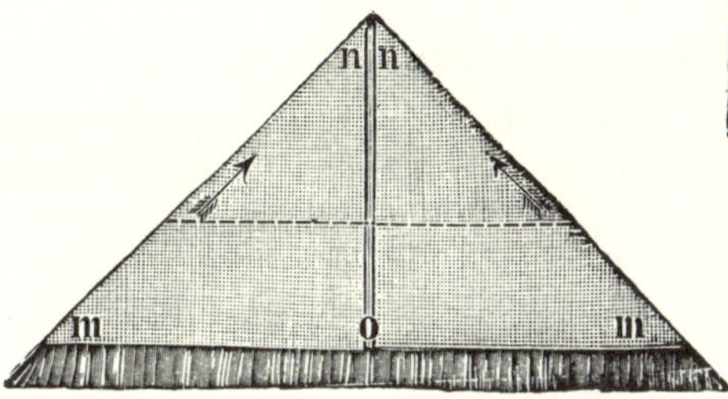

Fig. *B.*

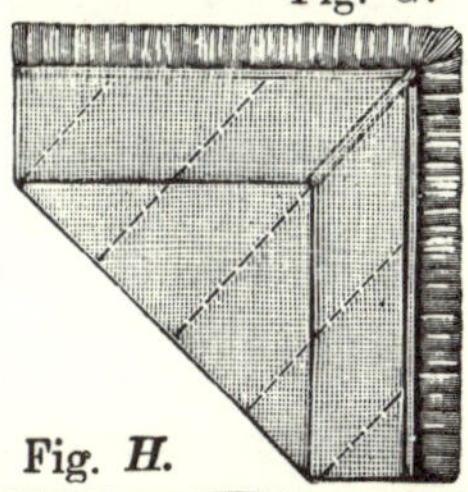
Fig. *H.*

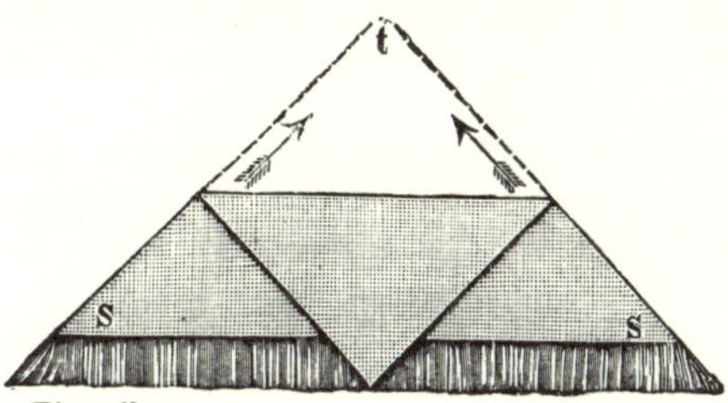

Fig. *C.*

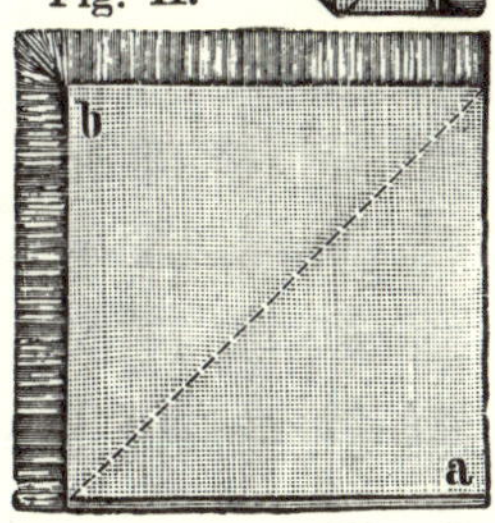

Fig. *J.*

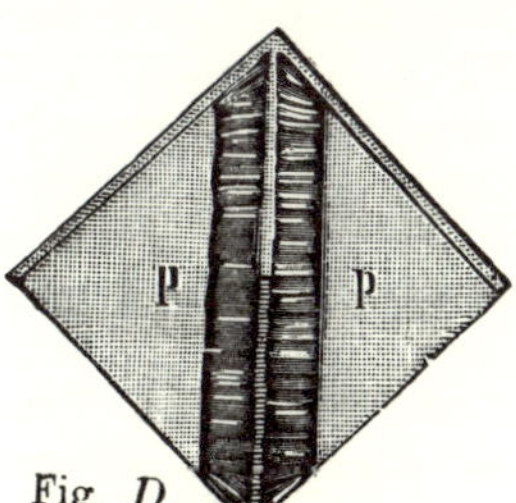

Fig. *D.*

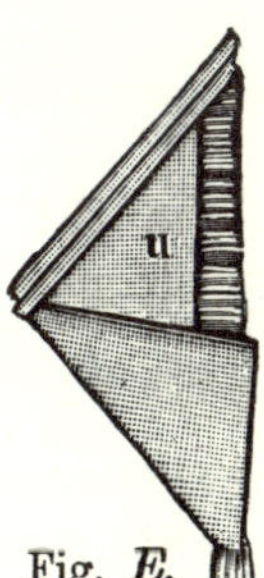

Fig. *E.*

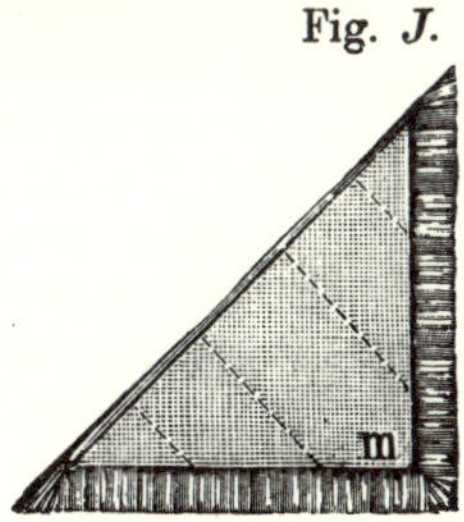

Fig. *K.*

Blumenschmuck.

Man kann sich kaum ein festliches Mal denken ohne Blumenschmuck auf der Speise-Tafel. Die Blume soll aber nicht nur den Festraum, nicht nur die Mitte der Festtafel schmücken, sondern sich bis auf jedes einzelne Gedeck erstrecken. Die Kinder der Flora kann man bei jeder Figur anwenden, entweder einzeln oder gruppenweise, in Ranken oder Sträusschen, je nachdem, was davon zu Gebote steht. Soll zu jedem Gedeck ein Sträusschen gegeben werden, so legt man dieses an die linke Seite des Gedeckes, woselbst auch das Speise-Kärtchen seinen Platz finden würde, wenn jedem Gast eines vorgelegt werden soll und — wenn man dazu nicht die gebrochene Serviette No. 23 verwenden wollte.

Symmetrie.

Durch gute symmetrische Zusammenstellung der anzuwendenden Figuren muss der harmonische Zusammenhang erzielt werden, wobei folgendes der Beachtung empfohlen wird. Man mache sich vorher einen kleinen Plan, bezeichne die einzelnen Gedecke mit Nummern und dementsprechend setze man auch die Nummern der Servietten-Figuren hinzu, welche aufgestellt werden sollen.

1. Die Einteilung muss gruppenweise geschehen, mit der Mittel-Gruppe beginnend.
2. Bei kleineren Tafeln läuft die Mittel-Gruppe direct in die Eckgruppe aus. Bei grösseren oder längeren Tafeln werden weitere oder Zwischen-Gruppen eingelegt.
3. Die beiden gegenüberstehenden Gedecke müssen mit einundderselben Servietten-Figur besetzt sein. Ausnahmen sind nur bei Mittel-Gruppen gestattet, wie z. B. bei Hochzeiten für das Brautpaar.
4. Auch nach beiden Kopfseiten der Tafel hin muss Einheit herrschen. Die rechte Hälfte einer Tafel muss genau so aussehen, d. h. mit denselben Figuren besetzt sein, wie die linke.
5. Bei Hufeisenform einer Tafel müssen die beiden Seiten eine der andern ähnlich sein, nur die Quer-, Verbindungs- oder Kopftafel darf ganz von den Seiten-Teilen abweichen, muss aber an den Verbindungs-Ecken wieder ihren harmonischen Übergang finden.
6. Bei der reichen Auswahl in diesem Album kann man eine Tafel mit nur solchen Figuren besetzen, welche in Gläser gesteckt werden können, oder mit nur solchen welche man auf Teller stellt, oder aber gemischt, was etwas mehr Geschick erfordert.

Tranchieren.

Zerlegen der Braten und Fische.

Mit Recht ist das Tranchieren eine Kunst zu nennen, da es sicher nicht leicht ist, mit Geschick und Zierlichkeit einen Braten so zu zerlegen, dass jeder Tischgenosse ein nett zugeschnittenes Stück erhält, und zwar möglichst schnell, damit das Fleisch nicht erkaltet.

Eine schlecht tranchierte Speise würde denselben Unwillen erregen, als eine schlecht zubereitete, und sie würde jeder noch so schönen sonstigen Ausstattung Hohn sprechen.

Der Vorschneider muss genau verstehen, den Braten so kunstgerecht zu zerschneiden, dass jedes Stück ein hübsches Aussehen hat, dass möglichst wenig Saft verloren geht und dass die Arbeit rasch geschieht.

Im Gegensatze zu den Qualen und Unannehmlichkeiten, die ein schlechter Vorschneider seinen Mitmenschen bereitet, wenn er blindlings und planlos mit dem Messer herumfährt, die Gelenke nicht findet und die Knochen zu durschschneiden sucht, statt glatter zierlicher nur zackige Stücke heruntersäbelt und so der Schrecken des Wirtes ist, der unter des Stümpers Händen das prächtigste Gericht verstümmelt sieht, ist es eine Freude, einem gewandten Vorschneider zuzusehen, wie er, scheinbar ohne irgendwelche Mühe, seine oft recht schwierige Aufgabe löst.

Als erste Bedingung eines guten Tranchierens ist etwas anatomische Kenntnis notwendig; der Vorschneider muss genau die Lage der Knochen und der Gelenke wissen, muss die verschiedene Richtung der Fleischfasern erkennen, damit er das Fleisch immer der Quere nach (gegen den Strich) durchschneide. Fleischstücke, welche gegen diese Regel geschnitten sind erscheinen immer unansehnlich, unappetitlich, langfaserig und lassen sich schlecht kauen.

Als zweite Bedingung sind gute Werkzeuge unerlässlich. Die zum Vorschneiden notwendigsten bestehen zunächst in einer grossen zwei- oder dreizinkigen Gabel. Ist sie mit aufklappbarer Parier-Stange versehen, um bei dem Schneiden nach oben und etwaigem Abgleiten des Messers die Verletzung der anderen Hand zu vermeiden, so kann das nichts schaden. Die Hauptsache ist, gute, namentlich scharfe und grosse Messer zu nehmen. Zu grösseren Braten benutzt man gern solche mit langer, breiter, vorn gebogener, zu Wild und Geflügel solche mit kürzerer schmälerer Klinge. Zum Zerlegen von Fischen darf man sich, wie zum Essen derselben, keiner stählernen Messer und Gabeln bedienen, sondern benutzt silberne Fischmesser oder Fischkellen. Fisch-Tranchiergabeln sind bei der Weichheit des Fischfleisches überflüssig

Das Tranchieren ist am besten in der Praxis zu erlernen, aber wir wollen versuchen, in nachstehendem an der Hand von Zeichnungen die Ausführung einiger zweckmässiger Handgriffe deutlich und verständlich zu beschreiben. Allerdings macht auch hierin erst Übung den Meister, aber wir hoffen, durch Anführung der gebräuchlichsten Regeln immerhin dazu beizutragen, dass sich die edle Tranchierkunst in Deutschland wieder mehr einbürgert und nicht ausschliesslich uur von Köchen ausgeübt wird, unter denen es übrigens auch nicht alle zum Meister darin bringen.

---

*) Dieser Abschnitt ist mit Erlaubnis des Verlegers (P. M. Blüher, Leipzig) teilweis und im Auszuge dem berühmten „Meisterwerk der Speisen und Getränke“ (Blüher-Petermann) entnommen, das hiermit gleichzeitig bestens empfohlen wird. Vergl. auch Anzeige im Anhange. Der Verf.

1) Englischer Braten *(Roastbeef).*

Die Abbildung 1 zeigt den Rindsbraten, mit der Lende nach oben angerichtet; diese wird als das zartere Fleisch zuerst geschnitten Man beginnt am spitzen Ende des Bratens, schneidet zunächst die trockene Spitze ab und macht längs des Rücken-Wirbels einen Einschnitt *A—B* bis auf den Knochen, schneidet dann von links nach

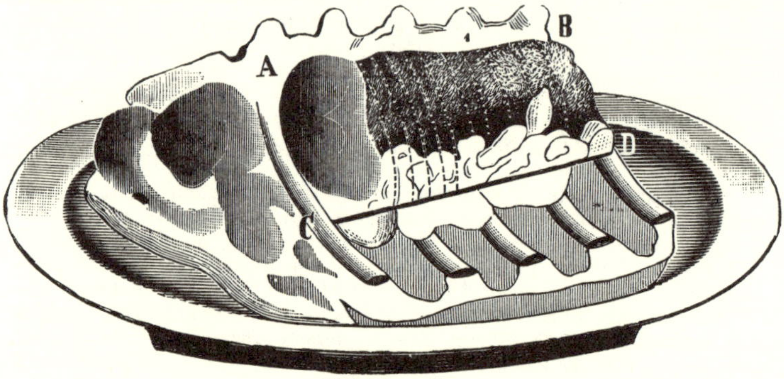

(Abbildung 1.)

rechts grosse dünne Querscheiben und trennt diese von den Knochen, indem man das Messer bei *C* in der Richtung nach *D* einsetzt. An jeder Scheibe muss etwas Fett bleiben; wo es fehlt, legt man es dazu; es findet sich hinreichend am stärkeren Ende der Lende. Auch beträufelt man jede Scheibe mit ein wenig Fleischsaft, der beim Schneiden hervorquillt.

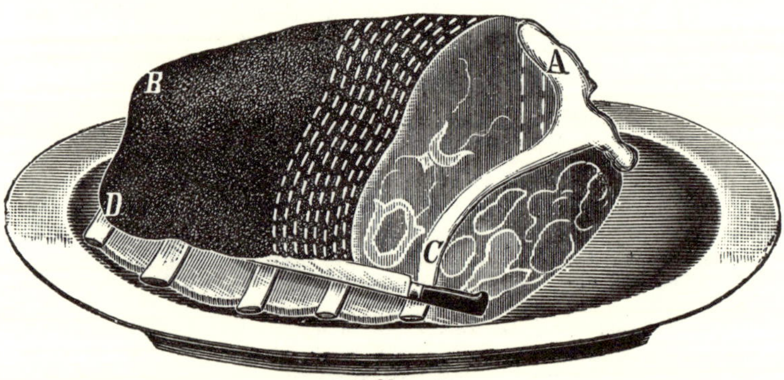

(Abbildung 2.)

Ganz gleich verfährt man mit der anderen Seite (Abbildung 2), welche in Deutschland hauptsächlich unter dem Namen „Roastbeef" bekannt ist. Der englische Braten muss immer erst kurz vor dem Herumreichen zerlegt werden, weil gebratenes Rindfleisch leicht rasch trocken und weniger schmackhaft wird.

Rindslende allein gebraten, oder gedämpft, wird zunächst (in der Küche) von dem langfaserigen trockenen Unterteil befreit und in Quer- oder schräge Scheiben geschnitten, die man wieder zur ursprünglichen Form aneinander legt.

2) Rindschwanzstück.

Das Rindschwanzstück, *pièce de boeuf*, *culotte* (Abbildung 3), bei welchem die Fleischfasern in der durch den Pfeil angedeuteten Richtung liegen, wird etwas schräg in nicht zu dünne, fingerdicke Schnitten zerlegt, die man wieder zur ursprünglichen Form aneinander reiht. Ist das Fleischstück zu stark, so werden die Scheiben noch durch den Querschnitt *A—B* geteilt

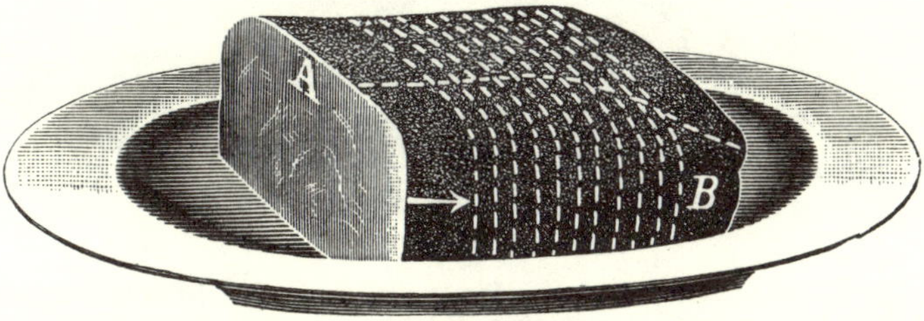

(Abbildung 3.)

Auf ähnliche Weise zerlegt man das gekochte Schwanzstück, *boeuf à la mode, entre-côte*, das geräucherte Rindsrippenstück, Rindsbrust, Rindszunge und Kalbsnuss, bei welchen Fleischstücken die Fasern ebenfalls in einer Richtung liegen

3) Kalbskeule.

Man schneidet zuerst das am Knochen befindliche Sehnenstück (Abbildung 4 bei *A*) keilförmig heraus, bringt es beiseite und zerlegt dann die obere dickere, fleischigere Seite in Querscheiben (1—5 usw.). Hierauf schneidet man schräg, das Messer am Knochen

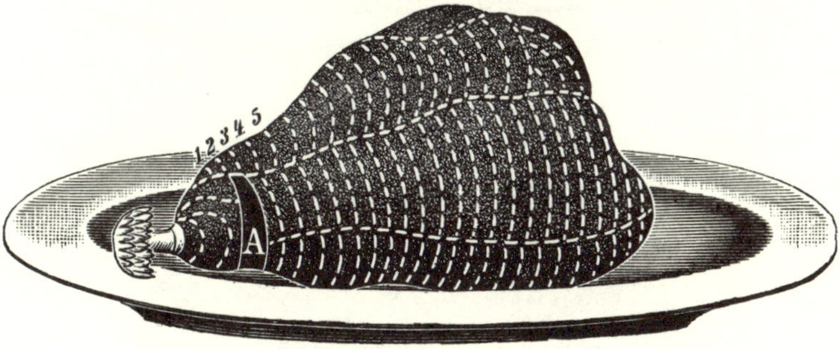

(Abbildung 4.)

fast wagerecht haltend, jede Scheibe mit einem Schnitte ab. Soll auch die untere Seite zerlegt werden, so wird die Keule umgewendet und auf gleiche Weise wie oben verfahren. Man darf auf keinen Fall den zur Verzierung mit Papier-Manschette versehenen Knochen mit der Hand anfassen.

Schinken, Hammel- und auch die Wildkeule (Schlegel) werden ebenso tranchiert, wie Kalbskeule.

4) Kalbsnieren-Braten.

Vor dem Zerlegen werden die Niere *(a)* sowie das kleine unter derselben sitzende „Filet" herausgeschält und in Querscheiben geschnitten. Dann zerteilt man die Rippen der Länge nach in finger-

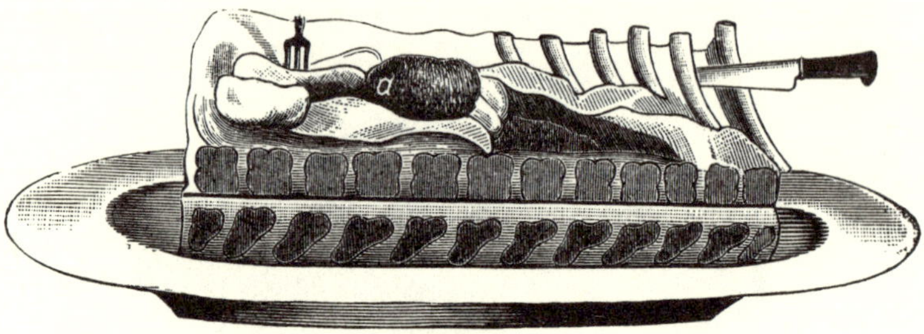

(Abbildung 5.)

dicke Stücke, indem man das Messer zwischen zwei Rücken-Wirbeln einsetzt, diese sowie den Rücken-Muskel mit einem Schnitte trennt und mit dem Messer zwischen den Rippen durchfährt.

5) Hammel-Rücken.

Man macht längs des Rücken-Wirbels einen Längsschnitt *A—B* (Abbildung 6) bis auf den Knochen, schneidet dann von links nach rechts ziemlich kurze, fingerdicke, schräge Querscheiben und trennt

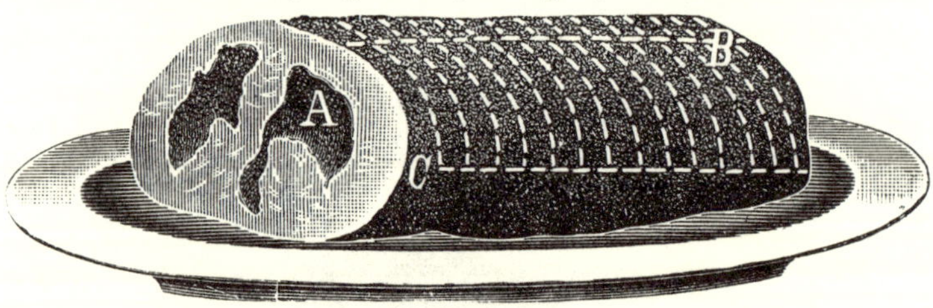

(Abbildung 6.)

diese, das Messer bei *C* in der Richtung nach hinten einsetzend, von den Rippen. Ebenso Kalbsrücken, Wild- und Rehziemer (-Rücken).

6) Hinter-Ziemer von Wild.

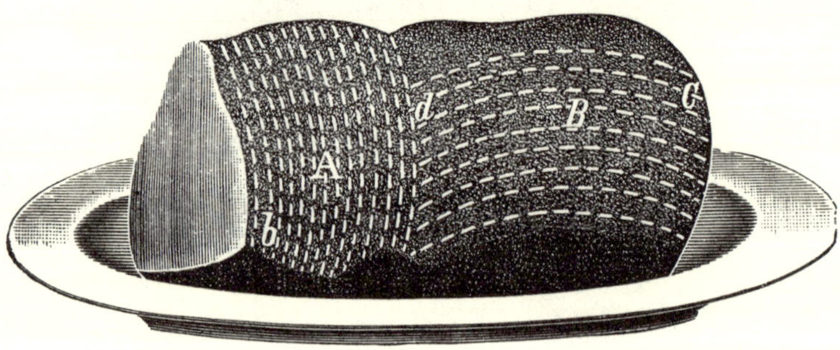

(Abbildung 7.)

Nachdem das am Rücken liegende Stück *A* (Abbildung 7) von oben nach unten in der Richtung auf *b* in Querscheiben geschnitten ist, zerlegt man die sogenannte „Nuss“ *B* durch Längsschnitte *d—C*. Die Fasern des Rücken-Fleisches laufen denen in der Nuss gerade (rechtwinklig) entgegen, daher die Quer- und Längsschnitte. Ebenso verfährt man mit Wildschweins-Ziemer, Kalbsrücken und ähnlichem.

7) Hase.

Der Hase wird bei Tafel ähnlich wie der Hinter-Ziemer von Wild zerlegt, der Rücken in Quer-, die Keulen in Längsschnitte. Meist wird jedoch der Hase zerlegt, indem man (das Fleisch wird am Knochen gelassen) den Rücken in Querstücke teilt und von den Keulen-Knochen das Fleisch in drei bis vier Stücke schneidet (Abbildung 8). Bei dieser Art des Zerlegens müssen die Rücken-Wirbel des Hasen bereits in der Küche mit einem Meissel oder Hacke-Messer geknickt sein, da man mit dem Messer die Wirbel nicht trennen kann.

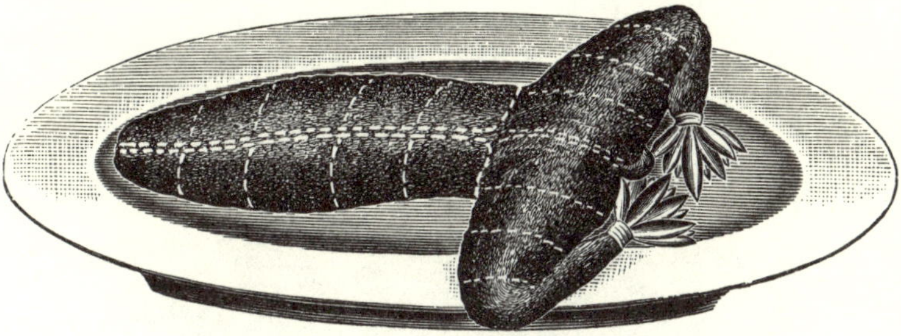

(Abbildung 8.)

In feineren Häusern ist es nicht üblich, die Keulen mit vorzusetzen; man gibt vielmehr nur den Rücken, weil das Keulenfleisch weniger zart ist, besonders bei älteren, stärkeren Tieren. Auf andere Art: Man schält, wie beim Hammel-Rücken beschrieben (Abbildung 6), das ganze Rückenfleisch (Filet) von den Knochen und zerlegt es in schräge Scheiben, ebenso das Schenkelfleisch, aber in jedem Falle legt man die Stücke wieder zur ursprünglichen Form aneinander.

8) Spanferkel (Milchschwein)

(Abbildung 9.)

Man trennt zuerst den Kopf dicht hinter den Ohren vom Rumpfe und zerlegt ersteren, wie die punktierten Linien zeigen. Dann löse man

Vorder- und Hinterkeule in den Kugel-Gelenken ab und zerteile auch diese, wie anpunktiert. Hierauf trenne man die eine Bauchseite ab und zerteile sie in Stücke. Ist sie zu knusprig gebraten, dann zerbreche man diese Teile Desgleichen verfahre man mit der anderen Seite, sodass nur noch der Rücken unzerlegt bleibt.

Längs des Rückens in der Mitte ziehe man einen tiefen Schnitt bis auf die Wirbel und teile dann den ganzen Rücken zu beiden Seiten in Rippen-Stückchen, welche man am Rückgrat ausrenkt.

9) Truthahn (Puter).

Beim Truthahn schneidet man die Keulen ab, indem man einen Schnitt, bei *A* (Abbildung 10) einsetzend, zwischen Brust und Keule, den Umrissen letzterer folgend, *A B C* macht. Man biegt hierauf die Keule ab, bis sich die Kugel des Hüftgelenkes bei dem * (Stern) über dem *E* blosslegt; dann löst man diesen aus und trennt die Keule mit einem Schnitte von *A* nach *E* vollends. Die Keule wird im Kniegelenke gelöst und in drei oder mehrere Stücke geteilt. Hierauf zerlegt man die Brust, indem man von der Spitze *D* längs des

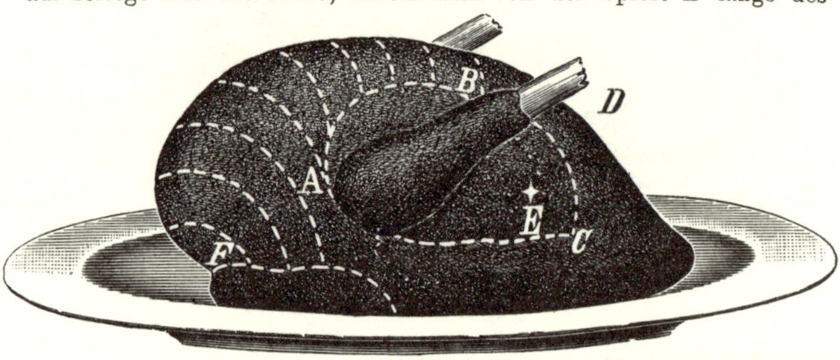

(Abbildung 10.)

Brustknochens bis zum Flügel-Gelenk *F* einen Schnitt führt, letzteres auslöst und das Ganze in zierliche Querscheiben, vom Flügel anfangend, zerteilt. Ist der Truthahn gefüllt, so löst man, ehe man die Brust zerlegt, den Kropf mit dem Füllsel und schneidet ihn in Scheiben. Die Keulen, welche gröberes, dunkleres Fleisch haben, gibt man in feinen Häusern nicht mit, sondern zunächst nur das weisse Brustfleisch (die beiden „Filets“), die man, mit dem linken anfangend, loslöst und schräg in feine Scheiben teilt; rechts ebenso. Jeder Gast erhält je eine Scheibe Brustfleisch und „Farce“ (Fülle).

10) Gans.

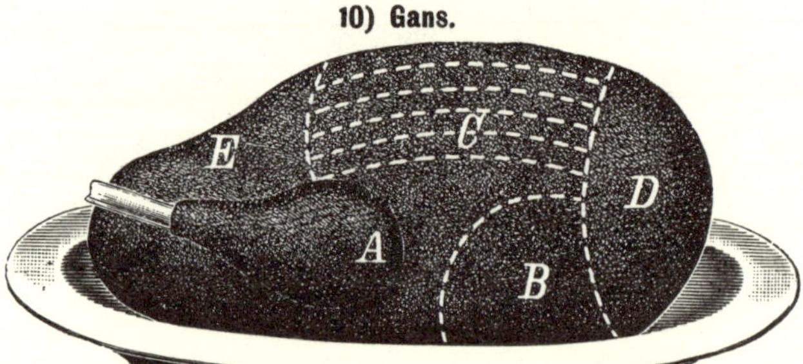

(Abbildung 11.)

Bei der Gans schneidet man ähnlich wie beim Truthahn zuerst die Keulen *A* (Abbildung **11**) ab und zerlegt sie in zwei bis drei Teile; dann löst man das Flügelstück *B*, an welchem man ein wenig Brustfleisch lässt, und schneidet die Brust *C* in längliche, hübsche Scheiben, indem man beim Flügel anfängt und bei jedem Schnitt, sobald man den Brustknochen berührt, das Messer beinahe wagerecht hält. Nun zerlegt man *D*, macht bei *E* einen Längsschnitt, nimmt die Füllung heraus und schneidet die braune Haut in angemessene, ansehnliche Stücke.

Auf ähnliche Weise verfährt man auch bei dem Tranchieren der Ente, der Trappe und des Auerhahnes.

11) Kapaun.

Auch beim Kapaun trennt man die Keulen in oben beschriebener Weise, löst das Flügelstück mit etwas Brustfleisch ab und schneidet dann die Brust in Scheiben, ähnlich dem Verfahren bei der Gans,

(Abbildung 12.)

nur lasse man an den Seiten des Brustknochens noch Fleisch, welches als besonderes Stück, von dem Gerippe getrennt, gegeben wird. Ähnlich wie Kapaun werden Huhn, gemästetes Kapphuhn (Poularde), Perlhuhn, junger Truthahn, Fasan und Birkhuhn zerlegt.

12) Junge Hühner, Rebhühner, Haselhühner, Tauben, Schnepfen

werden meist nur in zwei Hälften geteilt, indem man dieselben längs des Brustknochens und Rückgrates mittendurch zerschneidet. Sollen dieselben, wie es öfters vorkommt, in drei Teile zerlegt werden, so geschieht dies, indem man sie, von der Brustspitze in schräger Linie vom Brustknochen ab laufend bis zum Flügel-Gelenk durchschneidet.

13) Krammetsvögel, Wachteln, Fettammern, Lerchen, Sumpfschnepfen (Bekassinen) usw.

werden unzerlegt angerichtet, Krammetsvögel gewöhnlich auf gerösteten Brotscheiben, und so herumgereicht.

14) Fisch.

Bei allen langen Fischen, Lachs, Karpfen usw. (Abbildung 13) zieht man zuerst eine Linie vom Kopfe bis zum Schwanze längs des Rückgrates und bezeichnet die Querstücke mit der Fischkelle, um sie dann an der markierten Stelle zu zerteilen und nebeneinander auf die Teller zu legen.

Bei Steinbutt und ähnlichen Plattfischen zieht man, wie unsere Abbildung 14 aufweist, einen Strich genau in der Mitte desselben und zerteilt dann beide Hälften in Querstücke.

(Abbildung umstehend.)

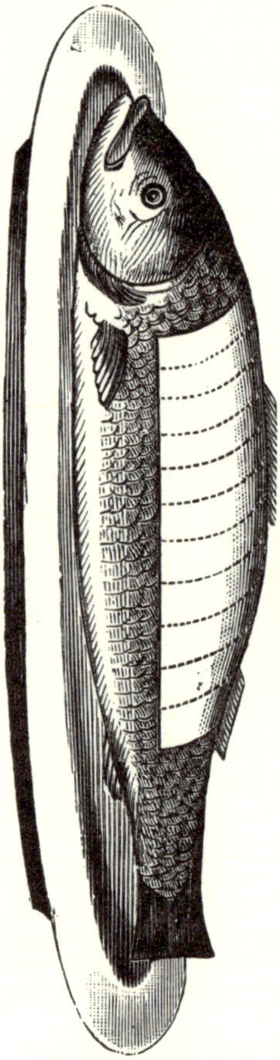

(Abbildung 13)

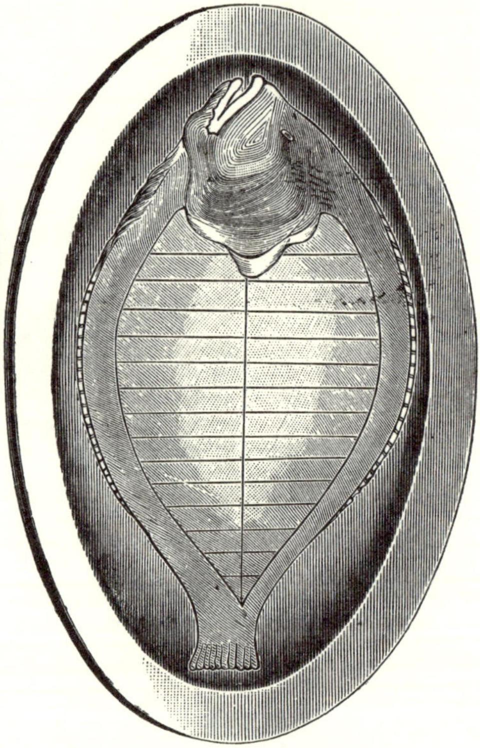

(Abbildung 14)

In der feinen Küche ist es Brauch, gekochte oder auf sonstige Art zubereitete Fische den Gästen unzerteilt vorzusetzen, ihnen das Abtrennen eines Stückes zu überlassen und höchstens mit der Fischkelle die Stelle anzudeuten, wo der Anfang zu machen ist.

Ganze Fische, besonders wenn es schöne „Exemplare“ sind, sehen auf der Tafel besser aus, als Stücke; nur müssen sie so gross sein, dass die oben liegende Seite für alle Gäste hinreicht, weil der unteren Seite wegen des Rückgrates unbequem beizukommen ist. Regel ist, den Fisch (ausser Plattfische) auf der rechten Seite liegend anzurichten. Bei grösseren Plattfischen (Steinbutt usw.) muss die weisse Seite nach oben liegen. Manche behaupten allerdings, gerade die dunkle Seite, besonders beim Steinbutt (wegen der für ihn charakteristischen „Steine“) gehöre zunächst nach oben. Nachdem man diese wie oben erklärt, geteilt hat, dreht man den Fisch herum und zerlegt die andere Seite geradeso. Bei sehr grossen Plattfischen kann man drei Längsschnitte machen.

Anhang.

Die nachstehenden Tafeln enthalten solche Hilfsfiguren, welche sich oft wiederholen und auf den betreffenden rechten Seiten im Buche keinen Raum finden konnten; deshalb ist im Texte oft darauf hingewiesen. Man schlage, um das Umblättern möglichst zu vermeiden, vor Beginn des Brechens die drei Blätter mit Tafel II—IV rechts heraus.

Tafel I. Man breite eine offene Serviette gerade vor sich aus und schlage die vorderen Ecken nach der Mitte ein.

„ II. Legt man eine offene Serviette doppelt zusammen, so gibt es Fig. *A*. Legt man von einer offenen Serviette die beiden Saumseiten nach der Mitte ein, so gibt es Fig. *B*. Legt man eine Serviette der Länge nach dreifach zusammen, so gibt es Fig. *C*, oder vierfach, Fig. *D*.

„ III. Veranschaulicht das quadratische Falten einer Serviette, wobei es zur Herstellung der einzelnen Figuren nur darauf ankommt, wann gewendet wird, was im Texte stets angegeben ist. Beispiel: Würde man von einer Serviette, ohne zu wenden, viermal hintereinander die Ecken einschlagen, so entstünden nach und nach Fig. *A*, *C*, *E*, *H*, dann gewendet *I*, und die Ecken wieder eingeschlagen, wie zur Nelke usw. *M*.

„ IV. Die Anwendung dieser Tafel wiederholt sich oft. Deshalb lerne man zunächst das „Einziehen“, wie Seite 58 beschrieben, und dann das Falten nach dieser Tafel von *A* bis *F*. Die Fortsetzung, welche Änderungen unterliegt, ist dann bei jeder Figur angegeben und es wird auf die weiteren Hilfsfiguren auf den rechten Seiten verwiesen.

Lege eine offene Serviette doppelt zusammen und der Länge nach auf den Tisch, wie Fig. *A* zeigt. Schlage die vier Ecken ein, wie *B* zeigt. Schlage nun die vordere und hintere Ecke nach der Mitte ein, gibt Fig. *C*. Schlage die vordere Hälfte unter die hintere, gibt Fig. *D*. Ziehe die vordere rechte Ecke nach der hinteren Mitte ein, gibt Fig. *E*, desgleichen die linke, gibt Fig. *F*.

Fig. A.

Tafel I.

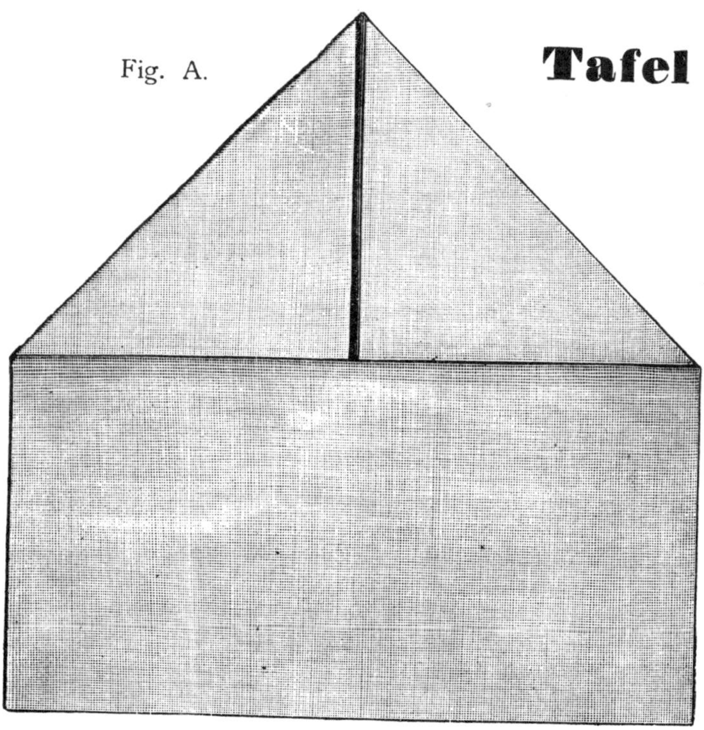

Tafel II.

Fig. A.

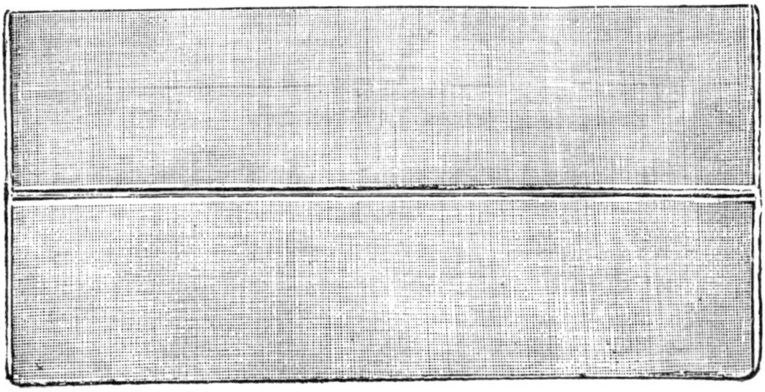

Fig. B.

Fig. C.

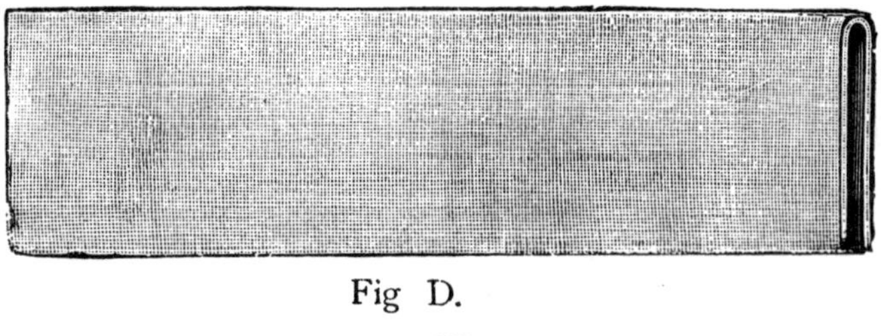

Fig D.

Tafel III.

Fig. A.

Fig B.

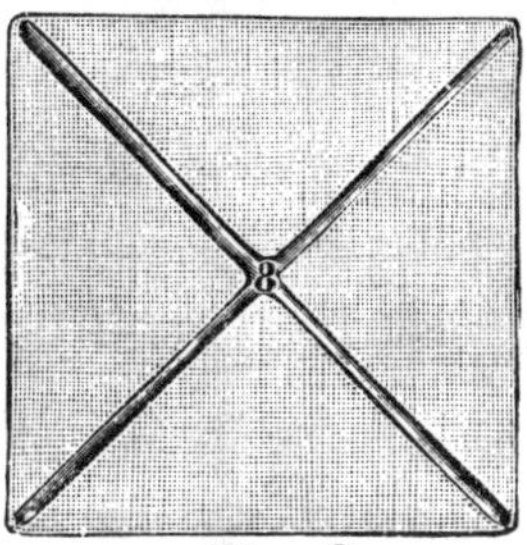

Fig. C.

Fig D.

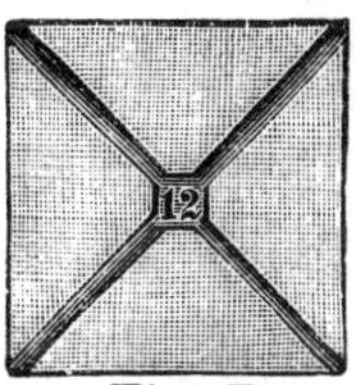

Fig. E.

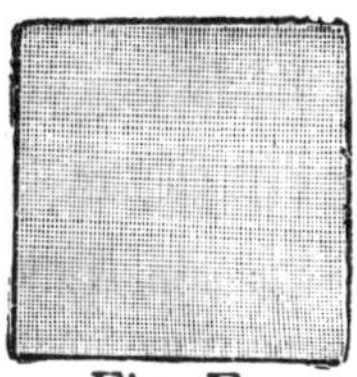

Fig. F.

Fig. G.

Fig. H.

Fig. I.

Fig. K.

Fig. L.

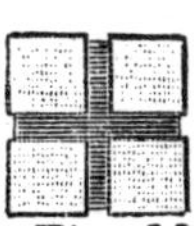

Fig. M.

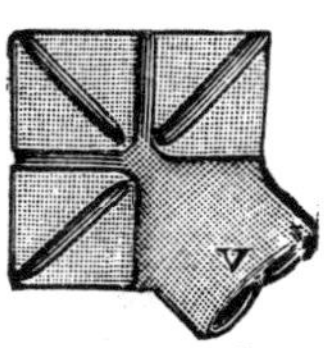

Fig. N.

Fig. O.

Tafel IV.

Fig. A.

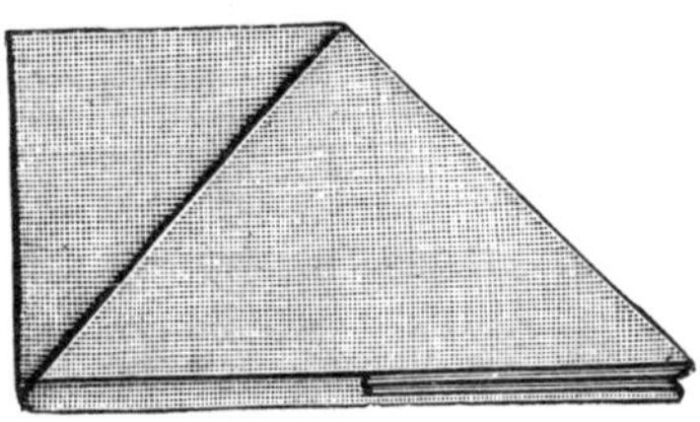

Fig. E.

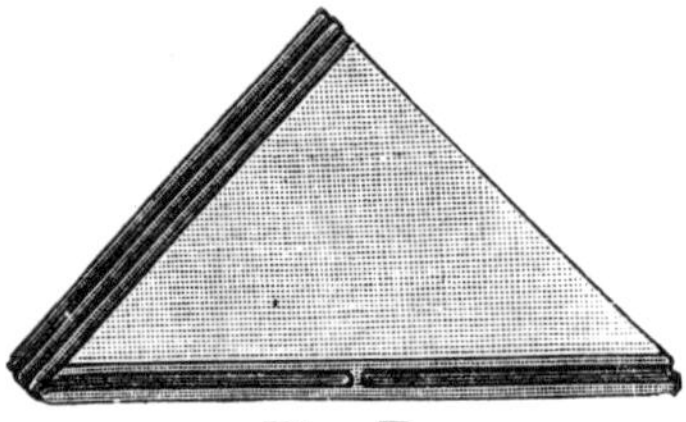

Fig. F.

Fig. B.

Fig. C.

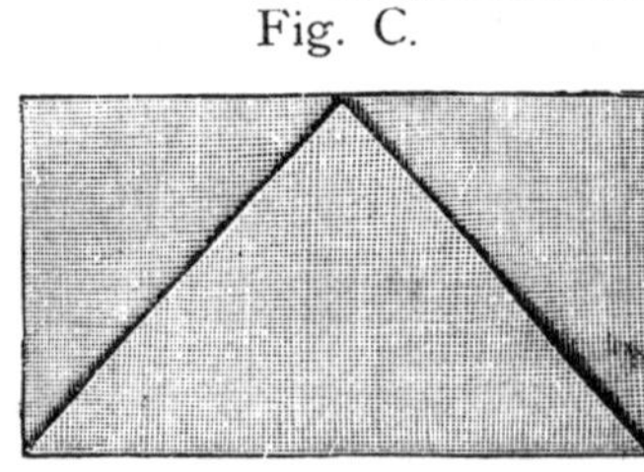

Fig D.

L. Fritzsches Tischzeug-Präger.

(Gesetzlich geschützt.)

Das Tischzeug-Prägen, das heisst die Kunst, in Servietten und Tisch-(Tafel-)Tücher einzelne Worte, Glückwünsche, Monogramme, Embleme, Symbole usw. zu prägen, ist eine Neuerung auf dem grossen Gebiete des Tafel-Ausschmückens. Jeder kann es selbst sofort ohne Mühe ausführen, wenn er sich in den Besitz der nötigen Tischzeug-Präger gesetzt hat. Diese Präger werden in einer Grösse angefertigt, die für jede Serviette, gleichviel ob sie gross oder klein zusammengelegt ist, passt; sie sind $14\frac{1}{2}$ cm lang und ebenso breit. Zum Prägen wird keine Farbe benutzt, sondern die gewünschte Figur erscheint erhaben (in Relief) in der Serviette. Das Präge-Verfahren ist folgendes:

Man schiebt den erhabenen Teil des Prägers unter die obere Ecklage der zusammengelegten Serviette, legt den anderen Teil des Prägers, genau auf den unteren passend, darüber, drückt mit der Hand auf die obere Platte, und die Figur ist fertig. Ebenso ist das Verfahren bei dem schon aufgedeckten Tafel-Tuche.

Die Teil-Figur „Eichenzweig" (siehe Seite 163), in Original-Grösse gezeichnet, zeigt in der Umrandung des Zweiges, wie sich die Figur von der Grundfläche des Tischzeuges abhebt. Die Figur wird nur in die obere Ecklage der Serviette geprägt, ohne die Serviette aufzufalten. Also, wie die Serviettten vom Wäscheschrank kommen, gleichviel ob sie dreifach oder vierfach im Quadrat oder der Länge nach zusammengelegt sind, werden sie benützt. Man kann so geprägte Servietten stossweise aufeinander legen, ohne dass sie die Prägung verlieren. Demnach kann man auch bei grossen Festlichkeiten vorarbeiten. Das Prägen geht sehr rasch; man bringt einige hundert in der Stunde fertig. Fast gar keine Übung ist nötig.

Das Servietten-Prägen hat sich schon in den feinsten Häusern eingeführt und wird es noch mehr, sobald es nur erst weiter bekannt geworden ist. Es wurde schon an königlichen Tafeln ausgeführt und gefiel, nicht nur als „Neuheit", sondern weil es geschmackvoll aussieht. Nach der Beschreibung wird sich freilich noch niemand ein richtiges Bild davon machen können. Deshalb ist es nötig, die an sich einfache und wenig kostspielige Sache zu probieren. Es lassen sich, wie die Figuren zeigen, Symbole herstellen, wie man sie mit dem Servietten-Brechen noch nicht zur Genüge erreicht hat.

Will man beim Tafeldecken die Servietten brechen, so macht es sich allerliebst, wenn die Präge-Figuren in das Tafeltuch gedrückt werden, und zwar in die Ecken und in die Mitte zwischen den Gedecken, etwa eine Spanne vom Tischrande entfernt nach der Mitte der Tafel zu, in gleichmässigen und mit dem Rande parallel laufenden Linien.

Für die am häufigsten vorkommenden Festlichkeiten sind geeignete Symbole hergestellt und in den Handel gebracht. Die Präger mit nachstehenden Zeichnungen sind fast stets auf Lager, andere werden auf Wunsch angefertigt; es wird darüber von Unterzeichneten auf Anfragen bereitwilligst Auskunft erteilt. Bei nachstehenden Figuren ergibt meist der Name und das Bild schon, für welche Zwecke sie sich eignen, doch ist bei den meisten noch besonders bemerkt, bei welcher Gelegenheit sie benutzt werden können. Verschiedene Präge-Platten eignen sich zum Schmücken der Tafel bei vielen Gelegenheiten, Besuchen usw.; so vor allem Nr. 22 mit „Guten Appetit", ferner z. B.: „Willkommen auf der Königsburg", „Willkommen in Rheinfelde", „Willkommen an der Ostsee" usw.

Wir sind überzeugt, dass in Gasthäusern wie bei Privaten das Tischzeug-Prägen immer mehr eingeführt wird. Wer es sieht, dem gefällt es; in einiger Zeit wird jeder Gastwirts-Gehilfe im Besitz von Präge-Platten sein, und viele werden bei jeder Gelegenheit damit dienen können, indem sie sich nach und nach alle anschaffen. Die Ausgabe lohnt sich, man erntet Dank dafür. Es wird oft, zumal bei reichen Gastmählern, für Gegenstände von weit geringerer Bedeutung eine Masse Geld ausgegeben, z. B. für geprägte, vergoldete Tafel-Karten; man jagt förmlich nach Neuheiten, man sucht sich in „noch nie Dagewesenem" zu überbieten, einerlei was es kostet: Hier hat man etwas Neues, und wer das Präge-Material einmal hat, kann es immer wieder anwenden, an anderen Orten und bei anderen Gelegenheiten immer wieder andere Personen damit erfreuen. Wie hübsch würden sich z. B. bei Hochzeiten Servietten mit eingeprägten Monogrammen ausnehmen!

Bemerkung. Durch das Prägen der Servietten leiden letztere in keiner Weise, wenn man dazu nicht zu starken Druck, etwa mit Pressen benutzt; es genügt ein leichtes Drücken mit der Hand (den Finger-Spitzen), um das Erscheinen des erhöhten Symbols in der Serviette zu erzielen.

☛ **Lieferzeit** 3 bis 5 Tage, bei Extra-Bestellungen 8. ☚

Bei Bestellungen bezeichne man genau die Nummer.

Durch den am 27. Februar 1898 erfolgten Tod des Erfinders und Erzeugers der **Tischzeug-Präger**, *L. Fritzsche*, ist das **alleinige Recht** ihrer Herstellung und ihres Vertriebes an mich übergegangen.

P. M. Blüher,
Leipzig.

Dieselben sind auch zu beziehen von

A. Detloff, Frankfurt a/M., Unt. Hasenpfad 15.

Nr. 21.

Eichenzweig.

Mk. 2,—.

Beliebte Platte, überall verwendbar, bei Besuch in Familien, in Restaurants für Touristen, sowie in Tischtuch-Ecken usw., wie auch Nr. 22.

Nr. 22.

Guten Appetit.

Mk. 2,50.

Diese Nummer und Nr. 21 sind die gangbarsten, da man sie sowohl in Familien, als auch in öffentlichen Lokalen und zu Festlichkeiten mit verwenden kann.

Nr. 23.

Gesegnete Mahlzeit

(m. Emblem „Glaube, Liebe, Hoffnung“.)

Mk. 3.—.

Verwendbar wie die Nrn. 21 u. 22, zu Kindtaufen, Konfirmationen, bei Besuch von Geistlichen, bei Festen, welche mit geistl. Handlungen verknüpft sind. Kann auch ohne das Mittelstück geliefert werden.

Nr. 24.

Es lebe der Kaiser.

Mk. 2,50.

Verwendbar zu Geburtstagen oder bei Anwesenheit von Souverainen, vaterländischen Festlichkeiten usw. Wir liefern auch andere Inschriften, wie z. B. „Es lebe“, oder „hoch lebe der König, der Grossherzog, DKB., GV.“ usw.

Nr. 25.

Reichsadler.

(Mit Reichskrone und Bändern.)

Mk. 2,50.

Der Reichsadler wird bald bei keiner patriotischen Feier mehr fehlen und eignet sich besonders für Tischtuch-Ecken usw.

Nr. 26.

Grafen-Krone.

Mk. 2,—.

Kronen eignen sich besonders zu Festlichkeiten, Dîners à part, beim Besuch hochgestellter Personen, bei deren Geburts- oder Namenstagen, auch besonders in Tischtuch-Ecken gepresst.

Nr. 27.

Königs-Krone.

Mk. 2,50.

Wir fertigen auf Bestellungen auch andere Kronen nach Muster an. Preis je nach der verlangten Arbeit veränderlich.

Nr. 28.

Kaiser-Krone.

Mk. 3,—.

Die Kaiser-Krone verwendet man bei Geburtstagen und Besuchen Sr. Majestät des Kaisers, bei vaterländischen Festlichkeiten, in Gemeinschaft mit den Nummern 24 und 25 usw.

Nr. 29.

⁂ Jagd. ⁂

Mk. 3,—.

Sehr hübsche Platte für Jagdessen und im einzelnen für Jäger und Jagdfreunde.

Nr. 30.

Verlobung.

Mk. 2,—.

Symbol für Verlobungen, auch für Hochzeiten, doch eignet sich Nr. 31 für letztere besser, da sich hier die Schnäbel der Täubchen nur nähern, während sie in Nr. 31 beisammen sind.

Nr. 31.

Hochzeit.

Mk. 3,—.

Hier sitzt das vereinte Täubchen-Paar beisammen auf dem alten Stamm. Dieser schlägt neu aus, bringt Blätter, Blüten und Früchte, letztere dargestellt durch ein junges Täubchen auf dem Ast. Wo ists?

Nr. 32.

Ich (oder wir) gratulieren.

Mk. 2,50.

Diese Nummer wird verschieden geliefert, z. B.: **Ich** gratuliere, **Wir** gratulieren usw. und ist gerne gesehen, wo es etwas zu gratulieren gibt, z. B. bei Hochzeiten, Taufen, Geburts- u. Namenstagen usw.

Nr. 33.

Füllhorn mit „Viel Glück“.

Mk. 3,—.

Verwendbar wie Nr. 32, zu Hochzeiten aber ganz vorzugsweise geeignet, besonders auch in die Tafel-Tücher gepresst.

Nr. 34.

Lorbeerkranz.

Mk. 2,50.

Wir liefern die Kränze auf Bestellung mit belieb. Zahl, mit Buchstaben od. Symbol wie in Nr. 35. Diese können **ausgewechselt** werden, sodass man den Kranz auch ohne etwas in der Mitte prägen kann. Preis für Kranz ohne Mittelstück Mk. 2,—.

Nr. 35.

Eichenkranz.

Mk. 2,50.

Obiges in Nr. 35 gilt ebenso für diese Nummer. Wir liefern auch beide Kränze mit mehreren Symbolen zum **Auswechseln**, z. B. mit Zahl 25 (oder sonst beliebig), mit Lyra für Sänger, mit Scheibe und Büchsen für Schützen usw. Preis jeder einzelnen Einlage 50 Pfg. mehr.

Nr. 36.

Sonderplatten.

Preis dieser Platte war

Mk. 3,—.

Wir liefern zu besonderen Gelegenheiten besondere Platten wie etwa nebenstehend. Preis veränderlich.

Nr. 37.

Hotel-Firmen.

Preis durchschnittlich

Mk. 3,— bis *4,—.*

Wir liefern diese Muster, wie nebenstehend, mit Schwan oder Hirsch, Bär, Sonne, Mond, Krone oder 3 Kronen usw., oder auch nur mit Worten, auch mit Namen oder Monogramm.

Nr. 38.

Wappen.

Preis dieses Wappens, da Doppelplatte nötig,

Mk. 4,—.

Wir liefern Staats-, Provinz- und Städte-Wappen, nach eingeschickter, wenn auch kleiner Zeichnung. Nur wenige sind unausführbar zu unserem Zwecke.

Nr. 39.

Prosit-Neujahr.

Mk. 2,50.

Diese Platte eignet sich **besonders gut** für Gastwirts-Gehilfen.

Nr. 40.

Schwalbe.

Mk. 1,50.

Für Abschieds-Essen, wenn nach oben fliegend, Herbst', wenn nach unten fliegend „Frühling" bedeutend.

Nr. 41.

Monogramm

(2 Buchstaben).

Mk. **2,50.**

Monogramme müssen stets besonders angefertigt werden, geschieht aber schnell. Jedes Monogramm wird angefertigt.

Nr. 42.

Fröhliche Ostern

(mit Osterhase).

Mk. **3,—.**

Nr. 43.

Fröhliche Pfingsten

(mit Taube).

Mk. **3,—.**

Nr. 44.

Fröhliche Weihnachten

(mit Stern u. Engel mit Posaune).

Mk. **3,—.**

Nr. 45.

Gut Holz.

Mk. 2,50.

Nr. 46.

Hurrah Alle Neune!

Mk. 3,—.

Nr. 47.

Gut Heil!

Mk. 3,—.

Für Turnvereine geeignet.

Nr. 48.

Glückauf!

Mk. 3,—.

Bergmannsgruß. Mit gekreuztem Hammer und Schlägel dem Bergmanns-Emblem. Für Festlichkeiten von Bergleuten.